La hipótesis de Justo

Escritos sobre el socialismo en América Latina

COLECCIÓN HISTORIA Y CULTURA
Dirigida por Luis Alberto Romero

JOSÉ ARICÓ

La hipótesis de Justo

Escritos sobre el socialismo en América Latina

EDITORIAL SUDAMERICANA
BUENOS AIRES

Diseño de tapa: María L. de Chimondeguy / Isabel Rodrigué

IMPRESO EN LA ARGENTINA

Queda hecho el depósito
que previene la ley 11.723.
© 1999, Editorial Sudamericana S.A.
Humberto I° 531, Buenos Aires.

ISBN 950-07-1527-9

José Aricó: las desventuras del marxismo latinoamericano

En 1976, cuando recrudece el tiempo del terror en la Argentina, José Aricó viaja, como tantos otros, a México, camino de un exilio que durará seis años. Detrás de él queda una historia de juvenil militancia comunista en su Córdoba natal y una intensa tarea de organizador cultural, como director e inspirador de una revista que hizo época —*Pasado y Presente*— en la que publicó varios ensayos significativos; como director de la Biblioteca del Pensamiento Socialista donde editó la fundamental obra de Marx, *Elementos para una crítica de la economía política* (los famosos *Grundrisse*), y como director de la colección de los "Cuadernos" de *Pasado y Presente*, que llegaron a ser más de una centena y que llevaron a los ámbitos políticos y culturales latinoamericanos la posibilidad de acercarse a textos y polémicas clásicos del socialismo, muchos de ellos hasta ese momento inaccesibles.

El espacio cultural mexicano de la segunda mitad de los setenta, tan estimulante para el debate de ideas, fue hogar para un exilio compartido con intelectuales llegados desde distintas tierras del continente, asoladas por dictaduras. En ese ámbito, Aricó prosiguió con su labor editorial, acompañando al legendario don Arnaldo Orfila Reynal en aquella empresa emblemática para la polémica de izquierda como fue en esos años la Editorial Siglo XXI, donde pudo mantener la continuidad de los "Cuadernos" de *Pasado y Presente* y de la Biblioteca del Pensamiento Socialista, a la que le agregó títulos fundamentales.

En la vida y en la obra de Aricó, México significó además un punto de viraje, un corte importantísimo en la definición de su trayectoria intelectual. Así como maduró su propia visión del socialismo, se perfiló también su vocación de historiador de las ideas, y, sin perder sus obsesiones generosas de organizador y difusor de cultura, pudo dar cauce, en el acicateador ambiente mexicano, a una tarea de investigador para la cual, fuera de las aulas convencionales de la universidad, se había preparado desde hacía mucho tiempo.

El primer fruto de esa búsqueda fue la publicación en 1980 de *Marx y América Latina* —editado en Perú en ese año y luego en México en 1982 y en Buenos Aires en 1987—, un trabajo notablemente original que Aricó había concebido como parte de una saga sobre la difusión del marxismo en la formación del pensamiento socialista latinoamericano. Pocos —quizá ninguno— en América Latina conocieron tan a fondo el pensamiento de Marx como Aricó y nadie de entre sus contemporáneos extrajo de esa obra estímulos tan sugerentes. En ese texto de 1980 aparecen los primeros intentos de responder a la pregunta crucial que circula dramáticamente en toda la obra de Aricó. Es un interrogante intelectual y a la vez militante: ¿dónde buscar las razones del desencuentro secular entre el socialismo y América Latina? Descarta —por simplificadoras— las respuestas que aluden al carácter eurocéntrico de aquel pensamiento, incapaz de acercarse a realidades particulares (y por tanto diferentes) como las de nuestro continente. Trata en cambio de producir una lectura contextual del pensamiento marxiano, para extraer de su mismo seno las causas de cierta "incomprensión" de fenómenos ajenos a Europa, como lo ilustra el desconcertante escrito sobre Bolívar que apenas sirve de pretexto de las reflexiones de Aricó. La operación lleva a una minuciosa y compleja reconstrucción genealógica de las categorías del pensador alemán, con el objetivo —dice— "no sólo de poner de relieve lo que pueda ayudar a reconstruir las vicisitudes del socialismo en América, sino para ensayar una forma de *trabajar en Marx* que evidencie las razones de su incuestionable actualidad."

Al hablar de esa lectura sorprendente sobre Bolívar, sobre nuestras revoluciones del siglo XIX, sobre América Latina, Aricó descubre a un Marx singular que puede ofrecer algunas claves no sólo para entender los fracasos de los socialismos en nuestro continente sino también los de la democracia. Un Marx disgregado en infinitos textos, que Aricó intenta reconstruir; un Marx, al fin, despojado de su herencia marxista, solitario, contradictorio y ambiguo en el desfiladero que separa sus obras teóricas de sus escritos coyunturales.

Pero esta hermenéutica sobre Marx no constituye para Aricó un fin en sí mismo. Como ha quedado señalado, la recuperación de su pensamiento formaba parte de un proyecto más general de análisis sobre las condiciones de recepción del discurso socialista en América Latina, un tema al que en capítulos sucesivos le dedicó hasta su muerte todos sus afanes. Así fue surgiendo una serie de trabajos eruditos en los que, acompasadamente, se entremezclaban las memorias del militante con la escrupulosa rigurosidad del analista. Dos de esos ensayos son recuperados en este volumen: "Mariátegui y los orígenes del marxismo latinoamericano" y "La hipótesis de Justo", el primero de 1978 y el segundo fechado en 1980. Por fin, de regreso en Buenos Aires, Aricó publicó el tercer testimonio de esa labor incesante: *La cola del diablo: itinerario de Gramsci en América Latina*, que viera la luz en 1988.

Todos esos textos (así como una contribución a la *Storia del marxismo*, bajo la dirección, entre otros, de Eric Hobsbawm publicada por la casa Einaudi de Turín en 1981) aparecen inspirados por la misma obsesión: el ajuste de cuentas con la herencia intelectual y política del socialismo en nuestro continente, una travesía a veces patética, a veces trágica, de un mundo de ideas y de conductas que jamás adquirieron la rotundez del mito colectivo.

El trabajo sobre José Carlos Mariátegui revela algunas circunstancias singulares, impensables sin esa dimensión latinoamericana que el exilio en México diera a Aricó en primer lugar y a todos quienes con él lo compartimos entonces. En esos años Aricó viajó a Perú en tres oportunidades invitado para dar cursos sobre sus temas de siempre, en la Universidad de Lima y en otras instituciones. Por esos años el Perú era escenario de un gran debate político-intelectual, favorecido por el inesperado ascenso electoral de heterogéneas fuerzas de izquierda. Las conferencias que Aricó dictó sobre Mariátegui en el marco de esas visitas dejaron una huella profunda, que todavía se recuerda en Lima: la originalidad del pensamiento mariateguiano era redescubierta para los peruanos, y a la vez, liberada de la pesada carga de debates sectarios que la habían abrumado desde el mismo momento de su muerte. Mariátegui era, para ese Aricó que buscaba trazar la biografía del socialismo en el continente, un caso emblemático en tanto exponente de la articulación entre el pensamiento europeo de avanzada y las realidades y tradiciones de su sociedad, no como "aplicación" de un canon preconstituido sino como recíproca alimentación entre teorías y circunstancias, capaces éstas de redefinir a las primeras. Ese marxismo de Mariátegui era resultado de un proceso de creación y no de repetición, y en ese dato fundaba Aricó la originalidad de su pensamiento en relación con otras producciones contemporáneas. "Su peculiaridad —nos dice Aricó—, lo que hace de Mariátegui una figura completamente extraña al estilo característico del teórico y del político de la III Internacional, consistía en que por su formación cultural tendía a mantener constante una concepción del marxismo que enfatizaba su capacidad de recrearse en el proceso mismo de desarrollo de la lucha de clases, su capacidad de superar los esquemas dogmáticos acumulados en el camino."

La desprovincialización de Mariátegui, que Aricó propuso en el Perú de los setenta, le permitió recuperar con fuerza una influencia que, desde joven, marcó su derrotero intelectual y político: la de Antonio Gramsci, a quien le dedicó su último libro. Ambas figuras podían hermanarse en una misma preocupación: la de ser autores solitarios de un tipo de marxismo a contracorriente, que buscaba asentarse sobre realidades particulares y expresarse en políticas diferenciadas. En ese sentido el *revival* de ambos autores en América Latina se alimentó recíprocamente: el renacimiento del debate sobre Mariátegui hizo irrumpir en Perú la figura de Gramsci, a la vez que en el resto del continente la difusión de éste facilitó el descubrimiento de la originalidad del autor de los *7 Ensayos de interpretación de la realidad peruana*.

En 1980 Aricó continuó con su saga sobre el socialismo latinoamericano y terminó "La hipótesis de Justo", que obtuvo una Mención Especial en el Premio Internacional de Historia "José Luis Romero", otorgada por un jurado que integraban Tulio Halperin Donghi, Richard Morse, Juan Antonio Oddone y Gregorio Weinberg. Desde entonces ese texto fue sometido a continuas reescrituras que sólo detuvo su muerte: en verdad, su impulso era más abarcativo, en el sentido de intentar un despliegue sistemático de la trayectoria histórica del socialismo en la Argentina. Así lo señaló alguna vez en una larga página que me permito transcribir íntegramente porque resume bien el programa de investigación que Aricó se trazara:

"Tomaré la tradición socialista porque mantuvo una larga permanencia desde fines del siglo pasado, fue una experiencia nacional, contribuyó a formar el primer partido político moderno, alimentó otras culturas políticas y dio lugar a excepcionales reagrupamientos parlamentarios durante tres décadas. Me interesa indagar cómo soportó la disgregación de la fuerza política en la que encontraba sustento y qué queda hoy de una experiencia que pareciera haber sido 'consumada' por la evolución política argentina. Como esta corriente ideal encontró un centro ideológico, teórico y político de condensación en las figuras de Juan B. Justo y de otros pensadores y políticos vinculados a su labor, me detendré sobre los elementos que caracterizan su hipótesis estratégica, a la que defino como el proyecto más coherente de nacionalización de las masas, de incorporación de los trabajadores a la vida nacional y de construcción de una democracia social avanzada, hasta el arribo del peronismo."

Salvo contadas excepciones, la obra de Justo no ha tenido entre nosotros una recepción rigurosa. Por un lado, el entusiasmo apologético de sus conmilitones; por el otro, las críticas, cargadas de ideología y de anacronismo histórico, forjadas por el nacionalismo popular y por las corrientes adversas de la izquierda. El objetivo de Aricó es otro: el de un análisis interno, desprejuiciado, de las hipótesis teóricas y políticas que fundaron la acción de Justo en la constitución del Partido Socialista en la Argentina. Y en ese intento surge la imagen matizada de un pensador —a la altura teórica de los más importantes dirigentes del socialismo internacional de su tiempo— que intentó establecer una relación de continuidad y cambio con el pensamiento liberal del siglo XIX, emblematizado en las figuras de Sarmiento y de Alberdi. Justo busca constituir al socialismo en parte de la historia democrática de las clases populares en la Argentina; sin ser marxista, toma de Marx el concepto de la lucha de clases, vinculándolo con las instituciones que los trabajadores podían constituir en su enfrentamiento con el capital: partido, sindicatos y cooperativas.

En el cuadro de la modernización económica que arranca a fines del siglo pasado, Justo busca la construcción de un camino propio para las clases subalternas que emergían de ese proceso sufriendo los rigores de la explotación social y del fraude político. Identifica en el latifundio y en el parasitismo de un capitalismo ausentista a los sostenes de ese orden oligárquico y propone la organización de los trabajadores en el Partido Socialista, en los sindicatos, en las cooperativas y en un vasto asociacionismo, como alternativa para un profundo programa de reformas económicas, políticas y sociales, basadas en la articulación de transformaciones socialistas con democracia agraria, a la manera de los experimentos que contemporáneamente tenían lugar en sociedades asimilables a la Argentina, como las de Australia y Nueva Zelanda. Como alguna vez lo señalara Alejandro Korn, las ideas de Justo significaban las primeras novedades que habían germinado en el pensamiento argentino después de la organización nacional.

Pero Aricó ilumina también en su análisis las razones del fracaso del programa de Justo. Aprisionado por una visión iluminista sobre la constitución política de los sujetos sociales, confundido acerca de la relación de transparencia que establecía entre las posiciones en la economía y los comportamientos políticos, Justo no entendió la complicada dialéctica a partir de la cual los trabajadores podían transformarse en dirección de la sociedad ni tampoco la capacidad de absorción e integración que el Estado podía mostrar a partir de las reformas electorales de 1912. Así, primero el yrigoyenismo y años después —ya muerto Justo— el peronismo, horadaron la penetración del socialismo en las capas populares y lo condujeron de frustración en frustración.

Los estudios de Aricó que conforman este volumen diseñan, además de una preciosa contribución al estudio de las ideas y de las prácticas del socialismo en América Latina —parte de una saga abierta de desventuras y de heroísmos—, el itinerario de una vida que aunó el rigor del estudioso con la pasión del militante, en una síntesis plena que, quienes compartimos con él tantas horas, recordamos como un legado hermoso e invalorable.

JUAN CARLOS PORTANTIERO

NOTA

La hipótesis de Justo fue escrito en 1981 y obtuvo una Mención Especial en el Premio Internacional de Historia "José Luis Romero". En la ocasión, el jurado estuvo integrado por Tulio Halperin Donghi, Richard Morse, Juan Antonio Oddone y Gregorio Weinberg. Mariátegui y los orígenes del marxismo latinoamericano fue publicado como introducción al volumen del mismo título, donde Aricó recopiló trabajos de distintos autores referidos a Mariátegui. El volumen apareció en la colección "Cuadernos" de Pasado y Presente, número 60, Siglo XXI Editores, México, 1978.

La hipótesis de Justo

Introducción

América Latina como una
unidad problemática

La primera dificultad con que se enfrenta una tentativa de reconstrucción de las características distintivas del marxismo en América Latina reside en el propio campo geográfico presupuesto en el análisis. ¿Hasta qué punto las diversas formaciones sociales latinoamericanas constituyen un conjunto único posible de identificar con tal categoría?[1] La presencia en la historia de nuestros pueblos de una civilización, una lengua, una religión, un pasado comunes, ¿es suficiente para definir un complejo social único, con una identidad propia, de una fuerza tal como para que se imponga por sobre las profundas diferencias surgidas en más de siglo y medio de vida independiente de los estados nacionales que la integran? ¿Puede sostenerse con razones valederas la presencia continental de una suerte de comunidad de destino (en el sentido baueriano) que unifique en un todo abarcable y definible una realidad indiscutiblemente diferenciada? Una respuesta positiva a estas preguntas, que menosprecie sus niveles de problematicidad, conlleva el riesgo de conducir el análisis hacia el peligroso terreno de una tipologización de corte sociologista que destruya o silencie el tejido "nacional" en el que las historias diferenciadas de las clases obreras y populares latinoamericanas se constituyeron como tales. Pero el camino alternativo de enfatizar las singularidades históricas y sociológicas de cada uno de los países que conforman ese no siempre claramente definible mundo de naciones que es nuestro continente, no acierta a explicar las razones de la permanencia del problema, el porqué de la pertinaz reiteración de la temática de la unidad latinoamericana. De un modo u otro, la existencia de un sentimiento latinoamericano

en estado virtual o latente nos habla, sin duda, de algo más
fuerte que nos remite a un patrimonio de experiencias comunes
instalado en el inconsciente colectivo. El hecho de que este
sentimiento de pertenencia haya reconocido históricamente momentos de virtualidad y de latencia indica, sin embargo, que ese
conjunto histórico-social ambiguo y polivalente sufre procesos
de constitución y de desconstitución, momentos de vida inten-
samente colectiva y unitaria y momentos de desintegración y
ofuscamiento del espíritu continentalista.

La problematicidad de la categoría "América Latina" encuentra así su fundamento y su explicación en su necesidad de
dar cuenta de una realidad no preconstituida sino en formación, cuya morfología concreta no puede ser concebida como la
"mundanización" de un a priori, sino como un producto histórico en prolongado proceso de constitución, pero que puede ser
posible como tal por la presencia de un terreno histórico común
que se remonta a una matriz contradictoria pero única. El carácter asumido por la colonización europea y luego por la guerra de independencia, la decisiva impronta que las estructuras
coloniales dejaron en herencia a las repúblicas latinoamericanas sin que éstas pudieran aún hoy superarla del todo; el fenómeno común de la inclusión masiva en un mercado mundial
que las colocó en una situación de dependencia económica y
financiera de las economías capitalistas de los países centrales;
el papel excepcional desempeñado en nuestros países por los
intelectuales en cuanto suscitadores y organizadores de una
problemática ideológica y cultural común; las luchas que las
clases populares, con todo lo ambiguo y diferenciado según las
épocas históricas que tiene la expresión, entablaron por conquistar para cada uno de sus países y para todos en su conjunto un espacio "nacional" y "continental" propio, una real y
efectiva independencia nacional, son todos elementos que contribuyen a *mostrar* la presencia de esta matriz única sobre la
que se funda la posibilidad del concepto.

De todas maneras, y aun reconociendo la existencia de un
filón latinoamericanista que en determinados momentos emer-
gió con fuerte densidad histórica y con capacidad aglutinadora
(la guerra de independencia, el proyecto bolivariano, el antimperialismo de fuerte tono anticapitalista de comienzos de siglo, el
redescubrimiento de la unidad continental bajo la envoltura de
la Reforma universitaria de los años veinte, el viraje latinoame-

ricanista como producto de la fulgurante experiencia de la revolución cubana en los años sesenta), la imposibilidad de definir con nitidez la condición "latinoamericana" de nuestros pueblos remite a un problema más general cuya dilucidación tuvo profundas implicaciones sobre la "difusión" del marxismo en un contexto histórico diferente de aquel en que se constituyó como doctrina, y sobre el carácter que adoptó en algunas tentativas de recomposición teórica y política.

Para decirlo en pocas palabras, el problema surgía por la ubicación *anómala* de nuestra región en ese mundo dividido y cada vez más diferenciado entre los países capitalistas modernos y aquellos otros definidos como coloniales y atrasados que, desde el advenimiento del imperialismo en las últimas décadas del siglo pasado, se abre paso con una fuerza incontrastable. La condición ni periférica ni central del subcontinente; la autonomía de sus formas estatales y la ausencia de dominación política directa por parte de los países centrales conquistada por la mayoría de las naciones latinoamericanas ya desde la guerra de independencia; la existencia de fuertes movimientos nacionales y populares orientados a la conquista de un espacio "nacional" propio; el elevado grado de organización institucional, ideológica y política de las clases gobernantes en países que, como Chile, Argentina y Uruguay, por ejemplo, reproducían con bastante fidelidad procesos, ya conocidos en Europa, de construcción de ciertos estados nacionales; el carácter netamente capitalista de la evolución económico-social, política y cultural de la mayoría de los países, indican la existencia de características distintivas que no permiten una identificación simplista con ese mundo asiático o africano que la Tercera Internacional clasificó genéricamente como "países coloniales y semicoloniales". Más bien admiten una aproximación a Europa, a esa Europa de "capitalismo periférico" que Gramsci ejemplificaba con los casos de Italia, España, Polonia y Portugal, y en los que la articulación entre sociedad y Estado estaba fuertemente signada por la presencia de un variadísimo espectro de clases intermedias "que quieren, y en cierta medida logran, llevar una política propia, con ideologías que a menudo influyen sobre vastos estratos del proletariado, pero que tienen una particular sugestión sobre las masas campesinas".[2]

Una diferenciación neta respecto del mundo oriental y una búsqueda de identidad en la proximidad de Europa comportan, no obstante, un riesgo que el pensamiento social latinoamericano no ha logrado todavía hoy sortear con éxito, aunque la crisis de las formas teóricas de su resolución haya permitido alcanzar en el presente una aguda conciencia de la imposibilidad de resolver el problema en los términos en que históricamente se planteó. El riesgo está en que en la misma idea de "aproximación" subyace implícita la posibilidad de desplazar la comparación del terreno hasta cierto punto exterior de una semejanza hacia una relación más interna, más estructural, de identidad fundante de una evolución capaz de suturar en un futuro previsible los desniveles existentes. Al aproximarnos a Europa es lógico que acabáramos por pensar a nuestras sociedades como formando parte de una realidad destinada inexorablemente a devenir Europa. En tal caso, nuestra anomalía no requeriría de un sitio propio en la clasificación, puesto que sólo indicaría una atipicidad transitoria, una desviación de un esquema hipostatizado de capitalismo y de relaciones entre las clases adoptado como modelo "clásico". Pero en la medida en que un razonamiento analógico es por su propia naturaleza de carácter hipotético o, para decirlo de otro modo, contrafáctico, las interpretaciones basadas en la identidad de América con Europa, o más en general con Occidente, no representaban en realidad sino transfiguraciones ideológicas de propuestas políticas modernizantes. La dilucidación del carácter histórico de las sociedades latinoamericanas, como señala agudamente Chiaramonte, constituirá "una suerte de preámbulo al análisis del problema de su transformación";[3] en el fondo, y no siempre claramente explicitado, era el aspecto teórico del abordaje de un problema de naturaleza esencialmente política. No interesaba tanto la realidad efectiva como la estrategia a implementar para modificarla en un sentido previamente establecido.

Prácticamente desde el inicio de la vida independiente de sus naciones, la especificidad latinoamericana fue definida por los historiadores y políticos de la región —funciones ambas que no por casualidad fueron cumplidas en buena parte y hasta avanzado el siglo XX por los mismos individuos— en forma negativa, como una herencia colonial a superar. Y esto explica que la investigación se orientara fundamentalmente a explicar las razones de las desviaciones con respecto a un patrón de normalidad idealizado y que encontró en la historia distintos sitios de representación. Aunque Inglaterra y Francia fueron en las primeras épocas los ejemplos paradigmáticos, acabaron siendo los Estados Unidos el espejo en el que las jóvenes repúblicas latinoamericanas desearon reflejarse. Y esto por el hecho de que esa gran nación "americana" graficaba de manera incontrovertible cómo una diversidad de origen podía conducir a un país americano a una diversidad de destino. Y aunque la reacción modernista cuestione a comienzos de siglo el materialismo utilitario y maquinizado que pervertía la democracia tocquevilliana, no lo hacía para descalificar el ejemplo sino para asignar a la herencia cultural grecolatina y cristiana de América Latina la función de completarlo en una síntesis ideal confiada a los resultados del progreso evolutivo.

La ruptura del orden colonial fragmentó el vasto patrimonio de la historia cultural de nuestros pueblos haciendo emerger la pregunta por una identidad que no aparecía claramente inscripta en la lógica de hechos totalmente nuevos, contradictorios y, las más de las veces, desalentadores. El debate en pro o en contra de Europa no podía dejar de fundarse en proyectos o exigencias que encontraban su referente en la propia historia europea. Y si las corrientes liberales y democráticas propugnaban transformaciones que permitieran la conquista de la civilización, del progreso y de la libertad que visualizaban en las naciones capitalistas modernas, aquellas otras corrientes de raíz conservadora pugnaban por el mantenimiento o la reconquista de estructuras económico-sociales y de poder alejadas del materialismo, de la ausencia de solidaridad, de proletarización de las masas y de perversión de la vida humana, de desorden social y revoluciones, de la aparición de fenómenos aterrorizadores bajo las formas de socialismo, comunismo, anarquismo, ateísmo y nihilismo, que descubrían en aquellas mismas naciones y que veían insinuarse en sus propios países. Si para los primeros debía ser tomado como ejemplo el nuevo orden social iniciado en Europa con la Revolución Francesa, y al que el terror provocado por la revolución de 1848 frenó en sus impulsos más radicales y democráticos, sin anular sus tendencias liberales moderadas, para los segundos, en cambio, la adopción de formas políticas que remedaban el absolutismo y que se alimentaban de ideologías fuertemente conservadoras y autoritarias podía constituir el único dique de contención para la marea jacobina que amenazaba destruir al mundo. La discusión, por tanto, no versaba sobre el apoyo o el rechazo de Europa, sino sobre cuál época de su historia podía servir de fuente de inspiración y de modelo a seguir.

Colocados en esta perspectiva, la historia del marxismo en América Latina puede ser analizada como formando parte de la historia de las diversas formulaciones teóricas y resoluciones prácticas que sucesivamente el pensamiento latinoamericano fue dando a este problema. Hecho que, bien mirado, constituye una demostración de cómo, aun en sus momentos de mayor exterioridad, el marxismo fue parte de nuestra realidad, aunque mostrara una evidente incapacidad para descifrarla en su conjunto y para convertirse —como postulaba Engels— en una expresión "originaria" de ella. Su suerte fue en buena parte la suerte corrida por todo el pensamiento latinoamericano, por lo que hablar, como aún hoy se hace, de su insuperable limitación "europeísta", pretendiendo de tal modo contraponerlo a otras corrientes de pensamiento no sabemos por qué razones exentas de tal estigma, no es sino una forma extravagante y caprichosa de desconocer que el pensamiento europeo fue en América Latina un presupuesto universal por todos reconocido para sistematizar de una manera racional cualquier tipo de reflexión sobre su naturaleza y sus características definitorias. Y fue ésta sin duda la razón que impulsó a una de las inteligencias más advertidas del problema a enfatizar, en la advertencia de un libro que signó una nueva estación del marxismo latinoamericano, que "no hay salvación para Indo-América sin la ciencia y el pensamiento europeos y occidentales".[4] A partir de este reconocimiento, es posible sostener que el camino recorrido por el marxismo en América Latina, desde el carácter preferentemente difusivo que, como es lógico, tuvo en sus inicios, hasta el intento de adecuación a las nuevas condiciones de la sociedad argentina realizado por Juan B. Justo, y las tentativas de recomposición de sus formas teóricas y de sus propuestas prácticas ensayadas a fines de los años veinte —cuando el debate entre José Carlos Mariátegui y Víctor Raúl Haya de la Torre hizo emerger por vez primera con rasgos diferenciados y logró describir en sus formas generales los problemas de la transformación que en estado práctico la revolución mexicana venía planteando desde 1910— debe ser visto no tanto como un resultado *necesario* de las dificultades insuperables de una ideología congénitamente inadecuada para pensar una realidad *excéntrica*, sino como el indicador de las limitaciones prácticas, y como consecuencia también teóricas, de ese movimiento real representado por las clases trabajadoras en proceso de constitución desde fines de siglo.

La herencia histórica del movimiento obrero, no importa cuál sea la orientación ideológica que finalmente en él predomine, es siempre la expresión compleja y contradictoria de las distintas fases de una lucha de clases que opera en el interior del tejido histórico en el que la clase obrera se constituye como tal, crece y se autoorganiza. En cuanto forma teórica de este movimiento real, las limitaciones e incapacidades del marxismo para abrirse paso en el interior de esta nueva realidad remiten a dos campos de problemas que en América Latina fueron abordados y resueltos en la teoría y en la práctica de manera tal que el resultado no fue, en modo alguno, el previsto. La visión tan cara a ciertas corrientes marxistas de una determinación "socialista" de la clase obrera fue contradicha por una realidad que, como tal, no podía dejar de cuestionar los presupuestos sobre los que dicha visión se fundaba. Si socialismo y movimiento obrero son aún hoy en Europa dos aspectos de una misma realidad —por más contradictorias y nacionalmente diferenciadas que se evidencien sus relaciones—, en América Latina constituyen dos historias paralelas que en contadas ocasiones se identificaron y que en la mayoría de los casos se mantuvieron ajenas y hasta opuestas entre sí. Ni la historia del socialismo latinoamericano resume la historia del movimiento obrero, ni la de éste encuentra plena expresión en aquélla.

Esos dos campos problemáticos a los que hicimos mención se refieren en esencia a la *forma teórica* en que el marxismo se introdujo y difundió en América Latina, y a la morfología concreta y diferenciada que tuvo en nuestra región el proceso de constitución de un proletariado "moderno". En nuestra opinión, es el segundo campo de problemas el más importante y hasta cierto punto el decisivo, puesto que fija las condiciones y modalidades de los niveles globales de la lucha de clases y por tanto la forma de la teoría. Y no podemos dejar de recordar que es precisamente aquí donde el marxismo latinoamericano mostró una notable incapacidad analítica, de modo tal que, en vez de representar las formas teóricas del proceso de construcción política de un movimiento social transformador, fue, en realidad, o un mero reflejo del movimiento o una estéril filosofía de un modelo alternativo. Sin embargo, la naturaleza del presente trabajo nos obliga a analizar aquí el primero de los problemas, referido a la forma teórica del marxismo latinoamericano, en la experiencia concreta del primer intento de pensamiento y de acción por establecer una relación políticamente productiva entre teoría y movimiento social.

NOTAS

[1] Las variaciones históricas en la designación de las naciones surgidas de la desintegración del imperio español —y portugués— muestran la existencia de esa dificultad en el mismo vocabulario. De modo tal que podríamos ensayar una reconstrucción histórica de la constitución del objeto histórico "América Latina" estudiando simplemente la variación de sus designaciones. Véase en tal sentido la síntesis ofrecida por José Aricó, *Marx y América Latina*, Lima, Cedep, 1980, pp. 107-112.

[2] Antonio Gramsci, "Un esame della situazione italiana", en *La costruzione del partito comunista (1923-1926)*, Turín, Einaudi, 1971, p. 122. Sobre los recaudos a que obliga la utilización de esta categoría de "capitalismo periférico" véanse las utilísimas consideraciones hechas por Juan Carlos Portantiero en *Los usos de Gramsci* (México, Folios Ediciones, 1981, pp. 123-132). Refiriéndose a los países latinoamericanos arriba mencionados, Portantiero destaca que, más allá de los rasgos comunes que los aproximan a esas naciones europeas periféricas y de tardía maduración capitalista, en los primeros aparece con mayor claridad que en las segundas el papel excepcional desempeñado por el Estado y la política en la construcción de la sociedad. Aunque se trata de un Estado —aclara— "que si bien intenta constituir la comunidad nacional no alcanza los grados de autonomía y soberanía de los modelos bismarckianos o bonapartistas" (*op. cit.*, p. 127).

[3] José Carlos Chiaramonte, "El problema del tipo histórico de sociedad: crítica de sus supuestos", en *Historia y sociedad*, segunda época, núm. 5, 1975, p. 109. Es ese condicionante político el que explica su constante reiteración en la historia, en la medida en que su dilucidación era considerada como un prerrequisito para decidir el tipo de transformaciones a encarar en el presente. Sin embargo, este condicionante político que en los historiadores de fines de siglo aparece claramente explicitado se obnubila por completo con la introducción de una perspectiva marxista. La aplicación inadecuada de los criterios metodológicos del pensamiento marxista a un objeto histórico cuya naturaleza intrínseca era apriorísticamente equiparada a la que permitió su elaboración y sus aplicaciones relevantes, conducía necesaria-

mente a un error "que condicionó toda la historia de este problema y lo convirtió en un gran equívoco" (*op. cit.*, p. 111).

[4] José Carlos Mariátegui, *7 Ensayos de interpretación de la realidad peruana*, en *Obras Completas*, vol. 2, Lima, Biblioteca Amauta, 1977, p. 12.

I

Para un análisis del socialismo
y del anarquismo latinoamericanos

1. Obstáculos para la difusión del marxismo

Si la doctrina marxista logró difundirse y conquistar una
presencia hegemónica, o por lo menos significativa, entre las
clases trabajadoras europeas, venciendo la fuerte resistencia
que le oponían otras corrientes ideológicas anarquistas, nacionalistas o democráticas, en América Latina este proceso debió
afrontar además otros obstáculos inéditos y en buena parte aún
insuperados. En primer lugar, la ausencia de un modo de producción dominante en el que la emergencia de una mano de
obra libre y asalariada adquiriera los rasgos de tipicidad y el
grado de generalización característicos de las formaciones capitalistas modernas. De ahí que, aunque el romanticismo social
fuera un componente inseparable del movimiento independen-
tista y de la formación de los estados nacionales —lo cual habla
de la facilidad con que las ideologías de transformación social
penetraron en nuestra región—, el socialismo como pensamiento y como acción, y con él la difusión de concepciones de matriz
marxista, sólo comenzó a evidenciarse hacia fines de siglo, una
vez que se hubo completado la abolición de la esclavitud en
algunos de los países más avanzados, o que en otros las fuertes
inmigraciones europeas hubieron creado una masa considerable
de trabajadores libres. Sin embargo, la aparición en el escenario
de las luchas sociales de las nuevas figuras del proletariado, de
sus instituciones de clase y de formaciones políticas socialistas
estuvo condicionada en buena parte por la inmadurez en el
desarrollo de un capitalismo *industrial* de algún modo parango-

nable al de ciertos países europeos y también a las limitaciones que caracterizaron el proceso de abolición del trabajo servil.[1] La imposición externa de las relaciones de producción capitalistas sólo logró abrirse paso al precio de una imbricación atípica de formas productivas que mantuvieron hasta las primeras décadas del siglo XX la presencia, en algunos casos decisiva, del trabajo servil. Pero la coexistencia de trabajo servil y trabajo asalariado, si bien generalizaba formas de relaciones que permitían la reproducción del capital, establecía límites insuperables para la constitución de una clase obrera moderna. El resultado fue la marginalización de una parte sustantiva de la fuerza de trabajo, la limitación del peso del proletariado agrícola y el aislamiento frente al mundo rural de un proletariado de industria de por sí fuertemente minoritario y desplazado geográficamente hacia las zonas mineras y de la costa.[2] Lejos de conducir a una modernización y a una uniformación material de la diversidad de lo social existente, la introducción y el desarrollo del capitalismo en América Latina produjo una forma económica relativamente inédita caracterizada por la superposición del modo capitalista de producción sobre todas las formas anteriores y por la transformación de éstas —sin su previa destrucción— en productoras de mercancías.

Las necesidades suscitadas por la explotación capitalista de nuestros recursos naturales demandaron la construcción de obras de infraestructura como ferrocarriles y puertos, al mismo tiempo que la creación de una incipiente industria de transformación en los ramos de minería, textiles, alimentación, vehículos. Con la relativa expansión de un industrialismo moderno y de la incorporación de la agricultura al mercado mundial, se fue constituyendo una masa de trabajadores sometidos a las más duras condiciones de trabajo —especialmente en los lugares de predominio del trabajo servil—, a una penosa explotación económica y a la negación de los derechos y garantías formalmente reconocidos por las constituciones "liberales" que las clases dominantes de las jóvenes repúblicas habían impuesto en sus países. A su vez, las demandas del mercado mundial en expansión y el déficit crónico de fuerza de trabajo en algunas regiones latinoamericanas condujeron a las clases dominantes locales a apresurar el proceso de formación de una masa de trabajadores libres mediante la inmigración masiva de mano de obra excedente europea o asiática en una magnitud tal que en países como la Argentina los inmigrantes constituyeron por muchos años la gran mayoría de los trabajadores de la ciudad y del campo. Y este componente extranjero habría luego de gravitar sobre las características y la ideología del proletariado de las zonas de inmigración masiva (Argentina, Brasil, Uruguay, etc.) contribuyendo a darle una impronta que sólo habrá de modificarse en la década de los treinta, cuando los nuevos procesos de industrialización absorban de las migraciones internas el flujo de fuerza de trabajo necesaria.[3]

El hecho es que las características propias de la expansión capitalista en América Latina y la profunda transformación operada por la introducción masiva de fuerza de trabajo extranjera en un período relativamente breve provocaron una dislocación económica y social radical de toda la sociedad latinoamericana. Lo que ante los ojos de las clases dominantes y de la inteligencia americana aparecía como un gigantesco esfuerzo de "europeización" de toda la región, proceso que era exaltado como una conquista irreversible del progreso y de la civilización, ocultaba en realidad una distorsión siempre mayor de la sociedad global, una diferenciación creciente de las estructuras económico-sociales, que fracturaban las sociedades nacionales en zonas de "modernidad" y zonas de "atraso". Antes que en un continente arrastrado irremisiblemente al torrente del progreso universal, América Latina se transformaba velozmente en una vasta área de disgregación social que exacerbaba las tensiones, desarticulaba las relaciones sociales tradicionales y postergaba *sine die* la constitución de esas naciones burguesas que el pensamiento positivista europeo y su réplica americana concebían como un resultado ineluctable del pasaje de la sociedad militar a la sociedad industrial, o, dicho de otro modo, de una sociedad estamental controlada por caudillos a una sociedad de clases en lucha entre sí, pero regulada por el saber científico. Tal como ya había observado Marx para el caso de Rusia —esbozando una perspectiva de búsqueda que quedó lamentablemente inconclusa, y que sus discípulos no parecieron tener interés alguno en desarrollar—:

"la aparición del sistema ferroviario en los principales países capitalistas permitió —e incluso obligó— que naciones en las que el capitalismo abarcaba sólo una reducida capa superior de la sociedad crearan y ampliaran repentinamente su superestructura capitalista en una medida enteramente desproporcionada al conjunto del organismo social, que llevaba a cabo la mayor parte del trabajo productivo según los métodos tradicionales. Por eso no cabe la menor duda de que en esos estados el ferrocarril ha acelerado la desintegración social y política, de la misma manera que en los estados más avanzados ha acelerado el desarrollo final y, por lo mismo, la transformación final de la producción capitalista."[4]

Tanto América del Norte como América del Sur estaban involucradas contemporáneamente en un mismo proceso de incorporación al movimiento general de la sociedad moderna; sin embargo, las vías que debieron recorrer resultaron en definitiva diferentes, porque también eran por completo diferentes sus respectivas estructuras económicas y sociales. Los mismos elementos técnicos y procesos económicos que condujeron a una sociedad que, como la norteamericana, era capitalista desde sus inicios, a transformarse ya a finales de siglo en una nación moderna, hicieron aflorar en Hispanoamérica un mundo de problemas no resueltos que trasladaron a un futuro impredecible los sueños de la conquista de una plena modernidad para las repúblicas del subcontinente.[5]

Una situación como la aquí esbozada no podía menos que provocar serias consecuencias sobre el tipo de socialismo y sobre sus áreas geográficas de difusión en un territorio en el que el surgimiento de un proletariado relativamente numeroso creaba condiciones en apariencia aptas para su expansión. En primer lugar porque ese proletariado, en virtud precisamente de su situación objetiva, tenía fuertes limitaciones estructurales para constituirse por sí mismo en una clase obrera capaz de unificar, en torno a su propio accionar, todos los antagonismos que el desarrollo capitalista hacía aflorar. En la medida en que sus relaciones con el resto de las masas trabajadoras estaban predeterminadas por la desarticulación económica, social y política de la sociedad global, su propia identidad como clase obrera tendía objetivamente a constituirse como una conciencia de tipo corporativo, con el consiguiente eclipsamiento de toda la multifacética problemática de la realización nacional. La lucha por la legalidad de su acción de clase, por el reconocimiento de sus propias instituciones, por la conquista de sus reivindicaciones como productor y como ciudadano, tendía paradójicamente a acentuar las inevitables características "cosmopolitas" de toda clase obrera naciente. Y cuando en una etapa posterior de su evolución superó en parte su "antiestatalismo" inicial, para incorporar a sus exigencias la necesidad de una democratización radical de la sociedad, esta dilatación de sus perspectivas no significó en realidad la postulación de un proyecto propio y diferenciado de constitución de la nación, sino la lucha por la conquista de los presupuestos necesarios para que la propia acción de clase estuviera en condiciones más favorables para triunfar. Democratización radical y profundización del desarrollo capitalista aparecían así como dos elementos complementarios e insuprimibles de un proceso único de superación del atraso y de maduración de las condiciones para una transformación social. De hecho, el movimiento obrero quedaba reducido a un mero polo radical en el interior del movimiento democrático burgués.

Como no podía ser de otro modo, la objetiva inserción de la clase obrera en un proyecto de modernización burguesa de la sociedad daba como resultado no enteramente deseado, ni previsto, una peligrosa fragmentación del movimiento social; la clase obrera se excluía a sí misma de su potencial capacidad de centro de agregación social y política de las demandas de todas las clases explotadas, para convertirse finalmente en parte de un bloque de fuerzas que por su situación objetiva, y por sus propuestas ideológicas, tendía a excluir el mundo de las clases subalternas erosionadas por el crecimiento capitalista. Entre masas populares, fundamentalmente rurales, y proletariado urbano,[6] la fractura inicial derivada de las características intrínsecas del tipo de desarrollo capitalista se profundizará hasta alcanzar los grados extremos de dualización que la sociología latinoamericana ha calificado de manera aproximativa como de "colonialismo interno". Cuando la crisis de los años treinta provoque un sacudimiento radical de todo este sistema, ambas vertientes del movimiento social irrumpirán en la vida política e intelectual de las naciones latinoamericanas como dos corrientes netamente diferenciadas y hasta antagónicas, profundizando gravemente una diferencia preexistente y abriendo una nueva etapa en las luchas sociales que aún está lejos de concluir.

La segunda consecuencia se refiere a las expresiones ideológicas de todo este proceso. Porque es evidente que las dificultades objetivas con que se enfrentaba la clase obrera para constituirse como tal se daban en el interior de un tejido nacional y continental en el que predominaban una multiplicidad de corrientes democráticas revestidas de un fuerte carácter social, de sostenidas esperanzas mesiánicas en una regeneración universal, sin que existieran entre ellas las fronteras más o menos precisas que luego de la revolución de 1848 se fueron estableciendo en Europa. La superposición estructural de formas productivas que reconocían tiempos y modalidades distintas parecía corresponderse con un extremo sincretismo ideológico que borraba los contornos de las ideologías y de sus propuestas de transformación social. Hasta avanzado el nuevo siglo, América Latina parecía detenida en un mundo de esperanzas de regeneración universal semejante al de los años que precedieron en Francia a la revolución de 1848. Como anota con acierto Robert Paris, "la ausencia de un modo de producción dominante hace que el espacio americano aparezca abierto a todas las experiencias y que, a veces, hasta parezca suscitarlas"; la persistencia de la utopía, además de atestiguar la gelatinosidad y disponibilidad del tejido social, es a su vez "productora de un equivalente de *durée*, creadora de esta temporalidad inmóvil, *sub specie aeternitatis*, donde se enraizan mitos y milenarismos".[7] En este mundo de violencia y mesianismo, de mitos y milenarismos que signaron la lucha de las clases subalternas contra la disgregación social y la opresión capitalista, el socialismo moderno propugnado por la doctrina de Marx encontraba obstáculos muy difíciles de sortear para su difusión.

2. Causas de la capacidad expansiva del anarquismo

Fueron las corrientes anarquistas las que, por lo menos hasta los años veinte del presente siglo, mostraron su extrema ductilidad para representar buena parte de todo este híbrido mundo de pensamientos inspirados en proyectos de reformas sociales y de justicia económica, manteniendo no obstante una estrecha vinculación con las clases proletarias urbanas. La "receptividad" —para utilizar una palabra ambigua y neutra, y por tanto más evocadora que conceptual— del movimiento social latinoamericano a las pautas ideológicas, organizativas y de acción política de matriz anarquista obedece a una diversidad de razones aún no suficientemente indagadas; es una historia que aún debe ser hecha y para la cual siguen faltando todavía las fuentes primarias más elementales. Y esta circunstancia es en cierta medida comprensible si admitimos que entre nosotros el anarquismo fue más la expresión de un subversivismo espontáneo de las masas populares, que la búsqueda de una resolución positiva de la "cuestión social". Su historia no es por tanto sino un mero capítulo de esa otra historia más vasta y complicada de las "clases subalternas" que, al decir de Gramsci, es por naturaleza disgregada y episódica, y que, aun para ser estudiada como tal, requiere de una inmensa cantidad de fuentes con frecuencia difíciles o imposibles de recoger.[8]

En la medida en que la vida social del continente estaba fuertemente teñida de la presencia de un subproletariado generalizado, para el que carecían de sentido las luchas de las clases propietarias por la constitución de los estados nacionales, y de una vasta masa de proletariado urbano y rural, en su gran mayoría de origen inmigrante, colocada en la situación objetiva de fuerza de trabajo segregada y explotada, era natural la existencia de un larvado sentimiento de rebeldía contra una recomposición del tejido social que se realizaba a expensas de las clases subalternas. Las masas populares mantuvieron y profundizaron una actitud de protesta que tendía a estallar bajo las formas de una violencia destructiva, las más de las veces espontáneas, viciadas de odio y desesperación. La reacción inmediata contra el "desorden social" impuesto por las clases dominantes encontraba en las doctrinas libertarias una ideología acorde con una visión que fundaba en la eliminación física de toda la estructura autoritaria y represiva la posibilidad de la liberación de los hombres. Las esperanzas puestas en una resolución catastrófica e inmediata del presente, que es típica del mundo de nuestro siglo y particularmente de sus zonas periféricas, tornaba en definitiva prescindible toda estrategia que se planteara objetivos futuros a largo plazo. La redención humana sólo era posible si los hombres estaban dispuestos a rebelarse ya contra la nueva sociedad nacional, que era la que aparecía ante ellos como la causante de sus males presentes.

En este ambiente objetivamente apto para la penetración de concepciones como las de Bakunin, las doctrinas libertarias ejercieron una profunda fascinación sobre ese vasto mundo de los "humillados y ofendidos" que eran los destinatarios de sus ideas: los proletarios y artesanos de la ciudad y del campo, en gran medida inmigrantes, los campesinos pobres, los peones y

desocupados, la juventud intelectual pequeñoburguesa de la
que podría decirse lo mismo que el propio Bakunin decía del
ambiente anarquista italiano de los años setenta:

"La Italia posee lo que falta en los demás países; una juventud
ardiente y enérgica, con frecuencia desposeída, sin carrera y sin sali-
das, la cual, no obstante el origen burgués, no está moral e intelectualmente exhausta, como la juventud burguesa de los demás países.
Esta juventud se precipita hoy de cabeza en el socialismo revolucionario, en el socialismo que acepta por entero nuestro programa."[9]

La crítica, entre romántica y violenta, de las instituciones
"sagradas" de la sociedad burguesa, de la propiedad privada, el
Estado, el parlamento, el Ejército, la Iglesia, la familia, la educación, encontraba terreno fértil en una masa de trabajadores
que eran verdaderos parias expulsados de sus aldeas de Italia o
de España por la miseria endémica, la opresión terrateniente y
la violencia del Estado. Rotos los vínculos con su comunidad y
su familia, desarraigados en una tierra extraña, ¿cómo podían
esos hombres no sentirse atraídos por esta nueva comunidad basada en el respeto mutuo, en la fraternidad y en la igualdad ofrecida por los ideales libertarios y colectivistas? Las asociaciones en
las que los anarquistas trataban de incorporar a los trabajadores, esas verdaderas comunas basadas en el apoyo mutuo, tenían por función no sólo la defensa de sus intereses profesionales y la difusión doctrinaria, sino también la de integrarlos
cultural y societariamente en su condición de "pueblo trabajador", es decir, de seres humanos desposeídos y por lo tanto
excluidos de la civilidad burguesa. Era una forma de estructu-
rar una verdadera cultura de oposición, capaz de mantener vivo
el rechazo violento del capitalismo e incólume la fe apasionada
en la siempre próxima e inmediata revolución social.

El aislamiento en que estaban los trabajadores respecto de
la sociedad global, la ausencia o debilidad de las instituciones
de la democracia burguesa que operaba en Europa como mecanismos de incorporación de las masas al sistema político (el
sufragio universal, la plena libertad de expresión sindical y política, etc.), los obstáculos creados para el libre acceso de los
inmigrantes a la tierra y a la conquista de sus derechos ciudadanos, crearon en América condiciones aun más favorables
para la difusión de aquellas corrientes que desconfiaban de la

utilidad que podían obtener los trabajadores de su participación en luchas políticas y electorales a las que, en definitiva, consideraban extrañas a sus intereses y sentimientos. Las corrientes libertarias y sindicalistas podían lograr una receptividad mayor que las socialistas porque se basaban precisamente en este apoliticismo natural de las clases subalternas, al que contribuían a su vez a consolidar. El predominio que de tal modo fueron conquistando en el interior del movimiento obrero en formación frenó la posterior expansión del socialismo de filiación marxista, contribuyendo a fortalecer entre éstos aquellas tendencias más moderadas y reformistas.

Un hecho al que se debió en buena parte la gran difusividad del anarquismo, tanto en su variante individualista, primero, y en la sindicalista, después, fue la capacidad de atracción que mostró tener frente a la intelectualidad de origen pequeñoburgués. En América Latina el anarquismo reclutó a los intelectuales avanzados de las primeras décadas del siglo, particularmente aquellos formados al margen de las instituciones universitarias y de los ambientes académicos, cada vez más sensibilizados frente a la violenta irrupción de la "cuestión social" en la realidad del subcontinente —y no sólo de éste—. La relativa libertad de prensa existente por esos años permitió a los anarquistas desplegar una formidable publicística que convirtió a la Argentina en uno de los lugares más importantes de difusión de la literatura de corte social, lo cual era también una demostración de una relevante capacidad de organización cultural e intelectual. Según afirma Nettlau, Buenos Aires era por esa época uno de los dos centros americanos para la difusión de publicaciones anarquistas; un centro tan importante que en 1900, por ejemplo, se llegaron a editar en esta ciudad tantos folletos y libros de propaganda como en Barcelona, máximo centro mundial.[10] Por otra parte, la presencia en el Río de la Plata de las dos figuras internacionalmente más destacadas del anarquismo, como fueron Enrico Malatesta y Pietro Gori, contribuyó tan decisivamente a crear una atmósfera cultural favorable en los medios intelectuales de Buenos Aires que durante años la bohemia porteña se sintió totalmente identificada con el mundo moral e intelectual del anarquismo. Figuras como Alberto Ghiraldo, Florencio Sánchez, José de Maturana, Rodolfo González Pacheco, Julio R. Barcos, Elías Castelnuovo, o españoles casi nacionalizados como Rafael Barrett, le dieron al anarquismo un irresistible poder de expansión entre la juventud intelectual iconoclasta. De ahí que haya podido afirmarse con toda razón que en la Argentina de la primera década del siglo nacer a las letras "casi era como iniciarse en la anarquía".[11]

Sin embargo, toda esta inmensa actividad publicística y de propaganda doctrinaria, al margen en muchos casos de su valor literario, tuvo un muy bajo nivel teórico y político. Como destaca Abad de Santillán, que para el caso es una fuente insospechable por la adhesión moral e intelectual que mantuvo frente a un movimiento del cual fue, además, uno de sus máximos exponentes, "se han divulgado ideas, pero no se ha pensado; el movimiento argentino fue un vehículo excelente, pero no ha ofrecido al mundo mucho de original".[12] Pero la falta de "originalidad" teórica del movimiento anarquista argentino no puede ser imputable exclusivamente, como hace Santillán, al bajo nivel intelectual de sus propagandistas. Vale la pena recordar que el movimiento se expande en el Río de la Plata cuando comienza a sufrir de una parálisis intelectual en el mundo, de la que no saldrá ni siquiera en la deslumbrante aunque lamentablemente breve estación de la República española.[13] Al margen, empero, de esta crisis teórica del movimiento anarquista mundial, que no impidió que en América Latina se destacaran figuras de la magnitud de Manuel González Prada o de Ricardo Flores Magón, es acaso en las características propias del movimiento obrero en germen y de su organización más representativa donde deba rastrearse la ausencia o no de "originalidad" del anarquismo argentino. Aun cuando las clases trabajadoras tenían en Argentina un peso numéricamente importante en las primeras décadas del siglo, la heterogeneidad de su composición desde el punto de vista de las corrientes migratorias que las constituyeron era de tal magnitud que sólo podían recomponerse como "clase" autónoma en la medida en que ponían entre paréntesis el propio espacio nacional en el que operaba tal recomposición. En el acto mismo de reafirmarse como clase obrera, paradójicamente se vedaban a sí mismas la comprensión teórica de la posibilidad de su conversión en "clase nacional". Excluidas objetivamente del sistema político, su propia fuerza numérica las arrastraba a un *quid pro quo* de pensamiento y de acción, del que por largos años no pudieron escapar y por el cual la conquista de una conciencia "obrera" sólo podía ser hecha a expensas de la posibilidad de pensar en la teoría y en la práctica los caminos que pudieran conducirlas a la conquista de una transformación revolucionaria de la sociedad en su conjunto que inspiraba muchas de sus acciones. Una doctrina como la anarquista, que fundamenta en abstractos principios de justicia la denuncia de la explotación y la explicación de la lucha de clases, no resultaba en definitiva apta para contribuir a superar esta limitación por así decirlo "estructural" del proletariado argentino y para elaborar una propuesta de transformación basada en un análisis concreto de la sociedad argentina, del carácter nacionalmente situado de la lucha de clases y de la naturaleza del Estado. En la teoría, el movimiento anarquista apuntaba sólo retóricamente a la destrucción del poder capitalista; en los hechos, su esfuerzo estaba puesto casi exclusivamente en la defensa de los intereses corporativos de los trabajadores, en tareas de solidaridad y en la lucha por la conquista de una plena libertad de funcionamiento de las organizaciones profesionales y culturales del proletariado.[14] Y es aquí, en su estilo de acción obrera, en su práctica cotidiana por la defensa de los explotados, donde podremos encontrar un filón de búsqueda que nos permita colocar en su correcta dimensión la pregunta acerca de la verdadera originalidad de un movimiento que, al igual que su congénere norteamericana, la Industrial Workers of the World (IWW), más que en la potencialidad de su teoría residía precisamente en una aguda percepción de la condición obrera y de las formas prácticas a través de las cuales podía organizarse para luchar por sus reivindicaciones.

El mérito del movimiento anarquista favorable a la organización sindical, es decir, anarcosindicalista, residió en haber intentado con éxito organizar a los trabajadores a partir de sus características intrínsecas, derivadas en buena parte del tipo de desarrollo capitalista que se impuso en el país y de su condición prioritaria de proletariado inmigrante. La Federación Obrera Regional Argentina (FORA), constituida en 1901 bajo la inspiración del anarquista italiano Pietro Gori, fue un verdadero crisol donde se fundieron una diversidad de nacionalidades, fundamentalmente latinas y eslavas, que constituían una masa trabajadora extremadamente móvil y desprovista de cualquier tipo de calificación técnica. Unificándolos en organizaciones gremiales por principio "absolutamente autónomas en su vida interior y de relación",[15] la FORA contribuyó decisivamente a establecer un vínculo clasista entre un proletariado rural y semiurbano

que no podía encontrar en un sistema fabril ausente el punto
de concentración de la voluntad obrera sobre el que funda el
marxismo la superioridad de la estrategia y de la acción socialista. De tal modo creó condiciones para que la extrema movilidad de ese proletariado fuera un elemento decisivo en la "comunicatividad"[16] de las luchas obreras. La elevada capacidad de
comunicación de estas luchas obviaba en gran parte la necesidad de un aparato burocrático centralizador, lo cual explica el
hecho sorprendente de que en las dos primeras décadas del
siglo hubieran podido producirse grandes movimientos de lucha
de los trabajadores argentinos orientados por un movimiento
que se oponía por principio a la existencia de funcionarios sindicales permanentes y que debatía apasionadamente en sus
congresos la conveniencia o no de que los dirigentes se benefi-
ciaran con sueldos pagados por el sindicato. Como resultado de
esta concepción de la lucha obrera, derivada de una excepcional
capacidad empírica de percibir el flujo continuo de la lucha
obrera, se configura un tipo de agitador social completamente
distinto del clásico dirigente de experiencias sindicales europeas
como la inglesa, la alemana y aun la francesa. No el militante
que durante años trabaja en su taller o en su barrio, como fue
la característica predominante en la militancia de las formaciones socialistas, sino un tipo de agitador móvil, capaz de nadar
en el interior de la corriente de las luchas proletarias, que se
desplaza de un confín al otro del país, o aun del continente, que
tiene una aguda intuición para percibir los signos del conflicto
latente próximo a estallar, que no reconoce fronteras nacionales
que le impidan desplegar su voluntad de lucha y su fidelidad
ilimitada a la causa de los explotados.[17]

La historia del anarcosindicalismo argentino y latinoamericano está colmada de este tipo de agitador y organizador social
cuyos antecesores más mundialmente conocidos fueron los italianos Enrico Malatesta y Pietro Gori y de los que dos relevantes
ejemplos son, por un lado, el mexicano Ricardo Flores Magón, y
por el otro, un chileno, que aunque creía ser ortodoxamente
marxista estaba en realidad mucho más cerca de la atmósfera
ética y política anarquista en que se formó. Nos referimos a Luis
Emilio Recabarren, que no por casualidad fue luego uno de los
protagonistas principales de la fundación de los tres primeros
partidos comunistas de América del Sur.[18]

F. Cao y D. de Val, esta obra fue durante las primeras décadas
del nuevo siglo más reverenciada que leída, excepto por el propio Justo. En el pensamiento social latinoamericano, Marx era
uno más de una vasta pléyade de reformadores sociales que las
deficientes ediciones españolas mal traducían del francés. Y en
las publicaciones de la época eran mucho más citados publicis-
tas como Louis Blanc, Eliseo Reclus, Benoit Malon, Enrico Malatesta, Achilles Loria, Enrico Ferri, Proudhon, Bakunin o Luisa
Michel, que Marx y Engels. La ausencia de fronteras entre las
diversas tendencias era tal que el club Vorwärts, por ejemplo,
fundado en 1886 en Buenos Aires por emigrados socialistas
alemanes, con la finalidad de "cooperar a la realización de los
principios y de los fines del socialismo, de acuerdo con el programa de la socialdemocracia de Alemania", era al mismo tiempo el mayor centro de difusión de la literatura anarquista y
social en general.[21]

En realidad, el debate en el interior de este abigarrado
mundo de fermentos sociales que condujo a la conformación de
los socialistas como un movimiento autónomo versó no tanto
sobre la "ciencia" de unos contrapuesta a la "utopía" de los
otros, como sobre si debíase o no intervenir en la vida política
de cada país con una organización política propia. Los partidarios de Marx —y no todavía los "marxistas", en la medida en
que este término se incorporó al vocabulario político años después y sólo adquiere un carácter más claro de definición política
cuando en los años veinte lo asuman los partidos comunistas
latinoamericanos recientemente formados— eran aquellos que,
desconociendo en gran medida lo efectivamente dicho y pensado
por Marx, admitían como lo esencial de su pensamiento la afirmación de la necesidad de que las clases trabajadoras se dieran
un partido político propio, el partido socialista u obrero, que
debería actuar en la vida nacional siguiendo los patrones de
conducta de las organizaciones socialistas que integraban la
Internacional Socialista y Obrera, de la que el partido alemán
era el ejemplo más destacado. La rotunda victoria electoral conquistada por los socialistas alemanes el 20 de febrero de 1890,
y poco tiempo después, la caída de Bismarck, el hombre que
más se había empeñado en destruirlos, no podía menos de
tener un valor paradigmático y ejercer un poderosísimo influjo
sobre los intentos de formación de partidos obreros en América.
Ante socialistas como Germán Ave Lallemant, que entre 1894 y

1909 fue un asiduo corresponsal en la Argentina de *Die Neue Zeit* —órgano científico de la SDP dirigido por Karl Kautsky—, o Juan B. Justo, lector constante de las publicaciones sociales europeas y en particular alemanas, o ante los socialistas de San Pablo, que en lo concerniente a sus ideas "se ubican total y absolutamente en el terreno de los postulados establecidos por sus compañeros alemanes",[22] o Pablo Zierold, de México, la socialdemocracia alemana aparecía como una gran fuerza política iniciadora de una época nueva en la historia de los movimientos sociales, expresión de una moderna cultura laica y democrática, y forjadora consciente de un proyecto de transformación social. Representaba un ejemplo que debía ser seguido y hasta imitado.

Sin embargo, el ejemplo de la socialdemocracia alemana, aureolada del apoyo que le prodigara Engels al considerarla como un modelo internacional de partido socialista, llegó a nuestras tierras cuando comenzaba a romperse el difícil equilibrio programáticamente alcanzado entre la perspectiva palingenética en la que se inspiraba y su naturaleza de partido de masa moderno, vinculado por miles de hilos visibles e invisibles al sistema político del Estado germano. De ese partido, lo que se trasvasó a América fue su visión del marxismo como ideología del desarrollo y la modernización, en el interior de una insuprimible lucha de clases en la que el socialismo representaba el "partido del progreso". El divorcio cada vez mayor entre los principios teóricos proclamados y la actividad práctica revertíase en América en forma agravada, acentuando una ignorancia de la teoría que los socialistas europeizantes se empeñaban en considerar como propia no sólo del atraso, sino también de la condición "latina" de los trabajadores.[23] La exigencia, derivada de la doctrina de Marx, de la autonomía ideológica, política y organizativa del movimiento obrero, y la necesidad de una nítida distinción del partido socialista u obrero respecto de los partidos democráticos burgueses eran traducidos en clave corporativa, aislando la acción reivindicativa de los trabajadores y colocando barreras insalvables para una política de bloque con las corrientes radicales, democráticas y anarquistas del movimiento social de las clases explotadas.

Como resultado de una tenaz y admirable actividad cotidiana, los socialistas lograron formar un conjunto de instrumentos de vida democrática colectiva tales como sindicatos, sociedades de socorros mutuos, cooperativas de vivienda y de consumo, círculos socialistas, bibliotecas, universidades populares y otras instituciones de cultura, editoriales y periódicos, etc. Supieron vincular la propaganda y la agitación a la acción inmediata orientada a satisfacer las necesidades más apremiantes de los trabajadores, fundamentalmente de los urbanos, movilizados en buena medida gracias a esta labor; pero no pudieron o supieron darle una organización de combate verdaderamente transformadora a una clase a la que contribuyeron decididamente a constituir. No disponían de una teoría revolucionaria ni creían verdaderamente en la posibilidad de lograr transformaciones socialistas en un futuro más o menos previsible. En el fondo, eran radicales de izquierda y como tales fueron dura e injustamente criticados por el selecto núcleo de socialdemócratas emigrados que medían con el rasero de la teoría y de la práctica de la socialdemocracia alemana el difuso proceso de constitución del movimiento obrero y de los partidos socialistas en América. Es suficiente recorrer las innumerables crónicas sobre la realidad latinoamericana publicadas en *Die Neue Zeit*, por ejemplo, escritas por sus propios redactores o por corresponsales como G. A. Lallemant o Paul Löbe, para advertir claramente el desdeñoso paternalismo del que hacía gala la socialdemocracia alemana en sus relaciones con los partidos u organismos socialistas del mundo no europeo —y aun no Mitteleuropeo—, y que, como es lógico, influía poderosamente en la mentalidad de los militantes alemanes emigrados a América Latina.[24]

No obstante lo fundado de buena parte de sus observaciones sobre el primitivismo doctrinario y político de las débiles organizaciones socialistas del subcontinente, sorprende sin embargo la pobreza de sus propuestas alternativas, el sentimiento de externidad o, para decirlo de otro modo, el distanciamiento que trasuntan sus escritos, como si estuvieran presididos por la certeza de la imposibilidad de modificar esa situación de atraso hasta tanto el crecimiento de "una masa obrera con conciencia de sí misma y de sus objetivos"[25] pusiera las condiciones necesarias para el surgimiento de una fuerza cabalmente socialista. Su razonamiento perdía así toda capacidad de reacción sobre una realidad a la que, en última instancia, descalificaba y hasta menospreciaba; no era capaz de extraer las consecuencias que necesariamente se derivaban de su justo reconocimiento del terreno "más democrático y reformista social, antes que socialista",[26] en el que tales organizaciones estaban instaladas. Porque si tal era la situación, el problema consistía en cómo debía ser reformulada la doctrina para que la relación inédita —en términos de la propia teoría, claro está— entre socialismo y democracia proyectara una propuesta de resolución que no postergara al primero de los términos para un futuro lejano e imprevisible.

Es por esta razón que la crítica al "cosmopolitismo" del socialismo latinoamericano, hecha desde una perspectiva nacionalista, radical o populista, o a la ausencia en él de "proposiciones verdaderamente socialistas",[27] como objetaban los socialistas más apegados a ciertas experiencias europeas, tienden ambas a menospreciar las reales dimensiones intelectuales, culturales y civiles de su actividad. Los socialistas lucharon por organizar a las masas artesanales y constituyeron, junto con los anarquistas, los primeros núcleos de clase obrera, alimentando en las clases subalternas ese "espíritu de escisión" frente a la sociedad que constituye el requisito imprescindible para la formación de una conciencia de clase. Contribuyeron así a constituir una concepción del mundo distinta y contrapuesta a la de las sociedades tradicionales, de modo tal que sus teorías y su práctica formaron parte inescindible del proceso de organización de las clases populares latinoamericanas. Todos éstos eran objetivos valiosos por sí mismos; sin embargo, les faltaba algo esencial para ser parte constitutiva de una estrategia que pudiera merecer el nombre de socialista; les faltaba una perspectiva política vinculada a la acción teórica y práctica por imponer soluciones avanzadas a los grandes problemas nacionales. En una palabra, no incluían una definición políticamente productiva sobre las condicionales "nacionales" para el cumplimiento integral de una revolución democrática y de su tránsito a una transformación socialista. Porque nunca se les planteó en la práctica el problema del poder; para desplegar su actividad no necesitaron de la rigurosa determinación, o especificación, de los elementos originales y propios del proceso histórico nacional y continental en el que les tocó actuar. Es por ello que, y sin tener una clara conciencia de ello, apostaron simplemente a la democratización de la vida ciudadana y a la organización de las clases populares. Pero vale la pena reconocer que en esa apuesta estuvo acaso la mayor de sus virtudes.

Porque intentaron dar una expresión política a una clase instalada aún en un terreno "no-nacional" o, para decirlo en otros términos, en el interior de un horizonte económico-corporativo y pequeñoburgués, teñido de la presencia de fuertes tradiciones populares de romanticismo social, los socialistas latinoamericanos tendieron a pensar la realidad dentro de un tipo de pensamiento que hacía recaer sobre la dilatación de los elementos de modernidad la posibilidad de una perspectiva socialista. Es comprensible por tanto que encontraran en el marxismo de la Segunda Internacional o, con más propiedad, en la construcción hegemónica que de él hizo la socialdemocracia alemana, la teoría más apropiada para entender la realidad. Colocados fuera de una perspectiva concreta de poder, una doctrina que fundaba en la fuerza espiritual de los principios y en la capacidad organizativa del partido la homogeneización política de la clase, se les aparecía como el instrumento más idóneo para actuar en condiciones de atraso. Paradójicamente, una ideología que ocultaba, detrás de la radicalización kautskiana de la teoría, una estrecha política de representación de los intereses corporativos de una clase obrera fuerte se convertía en la concepción dominante de un movimiento que tenía por base un proletariado no industrial. La funcionalidad reformista de la socialdemocracia alemana, despojada de su retórica marxistizante, se ponía claramente de manifiesto en un territorio que sólo podía recuperar de ella su condición de partido parlamentario de las reformas sociales. Aquello que los socialistas latinoamericanos privilegiaban de la experiencia alemana no era el escolasticismo marxista de Kautsky, y ni siquiera el cuestionamiento revisionista de Bernstein, sino su capacidad de implementar un partido político moderno y de masa, con principios socialistas generales lo suficientemente amplios como para que la unidad partidaria no dependiera de una estricta adhesión a una teoría sino de la habilidad política excepcional de sus líderes. No en vano fue precisamente August Bebel, un dirigente que reunía una aguda percepción política y una relevante capacidad de organización y de dirección, la figura más respetada y hasta reverenciada.

4. Socialistas europeos y revolución democrática latinoamericana

Si para todas las formaciones socialistas europeas la experiencia alemana fue hasta la Primera Guerra Mundial la expresión más acabada y paradigmática de una teoría y de una práctica marxista, ¿puede sorprender que se haya convertido también en el modelo indiscutido de los socialistas latinoamericanos? Otras experiencias europeas como la francesa, y en menor medida la italiana o española, o el mismo cooperativismo belga, eran leídas como adecuaciones y nuevos desarrollos del modelo, antes que como tendencias que lo invalidaban. Si eran desconocidas casi por completo situaciones anómalas del tipo del socialismo serbio, o de los socialistas revolucionarios rusos, o de las que provocaron la temprana separación entre mencheviques y bolcheviques en la Rusia de comienzos de siglo, ¿a qué otras experiencias podían dirigir sus miradas en búsqueda de ejemplos iluminadores? Hay que recordar que hasta la aparición del movimiento comunista no existió en el socialismo europeo hegemónico ninguna tentativa efectiva de ampliación al mundo no europeo de las categorías analíticas fundamentales de la doctrina de Marx. Y para el caso particular de América Latina, esta deficiencia resultaba agravada porque ciertas particularidades de su evolución histórica y política y de su estructura económico-social la volvían irreductible a una identificación genérica con ese *mundo colonial* que la expansión imperialista arrastró violentamente al torrente de la historia. La condición ni periférica ni central de América Latina, la temprana conquista de las independencias nacionales de los países que la formaban, las particularidades de sus construcciones estatales, eran elementos que cuestionaban de hecho la generalización indiscriminada del valor explicativo y proyectivo de la doctrina marxiana, y hasta habían creado un implícito problema teórico al propio Marx, en los momentos en que emprendió la compleja tarea de indagar la especificidad de las formaciones no capitalistas.[28] Ni en la Internacional, y ni siquiera en el debate interno de la socialdemocracia rusa, fueron recuperadas aquellas tentativas hechas por Marx que, si bien no contenían resolución alguna del problema, planteaban al menos una manera radicalmente distinta de analizar las vías posibles de transformación social de formaciones caracterizadas por la ausencia de un capitalismo industrial y por el predominio absoluto del mundo rural y campesino. Es posible pensar que la recuperación de estas perspectivas podrían haber creado las premisas para un análisis diferenciado de realidades en las que operaban partidos u organizaciones socialistas representadas tempranamente en los congresos de la Internacional y en el Buró Socialista Internacional.[29] Si la Internacional no llegó a ser consciente de la naturaleza de los problemas que creaba la diferencia existente entre su realidad, limitada a Europa —y de ésta, a su parte más avanzada—, y su pretensión universalista, es porque previamente había excluido en la teoría y en la práctica a un mundo al que descalificaba como "bárbaro".

Un ejemplo muy ilustrativo de este soslayamiento es el hecho de que dos años después de iniciada la revolución mexicana no se hiciera ninguna mención de ella en el Congreso Socialista Internacional de Basilea, realizado en noviembre de 1912. Podría pensarse que la atención de los participantes fue unilateralmente desplazada hacia los inminentes peligros del estallido de una guerra mundial, o que faltó una información adecuada o por lo menos suficiente. Sin embargo, si recordamos lo escrito por los socialistas europeos sobre el tema debemos concluir que no pueden ser éstas las razones que expliquen un olvido que resulta inexcusable desde el punto de vista de la naturaleza y de los objetivos de un congreso concebido por todos como la sede donde se debatían las experiencias de lucha de las masas trabajadoras del mundo. Si tomamos, por ejemplo, los análisis publicados en *Die Neue Zeit* y el *Vorwärts!*, los dos órganos más autorizados de la socialdemocracia alemana, observaremos que, curiosamente, la perspectiva de redactores de la importancia de August Thalheimer, Gustav Ledebour o Heinrich Cunow es exactamente la misma no obstante integrar corrientes radicalmente diferenciadas dentro del partido alemán por sus posiciones ideológicas, teóricas y políticas. Todos enfatizaban las consecuencias exteriores de un proceso del cual sólo parecían interesarles los ecos en los Estados Unidos. Como anota agudamente Leopoldo Mármora,

"la estructuración y la dinámica interna de la sociedad mexicana están ausentes o integradas a los mismos de un modo totalmente accesorio. Todo lo que no se adecuaba a los moldes conocidos de la lucha de clases 'moderna' y 'civilizada' era ignorado o negado como ahistórico, irracional, etc. Por ejemplo, la fuerza social y cultural del sistema agrario comunal fue completamente desconocida no obstante sus profundas raíces históricas y el papel central desempeñado en la revolución."[30]

De tal modo el análisis tendía a sobredimensionar la acción de los sujetos sociales "modernos", como el proletariado industrial, los pequeños propietarios o la burguesía liberal, mientras que las masas rurales eran descalificadas o reducidas a mero objeto de explotación.[31] Como de todas maneras lo que caracterizaba a la revolución era el hecho de ser esencialmente una revolución campesina, y la superestructura "moderna", sobredimensionada o no, se evidenciaba en extremo frágil y reducida, el análisis mostrábase incapaz de profundizar en la dinámica revolucionaria del proceso social, el cual era percibido solamente en sus elementos de espontaneidad y caos. La denuncia moralista de las condiciones brutales de opresión y explotación quedaban opacadas por la fuerte insistencia en la incapacidad histórica de las masas explotadas.

La debilidad, o ausencia, de aquellos sujetos sociales reconocidos como los únicos válidos de un proceso de transformación conducía a todo el razonamiento a seguir una actitud de tipo naturalista a partir de la cual los factores de disciplinarización y de racionalidad social sólo podían ser introducidos desde afuera. Tal como la burguesía europea hacía descansar en un caudillo militar o en la intervención norteamericana la resolución del caos, para los socialdemócratas alemanes la única perspectiva contemplada a largo plazo era la imposición de un nuevo orden basado en la presencia decisoria de la burguesía liberal y del proletariado moderno. En la visión socialista, mientras la perspectiva y la presencia del proletariado internacional no lograra enraizarse en México, "los sujetos sociales estaban condenados a ser marionetas en manos de los intereses y antagonismos de tal o cual fracción del capital internacional".[32]

Es evidente que un razonamiento como el que estamos analizando descansaba sobre una concepción profundamente arraigada en la socialdemocracia europea, y también entre los socialistas latinoamericanos, cuya raíz se encuentra en el Marx del *Manifiesto comunista* y de *El dieciocho Brumario*: la descalificación del mundo rural y del campesinado identificados con el "primitivismo" y la "barbarie". Si es verdad que proletariado y clase obrera no coinciden necesariamente, lo que el europeísmo a ultranza de los socialdemócratas no percibía era que ese proletariado cuya ausencia lamentaban estaba en las masas rurales movilizadas, que en México constituían, como es lógico, la fuerza motriz de todo proyecto radical de transformación. Del mismo modo que el débil semiproletariado urbano de la ciudad de México —que manifestó una fuerte incomprensión del movimiento zapatista por su notable componente religioso, y que tendió a aliarse con la pequeñaburguesía citadina para reprimir militarmente a las masas campesinas en rebelión—, los socialistas europeos no podían entrever siquiera la perspectiva de la formación de un nuevo bloque social revolucionario basado en la fusión de fuerzas sociales que, como el campesinado y la clase obrera, eran, para ellos, expresiones de dos mundos excluyentes.

Es sin duda esta concepción la que explica el soslayamiento y aun la negación de uno de los hechos revolucionarios más significativos del siglo. Pero no fue sólo Europa la que olvidó o trató de silenciar esta realidad traumatizante; ocurrió del mismo modo con América Latina, y hubo menester de las fulgurantes presencias de las revoluciones rusa y china para descubrir, en los años veinte, que en su propio territorio se estaba operando desde una década anterior una experiencia de masas de tamaña magnitud. El laboratorio político mexicano ponía a prueba la validez de las hipótesis teóricas fundamentales del movimiento obrero mundial y mostraba que sin una refundación de la teoría y de la práctica del socialismo la realidad americana era indescifrable para el marxismo.

La paradoja del socialismo latinoamericano residía, por tanto, en que al operar sobre una realidad distinta de la europea sus esfuerzos por aplicar a nuestro medio las orientaciones fundamentales del marxismo construido y canonizado por la Segunda Internacional tenían efectos contradictorios, efectos de los que no se tuvo plena conciencia en su naturaleza y consecuencias. Si bien les permitía obtener éxitos relativos en la organización de las clases trabajadoras, los colocaba objetivamente en una posición subalterna en el interior del bloque de fuerzas orientadas a la modernización capitalista de la región. El desconocimiento casi total de la esencia de la teoría revolucionaria de Marx, la aceptación incuestionada del paradigma socialdemócrata que condicionaba la posibilidad del socialismo al crecimiento de las fuerzas productivas y por tanto al consiguiente aumento cuantitativo de la clase obrera moderna, el plegamiento a las difíciles condiciones ideológicas y políticas en las que se desarrollaba su labor, tendían a limitar la acción socialista a una mera batalla cotidiana por las reivindicaciones más inmediatas de los trabajadores y por la plena legalidad y libertad del movimiento. La doctrina estaba de hecho escindida de esta acción y relegada a la condición de una filosofía de la historia sobre la que se fundaba la propaganda abstracta de una sociedad alternativa. Tal como afirmaba Cornelio Thiessen en la reseña antes citada, las condiciones de atraso, en este caso en la Argentina, hicieron que el socialismo

"se limitara también al trabajo presente. Faltan aquí las condiciones objetivas para una propaganda colectivista y el llamado 'objetivo final' se convierte en una 'hipótesis' auxiliar. Si se considera este estado de cosas como transitorio, uno puede reconciliarse en parte con esta actividad 'socialista'. Lo malo es, precisamente, que se pretende hacernos ver como normal esta 'etapa de transición'."[33]

En la medida en que para Thiessen el desarrollo de las relaciones económicas capitalistas ya se habían hecho presentes, maduraban "los elementos que permiten probar que el socialismo en Argentina tiene ya hoy una base más firme". De lo que se trataba, entonces, era de no descuidar el trabajo práctico, pero sí de "imbuirlo del espíritu socialista". Hasta en quienes defendían con mayor firmeza el contenido doctrinario socialista de los nuevos organismos políticos, la doctrina, en realidad, era considerada como una suma de principios abstractos, válidos de una vez para siempre y en cualquier circunstancia; principios que debían ser difundidos como prerrequisito para que un movimiento obrero, aún no desprendido por completo del mundo burgués del que surgió, pudiera conquistar una identidad propia. A ese mundo lo separaba del proletariado una cisura radical y la función de la doctrina y de la acción socialista era transformar dicha cisura en una grieta profunda y consciente.

Teoría y movimiento real no eran, por tanto, los dos términos de una relación que sólo podía fundarse en la determinación precisa de la especificidad histórica del proceso, sino entes abstractos y siempre idénticos a sí mismos en los que únicamente la ignorancia e incultura transitoria del segundo creaba las dificultades de inserción del primero. La tarea de los socialistas quedaba reducida, en última instancia, a una empeñosa e inteligente labor de organización y de educación del proletariado. El peso aplastante que éste debía necesariamente adquirir en la sociedad capitalísticamente desarrollada, según la visión reformista, o los hipotéticos cataclismos históricos a que estaba condenada, según la visión revolucionaria, habrían de conducir a ese proletariado a la conquista del poder y a la construcción del socialismo.

Tal era la concepción del socialismo moderno, y más en particular de la doctrina de Marx, que los militantes latinoamericanos recogieron de la experiencia de la socialdemocracia europea. Es la aceptación de esta hipótesis lo que condujo a que, por lo menos hasta Mariátegui, socialismo y marxismo fueran, en América Latina, "sinónimos de Europa".[34] Lo cual explica que sólo pudiera formularse una propuesta de terrenalización de la doctrina de Marx a una realidad reconocida en forma explícita como históricamente diferenciada —aunque dentro del paradigma europeísta y al precio de la amputación de toda su perspectiva revolucionaria— en las zonas más plenamente "europeas" del continente, en ese confín de América del Sur donde una extensa comarca fue convertida prácticamente en colonia de "poblamiento" por el capitalismo central.

Ya hemos señalado las consecuencias negativas para el desarrollo del marxismo derivadas de la despreocupación del socialismo europeo por la singularidad latinoamericana, despreocupación que mantiene inalterada una actitud ya presente en los propios fundadores de la doctrina. Lo que acaso sorprenda es saber que el cuestionamiento marxiano de la validez universal del camino recorrido por el capitalismo en Europa occidental —que tuvo como origen la reorientación de sus estudios hacia el análisis de los procesos de disolución de la comunidad agraria en Occidente y de las razones de su permanencia en Oriente y en Rusia— confluyó no sólo en la revalorización de la comuna rusa, sino también en el "redescubrimiento" de América. Aunque no de esa América hispánica a la que Marx había descalificado en los años cincuenta, sino de ese territorio del norte cuya vertiginosa transformación tenía la virtud de revelar al Viejo Mundo el secreto del modo capitalista de producción y de acumulación.[35] Modificando su visión fuertemente anclada en las condiciones de Francia y de Inglaterra, Marx convertirá desde los años sesenta en adelante a Rusia y a los Estados Unidos en los soportes del cuadro estratégico general caracterizado por la expansión del capitalismo hacia nuevas áreas de explotación. Pero si el análisis de Rusia lo condujo a descubrir en el campesinado potencialidades revolucionarias antes negadas, el de los Estados Unidos le permitió a su vez vislumbrar los obstáculos que un país nuevo y de fronteras abiertas podía oponer a una clase obrera de reciente creación y dividida en sus nacionalidades de origen. Paradójicamente, en los momentos en que descubre la virtualidad revolucionaria del campesinado advierte el error que significa creer en una universal determinación "socialista" de la clase obrera.

NOTAS

[1] "También la aparición del socialismo está frecuentemente condicionada por la abolición de este trabajo servil. Es en 1905, por ejemplo, o sea un año después de la abolición parcial de las corveas para los indígenas, cuando se constituye la primera organización socialista de Bolivia, la Unión Obrera Primero de Mayo. La creación formal del Partido obrero brasileño, en 1890, siguió igualmente a la abolición de la esclavitud (1888). Y si el primer periódico obrero cubano, *La Aurora*, circuló desde 1865, la iniciativa de militantes como Enrique Roig San Martín o Fermín Valdés Domínguez fructificó, en el Congreso Obrero de 1892, sólo después de la abolición definitiva de la esclavitud (1889)", Robert Paris, "Socialisme et communisme en Amérique Latine", cap. III de *Histoire générale du socialisme*, t. IV, París, P.U.F., 1978, p. 166.
[2] La ubicación geográfica desplazada hacia los puertos y zonas costeñas del proletariado industrial y de servicios limitó fuertemente la posibilidad de expansión nacional de organizaciones socialistas que, como la argentina o uruguaya, habían logrado una relativa implantación entre los trabajadores urbanos. Sin embargo, las áreas de difusión de las corrientes políticas socialistas o anarquistas obedecen a muchas otras razones que no son simplemente las de las características estructurales de la fuerza de trabajo.
[3] Es un error demasiado generalizado atribuir en forma casi exclusiva el tipo de comportamiento de la clase obrera del período al hecho de su condición extranjera. Es indiscutible que dicha condición

operó como un elemento retardatario de los procesos de nacionalización de los trabajadores. Pero exagerar su importancia conduce a menospreciar la importancia decisiva que tienen los análisis histórico-
estructurales en el estudio de la constitución de la clase obrera
latinoamericana y de sus formas de acción. Sólo a partir de esos
estudios —aún tan escasos y deficientes en nuestra historiografía—
será acaso posible encontrar el fundamento real de una similitud de
comportamientos incluso en lugares donde la inmigración fue notoria-
mente menor o casi inexistente. No es necesario aclarar que este error
de tipo reduccionista tiene como trasfondo político la visión del socialismo como un fenómeno "externo" a una realidad supuestamente ajena a las determinaciones de clase.

⁴ Carta de Marx a Danielsón del 10 de abril de 1879, en K. Marx,
N. F. Danielsón, F. Engels, *Correspondencia 1868-1895*, México, Siglo
XXI, 1981, pp. 126-127.

⁵ Marx retornó muchas veces sobre las causas de la completa
modernidad de los Estados Unidos. En los *Grundrisse*, por ejemplo,
afirmaba lo siguiente: "[...] un país en el que la sociedad burguesa no
se desenvolvió sobre la base del régimen feudal, sino a partir de sí
misma; donde esta sociedad no se presenta como el resultado supérs-
tite de un movimiento secular, sino como el punto de partida de un
nuevo movimiento; donde el Estado, a diferencia de todas las formaciones nacionales precedentes, estuvo subordinado desde un principio a
la sociedad burguesa, a su producción, y nunca pudo plantear la
pretensión de constituir un fin en sí mismo; donde, en conclusión, la
sociedad burguesa misma, asociando las fuerzas productivas de un
mundo viejo al inmenso territorio natural de uno nuevo, se desarrolla
en proporciones hasta ahora ignotas y con una libertad de movimientos desconocida, y ha sobrepasado con largueza todo trabajo precedente en lo que atañe al dominio sobre las fuerzas naturales; y donde,
por último, las antítesis de la sociedad burguesa misma aparecen sólo
como momentos evanescentes" (K. Marx, *Elementos fundamentales
para la crítica de la economía política*, Buenos Aires, Siglo XXI, 1976,
vol. 3, p. 92). En este sentido Engels podía sostener con una expresión
paradójica que América era "el más *joven* pero también el más *viejo*
país del mundo", un país burgués desde el inicio de su historia y en el
que la república burguesa se constituye en una suerte de modelo al
que tenderán a conformarse los estados modernos arrastrados por el
mecanismo de reproducción del capital.

⁶ Estamos simplificando. La relación ciudad-campo es extremadamente más compleja que el simplista esquema de la progresividad *per
se* del modelo urbano sobre el rural, que, como es comprensible, era
un supuesto incuestionado del "marxismo" de la Segunda Internacional, pero también de la Tercera en la medida en que la recuperación
leninista de la potencialidad *política* del campesinado no significaba la

liquidación del paradigma urbano-obrerista sobre el que se fundaba. Para nuestro caso, y como veremos más adelante, resulta de interés recordar la posición de Juan B. Justo al respecto por cuanto su proyecto de un desarrollo argentino basado en una democracia rural avanzada tendía a distinguirlo netamente de ese marxismo "alemán" —y por tanto también bernsteiniano— al que con demasiada ligereza se lo ha querido siempre adscribir.

[7] Robert Paris, *op. cit.*, p. 167.

[8] Para el concepto de "clase subalterna", véanse las observaciones hechas por Antonio Gramsci en sus *Cuadernos de la cárcel*. La mayor parte de ellas están agrupadas bajo el título de "Appunti sulla storia delle classe subalterne" e incluidas en el volumen sobre *Il Risorgimento* (Turín, Einaudi, 1953, pp. 189-225; en español, *El Risorgimento*, México, Juan Pablos, 1980, pp. 249-285). Gramsci anota que "la unidad histórica de las clases dirigentes ocurre en el Estado, y la historia de éstas es la historia de los Estados y de los grupos de Estados". La unidad histórica fundamental no es una mera expresión jurídica y política, sino que resulta de las relaciones orgánicas que se establecen entre el Estado y la sociedad civil. Las clases subalternas, en cambio, están por definición no unificadas ni pueden tampoco lograrlo a menos que se conviertan ellas mismas en "Estado", o sea, a menos que dejen de ser subalternas para convertirse en dirigentes y dominados. Su historia está entrelazada con la de la sociedad civil, es una función disgregada y discontinua de la historia de la sociedad civil, es necesariamente episódica. "Es indudable que en la actividad histórica de estos grupos existe una tendencia a la unificación aunque sea con planes provisorios, pero esta tendencia es continuamente destruida por la iniciativa de los grupos dominantes [...] Los grupos subalternos sufren siempre la iniciativa de los grupos dominantes, hasta cuando se rebelan y emergen: sólo la victoria 'permanente' destruye, y no inmediatamente, la subordinación." Es por esto que cada expresión de iniciativa autónoma de parte de los grupos subalternos tiene un valor inestimable para la reconstrucción histórica del proceso de autonomía de las clases populares. Sin embargo, en la medida en que el desarrollo hacia la conquista de una autonomía integral es para las clases populares un proceso "disgregado" y "episódico", su historia "sólo puede ser tratada en forma monográfica y cada monografía es un cúmulo muy grande de materiales con frecuencia difíciles de recoger" (*op. cit.*, pp. 191-193). Antropólogos, sociólogos preocupados por la indagación de aquellos mecanismos que fundan y preservan el mantenimiento de las estructuras económicas y sociales, han confluido en la necesidad de sustituir una visión de las clases populares desde la esfera del Estado por una nueva perspectiva "desde abajo", es decir, "desde su formación objetiva en cuanto grupos subalternos, por el desarrollo y trastornos que se verifican en el mundo de la producción económica".

Respecto de esta nueva problemática, a la que contribuyó a suscitarla con su libro *Rebeldes primitivos* (Barcelona, Ariel, 1968), véase la síntesis hecha por Eric J. Hobsbawm, "Para el estudio de las clases subalternas", *Pasado y Presente*, año I, núms. 2/3, julio-diciembre de 1963, pp. 158-167. Del mismo Hobsbawm véase *Revolución industrial y revuelta agraria*, Madrid, Siglo XXI, 1977, obra escrita en colaboración con George Rudé, al que debemos uno de los mejores trabajos sobre los disturbios populares en Francia e Inglaterra entre 1730 y 1848, *La multitud en la historia*, Buenos Aires, Siglo XXI, 1971. Es también a este tema de la historia de las clases subalternas que se orienta una de las más importantes iniciativas editoriales de habla española. Nos referimos a la "Historia de los movimientos sociales", colección publicada por Siglo XXI de España desde 1975.

⁹ *Gli anarchici. Cronaca inedita dell'Unità d'Italia*, Roma, Editori Riuniti, 1971, p. 85.

¹⁰ Cf. Max Nettlau, "Contribución a la bibliografía anarquista en América Latina", en *Certamen Internacional de La Protesta*, Buenos Aires, 1927, p. 17. Oved recuerda que "en la actividad de los grupos anarquistas de la Argentina resaltaba una tendencia notable a difundir publicaciones ideológicas [...] Entre 1890 y 1905 se editaron en Buenos Aires y se difundieron en la república (así como en países vecinos) 90 libros y folletos de autores anarquistas, principalmente europeos, y de algunos activistas locales. De este modo Buenos Aires, a fines del siglo XIX y comienzos del siglo XX, se convirtió en uno de los dos centros principales en el continente americano para la difusión de publicaciones anarquistas (el otro era Paterson, en los Estados Unidos). La propaganda escrita en ese entonces, por intermedio de las publicaciones, tuvo amplia difusión; además de la literatura impresa en Buenos Aires, Argentina era un mercado vasto para absorber literatura anarquista europea: francesa, italiana, y sobre todo española. Los libros, periódicos y folletos de las editoriales anarquistas de Barcelona y Madrid llegaban pronto a Argentina y eran absorbidos por un público lector numeroso", Iaácov Oved, *El anarquismo en los sindicatos obreros de la Argentina a comienzos del siglo XX (1897-1905)*; tesis presentada en la Universidad de Tel Aviv, junio de 1975, mimeo, t. II, p. 368. La edición del libro de Oved publicada por Siglo XXI, *El anarquismo y el movimiento obrero en Argentina* (México, 1978) no incluye la parte citada de la tesis.

¹¹ Diego Abad de Santillán, *El movimiento anarquista en la Argentina*, Buenos Aires, Argonauta, 1930, p. 121. El mismo autor afirma, quizá con demasiado énfasis, que no hubo país donde el anarquismo tuviera tanta influencia en la literatura como en Argentina, salvo un corto período en Francia: "Se puede decir que la gran mayoría de los jóvenes escritores en la Argentina se han ensayado desde 1900 [...] como simpatizantes del anarquismo, como colaboradores de la prensa

anarquista y algunos como militantes [...]" (*op. cit.*, p. 121). Aunque considerando exagerada esta afirmación de Santillán, Oved reconoce que "el anarquismo ejerció influencia sobre un número de autores jóvenes destacados en la primera década del siglo XX. En esos años estaban muy cerca la bohemia porteña y los círculos anarquistas; varios de los cafés más famosos de Buenos Aires, por ser lugar de cita de los bohemios [...] eran conocidos también como lugares de reunión de anarquistas activos" (Oved, *El anarquismo en los sindicatos...*, cit., t. II, pp. 369-370). En estos círculos brillaba con luz propia la figura intelectual más relevante con que contó el anarquismo en la Argentina, Alberto Ghiraldo. Sobre la relación entre el anarquismo y la intelectualidad argentina, tema aún no suficientemente abordado, véanse entre otras obras, Héctor A. Cordero, *Alberto Ghiraldo*, Buenos Aires, Claridad, 1962; Sergio Bagú, *Vida de José Ingenieros*, Buenos Aires, EUDEBA, 1963; Roberto F. Giusti, *Visto y vivido*, Buenos Aires, Losada, 1965.

[12] Diego Abad de Santillán, "Bibliografía anarquista argentina", *Timón*, Barcelona, septiembre de 1938, p. 182.

[13] En una entrevista concedida al periódico *La Stampa*, Francesco Saverio Merlino, ese socialista anárquico al que Robert Michels definió como "el primer *revisionista* de Marx en el campo de los socialistas italianos", extendía un certificado de defunción del anarquismo espontaneísta y romántico de fin del siglo: "Creo que el partido anárquico está destinado a desaparecer. Es mi impresión particular que el partido anárquico no posee más ningún hombre de primera línea [...] Por lo demás, el partido anárquico ya no produce más intelectualmente; ninguna obra científica o política de valor ha surgido de alguna mente del partido anárquico, que tampoco ha logrado procrear nada nuevo. Cuando el pensamiento anarquista generaba vigorosas manifestaciones en los Estados Unidos, en Alemania, en la propia Inglaterra, el movimiento anárquico lograba expandirse. No sólo se ha detenido; está concluido" (*Gli anarchici*, cit., p. 698). El agotamiento teórico del pensamiento anarquista no logrará ser superado ni por figuras de la importancia política de un Enrico Malatesta, o de un Camillo Berneri, en España. Sólo en los años sesenta, y como resultado del cuestionamiento anticapitalista del movimiento estudiantil y de luchas obreras de nuevo signo, emerge una izquierda extraparlamentaria y radicalizada que además del marxismo recupera la temática antiautoritaria y no-institucional del anarquismo y del comunismo de izquierda europeo de la década del veinte. Lo cual, aunque no siempre se está dispuesto a reconocerlo, contribuyó decisivamente a incorporar a la discusión sobre el socialismo un conjunto de problemas soslayados durante muchos años por el movimiento obrero internacional. Antes que una resurrección del anarquismo es posible afirmar que estamos presenciando una recuperación por parte del movimiento socialista —en el más am-

plio sentido de esta palabra— de una *constante libertaria* a la que las experiencias socialdemócratas y comunistas ahogaron en la teoría y en la práctica del movimiento social.

[14] Son bastante ilustrativas al respecto las "Consideraciones finales" con las que Abad de Santillán termina su libro sobre la FORA, fechadas el 31 de diciembre de 1932, o sea, en momentos en los que la sociedad capitalista en su conjunto, y en particular la argentina, atravesaban una profunda crisis económica, social y política: "[La FORA] ha cumplido hasta aquí, como ninguna otra organización en América, con su misión de defensa de los trabajadores, en resistencia tenaz y abnegada contra el capitalismo. Pero no basta ya la resistencia; es preciso encarar más y más la superación del actual sistema económico [...] No es ya la defensa la que ha de primar, sino el ataque, y ese ataque implica una mejor disposición de nuestras fuerzas, pues en el terreno económico la producción y el consumo no pueden ser interrumpidos, so pena de hacer odiosa la revolución y de tener que sostenerla sólo a base de nuevas dictaduras [...] En una palabra, el centro de la FORA hasta aquí, la resistencia al capitalismo, hay que desplazarlo por este otro: la preparación revolucionaria. La preparación revolucionaria tiene dos aspectos, uno económico y otro insurreccional [...] La FORA reconoce como medios de lucha para la conquista de mejoras económicas y morales sólo la acción directa, es decir, la acción en la que no intervienen terceros y que se desarrolla por los trabajadores mismos frente al capital explotador y al Estado tiránico." El arma específica de que dispone, la huelga general, responde perfectamente, según Santillán, a la lucha contra el capitalismo y el Estado *en el* régimen capitalista; sin embargo, no permite al movimiento *salir* de él y destruir el monopolio de la riqueza y del poder capitalista: "La huelga, el boicot y el sabotaje valen para arrancar esas conquistas y para defenderlas; para destruir los pilares del capitalismo no basta. Y la FORA quiere destruir esos pilares, para eso ha sido creada, para eso ha sido sostenida." Para superar esta "falla en su táctica", la FORA debe "afilar las armas de la revolución y declarar que lo mismo que las conquistas parciales tienen sus métodos propios y lógicos, los tiene la destrucción del régimen de opresión y explotación en que vivimos [...] La revolución tiene sus armas propias, y una organización obrera no puede concertarlas más que en estos dos métodos: *Ocupación de las fábricas, de la tierra y de los medios de transporte. Insurrección armada para la defensa de esa ocupación.*" (*La FORA. Ideología y trayectoria del movimiento obrero revolucionario en la Argentina*, Buenos Aires, Proyección, 1971, pp. 285-293). Resultará una tarea vana buscar en el libro alguna previsión concreta de los procesos reales a través de los que una organización extremadamente debilitada por las divisiones internas, la represión policial y la coyuntura económica de crisis, como era la FORA a comienzos de los años treinta, podía ser capaz de efectuar,

en un tiempo más o menos razonable, un desplazamiento de fuerzas como el planteado. El llamado a la insurrección en boca del autor no es sino una exhortación a no integrarse, a resistir paciente y obstinadamente la derrota para estar prontos a usufructuar la inevitable victoria del mañana.

[15] Bayer enfatiza el papel desempeñado por la FORA del V congreso, es decir, por la organización que se mantuvo fiel a los principios del "comunismo anárquico", en el establecimiento de un nexo orgánico dúctil y creativo de una masa de trabajadores de por sí bastante difícil de organizar. "La central obrera anarquista había logrado algo que luego ningún movimiento político-gremial superó en nuestra historia: la formación de las 'sociedades de oficios varios' en casi todos (¡sic!) los pueblos de campaña. Y lo que es más, casi todas (¡sic!) con sus órganos propios de expresión o sus propios volantes impresos. Es a la vez curioso e increíble lo que hizo el anarquismo por el proletariado agrario argentino: hubo pueblos o pequeñas ciudades del interior donde el único órgano de expresión, el único periódico, era la hoja anarquista, con sus nombres a veces chorreando bondad, a veces oliendo a pólvora. Y los únicos movimientos culturales dentro de esas lejanas poblaciones fueron los conjuntos filodramáticos que representaban obras de Florencio Sánchez, Guimerá o Dicenta... En los pueblos de campaña con estación de ferrocarril se juntaban tres organizaciones obreras anarquistas: la de conductores de carros, la de oficios varios (en la que entraban los peones de la cosecha) y la de estibadores, es decir, los que hombreaban las bolsas de los carros al depósito de la estación y de la estación a los vagones. Las tres organizaciones eran autónomas pero a su vez pertenecían a la FORA en un sentido descentralizado y de amplia libertad interna. Ya lo decía el pacto federal de la FORA: *las sociedades* (los sindicatos) *serán absolutamente autónomas en su vida interior y de relación y sus individuos no ejercerán autoridad alguna. Además, se reafirmaba este principio de libertad y descentralización en el punto 10, cuando se establecía con énfasis: 'la sociedad es libre y autónoma en el seno de la federación local; libre y autónoma en la federación comarcal; libre y autónoma en la federación regional'*" (Osvaldo Bayer, "La masacre de Jacinto Arauz", en *Los anarquistas expropiadores, Simón Radowitsky y otros ensayos*, Buenos Aires, Galerna, 1975, pp. 121-125). Es posible pensar que el autor, dejándose llevar por su identificación con el mundo intelectual y moral de la resistencia anarquista, exagera el grado de organicidad y extensión alcanzado por el movimiento obrero rural de orientación anarquista. Sin embargo, es preciso reconocer que es a Osvaldo Bayer a quien le corresponde el mérito de haber reexhumado el tema del sindicalismo agrario, que no obstante haber sido durante las dos o tres primeras décadas del siglo una experiencia de fundamental importancia en la formación política de las capas trabajadoras rurales, aún no ha sido estudiado ni siquie-

ra en la etapa primaria de recopilación de fuentes. El trabajo sobre la huelga de los obreros rurales de Jacinto Arauz, ocurrida el 9 de diciembre de 1921 en esa pequeña población pampeana, se publicó originariamente en la revista *Todo es Historia*, en 1974, y sigue siendo en la actualidad una expresión desoladoramente solitaria de una orientación de búsqueda todavía no encarada. Recordemos que es el mismo Bayer el autor del revelador *dossier* sobre el genocidio de los obreros rurales de la Patagonia durante la presidencia de Yrigoyen (cf., *Los vengadores de la Patagonia trágica*, Buenos Aires, Galerna, t. I, 1972; t. II, 1972; t. III, 1974 y t. IV, 1978 —publicado en Alemania Federal) y de la biografía del anarquista italiano Di Giovanni (*Severino Di Giovanni. El idealista de la violencia*, Buenos Aires, Galerna, 1970).

[16] Por "comunicatividad" de clase debe entenderse la elaboración de una conciencia unitaria que une a los trabajadores en torno a objetivos comunes, independientemente de las situaciones concretas, que son, por lo general, bastante diversas entre sí.

[17] Sobre el papel de Enrico Malatesta en las polémicas internas del anarquismo y como difusor de los ideales del comunismo anárquico en el movimiento obrero rioplatense, véase la biografía de Max Nettlau, *Enrico Malatesta. La vida de un anarquista*, Buenos Aires, La Protesta, 1923, en especial el cap. XIV, y Oved, *op. cit.*, pp. 17-21. Pero el análisis más exhaustivo de la relación entre el revolucionario italiano y el surgimiento del movimiento obrero en Buenos Aires durante los años 1885-1889 es el ensayo de Gonzalo Zaragoza Ruvira, "Enrico Malatesta y el anarquismo argentino", en *Historiografía y Bibliografía Americanistas*, Sevilla, vol. XVI, núm. 3, diciembre de 1972, pp. 401-424. Sobre Pietro Gori, que arribó a Buenos Aires a mediados de 1898 y permaneció casi cuatro años en el país, véase el encendido elogio que le hace otro emigrado, Eduardo G. Gilimón, *Hechos y comentarios*, Buenos Aires-Montevideo-México, 1911, p. 32: "Y cuando entre ellos ha habido alguno, como Pedro Gori, de figura atrayente, de gestos elegantísimos y de una elocuencia florida y encantadora, deleitosa en la forma y profunda en el concepto, el éxito ha sido clamoroso y triunfal. En no pequeña parte débese el incremento del anarquismo a ese poeta, sociólogo, jurista, orador sin rival y hombre cariñoso, bueno, sin *pose*, que se llamó Pedro Gori. Su verbo atrajo a la juventud estudiosa e hizo sobreponer la tendencia anarquista a la socialista. Sin él, es posible que el Partido Socialista hubiera crecido a la par de las falanges anárquicas a pesar de contar el socialismo *en su contra varios factores de importancia* (¡sic!); Gori dio un impulso extraordinario al anarquismo en la Argentina, cuyo territorio recorrió en todas las direcciones, dando conferencias y captándose simpatías por su carácter, tanto como por su talento" (nosotros subrayamos). Véase también Oved, *op. cit.*, pp. 106-110, que considera a Gori como "una personalidad impresionante y con una capacidad de propaganda excepcional",

siendo "su aporte a la corriente de los adictos a la organización muy valioso". Sin embargo, y como correctamente advierte Oved, la actividad de Gori pudo ser tan importante porque contribuyó a aglutinar, o a consolidar, una tendencia hacia la organización de la actividad reivindicativa obrera que ya se había abierto paso en el seno de los trabajadores. "Una evidencia es el hecho de que el afianzamiento de los círculos 'organizadores' se cumplió en pocas semanas, y es difícil de suponer que surgió de la nada, por generación espontánea, o por influjo exclusivo de un solo propagandista como Pietro Gori" (p. 108). De todas maneras, es indiscutible el papel desempeñado por el anarquista y penalista italiano en la incorporación a la militancia social de un núcleo significativo de la joven inteligencia porteña, como Pascual Guaglianone, Félix Basterra, Alberto Ghiraldo y otros. Sobre la estadía de Gori en la Argentina, véase la extensa crónica de Jorge Larroca: "Un anarquista en Buenos Aires", *Todo es Historia*, año IV, núm. 47, marzo de 1971, pp. 44-57.

[18] El más ilustrativo es el caso del líder obrero chileno Luis Emilio Recabarren. Luego de una prolongada militancia en su país, Recabarren viaja en 1916 a la Argentina y participa allí activamente en el movimiento obrero y en el socialismo. Cuando en el interior del Partido socialista se opera la división provocada por la postura en favor de la guerra y de los aliados, adoptada por el bloque parlamentario y luego por la dirección del partido, Recabarren se inclina decididamente en favor de la tendencia de izquierda y en un congreso extraordinario (el 5 y el 6 de enero de 1918) decide formar el Partido Socialista Internacional (luego Partido Comunista). De igual manera, participó poco después en la creación de una corriente internacionalista en Uruguay. Aunque no siempre recordado así, Recabarren fue uno de los precursores del comunismo argentino y uruguayo, y el fundador, en 1922, del Partido Comunista de Chile. En Buenos Aires escribió, entre otros textos, dos ensayos motivados, sin duda, por las experiencias recogidas durante su militancia en el socialismo argentino: *Lo que puede hacer la municipalidad en manos del pueblo inteligente* y *Proyección de la acción sindical*, ambos aparecidos en 1917.

[19] Al igual que lo ocurrido en Europa, en América Latina el proceso de organización de la clase obrera en el plano sindical y político reproducía una insuprimible tensión *interna* del propio proceso. La dialéctica anarquismo/socialismo no estaba expresando en el plano de la ideología y de la acción política la polaridad verdad/error, como creían los antagonistas, sino dos fases o perspectivas de una situación en sí misma contradictoria. Por esto, atribuir el predominio de una u otra corriente exclusivamente a las características estructurales de la clase obrera latinoamericana (del tipo: masas de extracción artesanal = anarquismo; proletario industrial = socialismo) es una explicación que soslaya aspectos tan importantes y decisivos como, por ejemplo, el de

las experiencias políticas previas y el tipo de organizaciones en cuyo
interior realizaron experiencias de luchas sociales buena parte de los
líderes obreros y de la masa de trabajadores movilizados. El hecho de
que las características estructurales establezcan los límites de la acción sindical y hasta los módulos organizativos, no significa que deter-
minen el signo ideológico de tal o cual organización. Porque las clases
obreras argentina y chilena tenían fuertes rasgos distintivos, una misma ideología y propuesta política como la socialista tenía en ambos
países una morfología y funcionalidad diferenciadas.

[20] Antonio Labriola, *La concepción materialista de la historia*,
México, Ediciones El Caballito, 1973, p. 88. Es importante recuperar
esta observación de Labriola que considera al marxismo como un fenómeno históricamente determinado y no como un sistema dogmático de
verdades ya adquiridas desde las primeras elaboraciones de Marx y
Engels. Y esto por dos razones: en primer lugar, para superar una
concepción restrictiva y maniquea de la historia del marxismo y del
movimiento obrero; en segundo lugar, para poder abordar en términos
de problemática historicidad la querella acerca del *encuentro* del marxismo, en cuanto teoría de la transformación social, con el movimiento
social no sólo de los países capitalistas centrales, sino también en el
resto del mundo. El reconocimiento implícito en la formulación de
Labriola de que la maduración del pensamiento de Marx no es un
hecho puramente individual, puesto que se *corresponde* con la maduración de un proceso en el que adquiere una decisiva importancia la
transformación histórica de ese sujeto concreto al que la doctrina asig-
na una función esencial, instala a la investigación historiográfica en el
terreno concreto de una realidad dada y otorga al *encuentro* del marxismo con el movimiento obrero el carácter de un problema siempre
abierto en la medida en que cada uno de los términos se resuelve en
su relación con el otro. La definición del *encuentro* en términos de
correspondencia es una vía para eludir el falso dilema de las interpretaciones marxistas condenadas a oscilar entre una versión especulativa y una versión pragmática de la relación entre teoría y movimiento
social.

En cuanto al contenido en sí de la afirmación de Labriola, es
innegable que una experiencia como la de la Primera Internacional a la
que indirectamente se refiere, en la medida en que estaba encaminada
a superar el nivel de "secta" de la acción obrera y socialista anterior
para dar paso "a la verdadera organización de la clase obrera para la
lucha", debía ser de fundamental importancia para la elaboración marxiana y condujo a Marx y a Engels a la firme convicción de que la
desembocadura de ese proceso debía ser la formación de partidos
nacionales autónomos de la clase obrera. Vale la pena citar al respecto
una comunicación de Engels al Consejo Federal español de la Internacional, escrita el 13 de febrero de 1871, donde aparece taxativamente

enunciada la idea de que la formación de los partidos políticos nacionales era el resultado inevitable de un proceso de maduración de la autonomía política de la clase obrera: "La experiencia ha demostrado en todas partes que el mejor medio para liberar a la clase obrera de esta dominación de los antiguos partidos consiste en fundar en cada país un partido proletario con una política propia, política que se distinga claramente de la de los demás partidos, ya que debe expresar las condiciones de emancipación de la clase obrera. Las particularidades de esta política pueden en cada caso variar según sean las circunstancias de cada país; pero puesto que las relaciones fundamentales entre capital y trabajo son en todas partes las mismas y puesto que en todas partes subsiste el hecho del poder de las clases poseedoras sobre las clases explotadas, los principios y el fin de la política proletaria serán idénticos, por lo menos en todos los países occidentales" (Marx-Engels, *Werke*, t. 17, p. 288).

[21] La exhumación del archivo del checo Anton Neugebaur ha permitido reconstruir la historia del club Vorwärts, el cual, por lo menos hasta principios de los noventa, cuando el grupo de Germán Ave Lallemant conquista su dirección, nucleaba no sólo a socialistas marxistas, como se pensaba erróneamente, sino también a republicanos y anarquistas. Véase sobre este tema el artículo de Jan Klima, "La asociación bonaerense Vorwärts en los años ochenta del siglo pasado", en *Anuario del Centro de Estudios Ibero-Americanos de la Universidad Católica de Praga*, año VIII, 1974, pp. 111-134, que consultó dicho archivo.

[22] Cf. Paul Löbe, "Die sozialistische Partei Brasiliens", en *Die Neue Zeit*, año XX, 2, 1902, pp. 524-530.

[23] Sostiene Germán Ave Lallemant: "En el interior de los círculos militantes predomina un sentimiento abiertamente antirreligioso. Pocos argentinos poseen una idea clara de la grandiosidad del ateísmo y del materialismo, ni pueden tenerla puesto que, lamentablemente, el método de enseñanza en los países neolatinos es descuidado, *la elaboración del pensamiento filosófico no está arraigada en la raza, y, sobre todo, no se practica el pensar en general*. Todo se supedita ciegamente a la concepción autoritaria, mientras que una corriente con inclinación mística subyace decididamente en los mejores obreros de origen español" ("Notizen", en *Die Neue Zeit*, año XXI, 2, 1902-1903, p. 838, subrayado por nosotros).

[24] Aún falta un estudio detenido sobre el papel desempeñado por la emigración alemana en la formación del socialismo latinoamericano. Pero sobre la diferencia entre la emigración "latina", y más particularmente italiana, y la alemana, resultan sugerentes las observaciones de Gramsci: "En Alemania el industrialismo produjo en un primer tiempo una exuberancia de 'cuadros industriales', que fueron quienes emigraron en condiciones económicas bien determinadas. Emigró un cierto capital humano apto y calificado, junto con una cierta escolta de capi-

tal financiero. La emigración alemana era el reflejo de cierta exuberancia de energía activa capitalista que fecundaba economías de otros países más atrasados o del mismo nivel, pero escaso de hombres y de cuadros dirigentes. En Italia el fenómeno fue más elemental y pasivo y, lo que es fundamental, no tuvo un punto de resolución, sino que aún continúa [...] Otra diferencia fundamental es la siguiente: la emigración alemana fue orgánica, es decir junto con la masa trabajadora emigraron elementos organizativos industriales. En Italia emigró sólo masa trabajadora, preferentemente todavía informe tanto desde el punto de vista industrial como intelectual" (*Il Risorgimento*, cit., pp. 210-211). Es posible pensar que haya sido esta doble condición de "técnicos" e "intelectuales" que caracterizaba a la emigración alemana lo que contribuyó además a reforzar ese paternalismo característico de la socialdemocracia alemana. Un caso paradigmático es el de Germán Ave Lallemant (1835-1910), ingeniero agrimensor y estudioso del marxismo, que fundó en 1890 el semanario *El Obrero*, y figura relevante de un grupo compuesto en su mayor parte de alemanes (Augusto Kühn, Guillermo Schulze, Gotardo Hümmel, Germán Müller) que contribuyeron a formar el Partido Socialista, en el interior del cual mantuvieron siempre una actitud crítica y de principios, y que finalmente formaron parte desde sus inicios del Partido Comunista. Una recopilación parcial de los escritos de Lallemant, precedida de una introducción de Leonardo Paso, se publicó hace algunos años (*La clase obrera y el nacimiento del marxismo en la Argentina*, Buenos Aires, Editorial Anteo, 1974). Pero el estudio más detenido de su vida intelectual y política, aunque deformado por una visión fuertemente ideologizada y anacrónica de los términos del debate en el interior del Partido socialista, sigue siendo el de José Ratzer, *Los marxistas argentinos del 90*, Córdoba, Ediciones Pasado y Presente, 1969.

[25] Cornelio Thiessen, "Der zehnte Kongress der sozialistischen Partei Argentiniens" (18 de enero de 1912), *Die Neue Zeit*, año XXX, 1, 1912, p. 857.

[26] Paul Zierold, "Die Revolution in Mexiko", *Die Neue Zeit*, año XXIX, 2, 1910-1911, p. 396. Pablo Zierold (?-1938), técnico alemán que emigró a México en 1888, constituye otro ejemplo semejante al de Lallemant y el grupo de emigrados alemanes de Buenos Aires. Además de las notas enviadas a *Die Neue Zeit* mantuvo correspondencia con Bebel, Liebknecht y Rosa Luxemburg y tradujo al español artículos y ensayos de socialistas europeos. En 1911 fue uno de los fundadores del Partido Socialista Obrero mexicano, organizado según el modelo del Partido Socialista español. Lamentablemente su archivo, legado después de su muerte al Partido Comunista mexicano, se ha extraviado, por lo que hasta ahora resulta imposible reconstruir tanto la intensidad de sus relaciones con los socialistas europeos, como la historia de ese partido. Tomamos la referencia del parágrafo "El Partido Socialista

Obrero" del libro de Gastón García Cantú, *El socialismo en México*, México, Ediciones Era, 1969, pp. 130-132.

[27] G. A. Lallemant, "Notizen", cit., p. 838.

[28] Sobre este tema véase la reciente obra de José Aricó, *Marx y América Latina*, Lima, Cedep, 1980, y los comentarios críticos de Oscar Terán, Emilio De Ipola y Carlos Franco publicados en *Socialismo y Participación*, Lima, núm. 13, marzo de 1981, pp. 63-72.

[29] Sin hablar ya de las organizaciones socialistas de Asia o de Europa sudoriental, y contrariamente a una creencia generalizada, puede afirmarse que las relaciones entre la Segunda Internacional y los partidos socialistas o grupos de internacionalistas latinoamericanos existieron desde el momento mismo de su constitución. El Partido Socialista argentino, por ejemplo, participó con delegaciones propias en buena parte de los congresos internacionales y ocupó un puesto permanente en las sesiones del BSI desde 1901 hasta los umbrales de la Primera Guerra Mundial. Más que de incomunicación habría que hablar con mayor justeza de incomprensión. Como señala W. Abendroth, "La base de la Internacional [...] se hallaba en los partidos europeos. Los delegados americanos no jugaron un papel importante en ninguno de los congresos de la Internacional, *a causa de la estructura social distinta de la europea y de la diversidad de los problemas que de ahí se derivaban*. Tampoco los escasos representantes de los grupos obreros asiáticos, que más tarde llegaron, pudieron cambiar nada de este carácter de la Internacional. Los delegados indios representaban más bien a una nación oprimida en cuanto colonia, que no a un movimiento obrero, y los representantes del movimiento primero ilegal y luego semilegal de los trabajadores del Japón, país en gran auge industrial, pero aún regido de un modo feudal-militar, sólo lo eran de una insignificante minoría. La Internacional no llegó a ser consciente de la diferencia existente entre su realidad, limitada a Europa, y su pretensión universal" (W. Abendroth, *Historia social del movimiento obrero europeo*, Barcelona, Editorial Laia, 1975, pp. 64-65, subrayado por nosotros).

[30] Leopoldo Mármora, *Populistas y socialistas. Desencuentro y convergencia*, Berlín, mímeo, 1981, p. 4. Veamos algunas referencias recogidas por este autor: "El destino de México está hoy inseparablemente unido al de los Estados Unidos. Los esclavos por deudas del campo y los esclavos asalariados de la industria difícilmente podrían liberarse por sus propias fuerzas" (August Thalheimer, "Mexiko und die Vereinigten Staaten", en *Die Neue Zeit*, año XXIX, 1, 1910-1911, p. 860); Eugen V. Debs sostiene que la consigna "de los liberales, ¡Tierra y Libertad!, ¡Expropiación de los latifundios! no parece correcta. Las masas proletarias mexicanas son ignorantes, supersticiosas, desorganizadas, completamente esclavizadas y oprimidas. Antes de realizar una 'revolución económica' hay que esclarecer a esas masas e imbuir-

las de conciencia de clase" (en *Die Neue Zeit*, año XXX, 1, 1911-1912, p. 31). Véase en L. Mármora, *op. cit.*, nota 8.

[31] El 21 de febrero de 1913 el *Vorwärts* escribe que "los oprimidos tomaron las armas en busca de su liberación y no lograron más que un cambio de opresor". Dos días después, el 23 de febrero, caracteriza a los dirigentes de la revolución como simples bandidos.

[32] L. Mármora, *op. cit.*, p. 5.

[33] Cornelio Thiessen, "Der Sozialismus in Argentiniens", en *Die Neue Zeit*, año XXXI, 1, 1912-1913, p. 688. La única referencia que hemos podido obtener sobre este corresponsal es una mención circunstancial del dirigente comunista Rodolfo Ghioldi. En un reportaje que le hiciera Emilio J. Corbière, y al rememorar su etapa juvenil de militancia en el Partido Socialista, dice: "Constituíamos un grupo juvenil socialista numeroso y también nos apoyaban algunos veteranos socialistas. El proceso en el que se desarrolló la tendencia de izquierda dentro del Partido Socialista arranca a principios de la década del diez. De aquella época son testimonios *Palabras Socialistas*, una publicación quincenal, y *Adelante*, órgano de la Federación de las Juventudes Socialistas. [...] Nosotros constituimos la Juventud Socialista 'Amilcare Cipriani' —anexa al Centro de la Sección 8a. que tenía su sede en Mármol 911. Trabajamos organizando cursos de capacitación y conferencias. López Jaime pronunció una sobre 'El concepto materialista de la historia' y recuerdo también al malogrado joven Cornelio Thiessen, fallecido a principios de 1916, y que trabajó en torno al problema del militarismo" ("Recuerdos de Rodolfo Ghioldi" en *Todo es Historia*, año VII, núm. 81, febrero de 1974, p. 22).

[34] Robert Paris, "La formación ideológica de José Carlos Mariátegui", *Cuadernos de Pasado y Presente*, núm. 92, México, 1981, p. 12.

[35] Karl Marx, *El capital*, t. I/3, México, Siglo XXI, 1980, p. 967.

II

La hipótesis de Justo

1. Movimiento real versus doctrinarismo programático

Las vicisitudes del socialismo en América Latina remiten curiosamente —no obstante las radicales diferencias que resultan fáciles de establecer— al caso también anómalo del socialismo en los Estados Unidos, donde apareció siempre como un hecho no fácilmente explicable la ausencia de una clase obrera organizada según los patrones europeos. Ambos fenómenos son aproximables en términos precisamente de su excentricidad; constituyen pruebas flagrantes del pecado de simplificación que se comete cuando se hace depender exclusivamente del crecimiento del capitalismo el desarrollo de un movimiento obrero moderno socialista, puesto que si el portentoso avance de la sociedad burguesa no daba necesariamente como resultado el crecimiento del socialismo en los Estados Unidos, ¿hasta qué punto podía ser admitida como válida la atribución al atraso de sus dificultades de expansión en Latinoamérica? Son hechos éstos que evocan en la reflexión historiográfica y política la idea de un mundo distinto, en el que ciertas características propias determinan una diversidad de caminos irreductible a ciertos paradigmas teóricos constituidos en la Europa de fines de siglo.[1] Ya el propio Marx se había topado con este problema cuando trató de determinar las causas de la distinta función que desempeñaba en una y otra parte la república burguesa: forma política de la subversión de la sociedad burguesa en Europa, era en América del Norte su forma conservadora de vida. En países de vieja civilización, con una formación de clase desarrollada, con condiciones modernas de producción "y con una con-

ciencia intelectual en la que todas las ideas tradicionales se
hallan disueltas por un trabajo secular" la república burguesa,
en cuanto forma política, facilitaba la transición a una forma
social distinta. Pero en los Estados Unidos de América, "donde,
si bien existen ya clases, éstas no se han plasmado todavía,
sino que cambian constantemente y se ceden unas a otras sus
partes integrantes, en movimiento continuo; donde los medios
modernos de producción, en vez de coincidir con una super-
población crónica, suplen más bien la escasez relativa de cabe-
zas y brazos, y donde, por último, el movimiento febrilmente
juvenil de la producción material, que tiene un mundo nuevo
que apropiarse, no ha dejado tiempo ni ocasión para eliminar el
viejo mundo fantasmal",[2] allí, o en países semejantes, la república burguesa es "la forma conservadora de vida" de esa sociedad.

La escasez de brazos y la extrema movilidad social que de
ésta deriva; la ausencia de una conciencia intelectual capaz de
disolver en un trabajo secular todas las ideas tradicionales...
Sólo basta agregar ese elemento que los explica a ambos: la
presencia de inmensos territorios libres, para que aparezca ante
nuestros ojos ese haz de singularidad sobre el que la conciencia
radical europea fundará las razones de la anomalía americana.
Si para Hegel la existencia de la tierra libre imposibilitaba de
hecho la emergencia de un estado moderno o, dicho de otro
modo, de la sociedad burguesa como tal, en la medida en que la
emigración constante diluía las diferencias de clase, para Marx
la inexistencia de la presión sobrepoblacional colocaba a los
Estados Unidos fuera de la revolución europea presagiada. La
revolución socialista —y por lo tanto, agregamos nosotros, el
movimiento social capaz de llevarla a cabo— no podría abrirse
paso allí mientras la colonización capitalista no se hubiera ago-
tado en Occidente. La suerte de América, la posibilidad de formar un sistema compacto de sociedad civil y de experimentar
las necesidades de un estado orgánico, sólo habría de decidirse,
tanto para Hegel como para Marx, cuando los espacios libres se
hubieran llenado y cuando la sociedad pudiera concentrarse
sobre sí misma. Civilización burguesa e inmigración masiva se
evidencian así como dos aspectos de un mismo proceso, y el
espectro de la lucha de clases parece derivar inexorablemente
de la consumación de ambos. El Nuevo Mundo permitía a la
economía política del Viejo descubrir el secreto del modo capita-

lista de producción y de acumulación en la medida en que mostraba que sólo es posible a condición de aniquilar la propiedad privada que se funda en el trabajo propio o, lo que es lo mismo, la expropiación del trabajador.

Mientras el caudaloso y continuo torrente humano que todos los años Europa depositaba en América encontrara la forma de diseminarse por un vasto territorio libre, la producción capitalista avanzaría lentamente. Cuando el proceso se revirtiera o la ola inmigratoria europea fuera superior a la capacidad de absorción del territorio, la producción capitalista avanzaría a pasos de gigante, aunque la dependencia del asalariado tardara en alcanzar los niveles logrados en Europa. Mientras cualquier hombre pudiera convertirse, si no en capitalista, por lo menos en un hombre independiente, produciendo o comerciando con sus propios medios o por su cuenta, no existía espacio alguno en el interior del cual la clase obrera pudiera madurar para un movimiento histórico independiente. Pero apenas el desarrollo capitalista concentrara la riqueza y distribuyera ampliamente la pobreza, ese movimiento habría inevitablemente de surgir con un ímpetu y una fuerza desconocidos por el mundo, y esto por la simple razón de que, a diferencia de los más antiguos movimientos políticos y obreros europeos, no tendría que enfrentarse a ese colosal montón de basura heredada de las formaciones sociales anteriores. No obstante que el Nuevo Mundo aparecía ante Marx y Engels como más atado por ciertas costumbres, más viejo en algunos aspectos que Europa, el optimismo y activismo revolucionario sobre los que fundaron sus análisis los llevó a subestimar los obstáculos que podrían anteponerse a la constitución de grandes movimientos obreros en América. Exagerando la "plasticidad" de esa masa enorme de fuerza de trabajo descargada en nuestras costas por Europa, trasladaron la dinamicidad del industrialismo americano al proceso mismo de formación de las organizaciones de clase. Las tradiciones arcaicas, la religiosidad artificial, la incapacidad teórica serían aventadas fácilmente cuando el inevitable movimiento social se echara a andar. Pero lo que interesa recordar es que frente a un movimiento inédito en sus características distintivas, ambos comprendieron lúcidamente la necesidad de recomponer el campo de la propia teoría, de enriquecer toda su visión de la relación entre teoría y movimiento. Se plantearon, en cierto modo, el problema crucial de las condiciones de validez de un conjunto

de principios, de categorías y hasta de vocabularios constituido
con relación a otros pueblos y a otros medios culturales. El
propio Engels recordaba, y no por casualidad, a su corresponsal
germano-americano Sorge que el caso de Inglaterra, y también
por supuesto el de los Estados Unidos de América, demostraba
"que es imposible machacarle simplemente una teoría en forma
abstracta y dogmática a una gran nación, aun cuando se posea
la mejor de las teorías, surgida de las propias condiciones de
vida, y aun cuando los tutores sean los mejores".[3] La necesidad
de organizar el movimiento obrero a escala nacional, aun abs-
trayéndose de programas teóricos definidos, que recorriera un
camino propio, por más limitado que éste fuera, era enérgica-
mente defendida frente a cualquier exigencia de claridad teórica, porque "mucho más importante a que el movimiento proce-
da desde el principio sobre líneas perfectamente correctas en
teoría es que se difunda, que marche armoniosamente, que se
arraigue y abarque en todo lo posible a todo el proletariado norteamericano [...]. Lo más importante es poner en marcha a la clase obrera *como clase*",[4] porque "cada paso del movimiento real"
es infinitamente más valioso que una infinidad de programas.

El movimiento real de autoconstitución de la clase obrera
en el proceso de lucha por la defensa y la ampliación de sus
intereses específicos podría evolucionar hacia propuestas socialistas no mediante la imposición *desde el exterior* de dogmas
"alemanes" o "marxistas", sino a través de una revolucionariza-
ción desde el interior del mismo movimiento, en un proceso en
el que la propia teoría de Marx debía ser puesta a prueba con
las experiencias adquiridas. Solamente así los socialistas esta-
rían en condiciones de contribuir a que la teoría se convirtiera
en una expresión originaria de la propia realidad del movimiento, a que se incorporara "a la carne y a la sangre" de la clase
obrera.[5] Sin embargo, para elevarla a un nivel tal en que le
resultara posible en las nuevas condiciones representar el movimiento del futuro en el movimiento del presente, la doctrina
debía ser despojada de su "característica específicamente alemana" y reformulada "a la manera inglesa". La ortodoxia teórica, ese campo privilegiado que remitía casi exclusivamente a
características específicas del movimiento obrero y socialista
alemán, debía por tanto dejar paso a una nueva forma de la
relación entre teoría y movimiento social que no podía menos
que implicar la recomposición de ambos. La obstinación con

que estas grandes naciones "independientes" —y para Engels "las inglesas y sus descendientes son con seguridad las más independientes"— se empeñaban en recorrer un camino propio debía molestar lógicamente a todos los doctrinarios, es decir a aquellos dogmáticos que no pudieron aprender a usar la teoría como palanca para poner en movimiento a las masas, pero eso no impedía que tal obstinación constituyera en sí misma una garantía de que "una vez comenzado el proceso éste pudiera llevarse a su término".[6]

Frente a una clase obrera fuertemente diferenciada en su interior, por razones económicas, culturales, de raza, religión y nacionalidad, colocada totalmente fuera de las experiencias europeas conocidas, y por tanto ajena a los propios esquemas marxistas, a sus fundamentos doctrinarios y hasta a sus distintas fases de elaboración, Marx y Engels se esforzaron, en nuestra opinión sin lograrlo, por adecuar la teoría a las particularidades del movimiento. No corresponde dilucidar aquí hasta dónde sus discípulos americanos tuvieron en cuenta estas advertencias que, por lo demás, encerraban consecuencias que en modo alguno ambos extrajeron.[7] Poco antes de morir, Engels se mostró tan escéptico de la capacidad de comprensión de sus amigos germanoamericanos que hasta se pronunció lisa y llanamente por la disolución del partido "alemán" *en cuanto tal*. En su opinión se había convertido en el peor de los obstáculos para que pudiera fructificar una acción doctrinaria socialista en un movimiento que hacia fines de siglo mostraba serios indicios de comenzar a marchar. Pero lo que interesa señalar aquí es que hubo en América Latina, y más precisamente en la República Argentina, un pensador socialista que, sin tener posibilidad alguna de conocer estas reflexiones marxianas, salvo las que se pudieran desprender de su lectura de *El capital* —cap. XXV del primer tomo sobre "La teoría moderna de la colonización"—, trató de encarar en el mismo sentido de la preocupación de Marx la tarea histórica de construir en su país un movimiento socialista. Hecho éste que no debe sorprendernos demasiado porque en la etapa en que maduraban sus concepciones socialistas pudo observar en la práctica a un movimiento obrero y a un realidad nacional que, con la norteamericana, Marx sólo pudo seguir de manera indirecta. Un año antes de la formación del Partido Socialista argentino, pero un año después de la creación del periódico obrero *La Vanguardia* por él dirigido,

pudo realizar un viaje de estudios a los Estados Unidos, del que
extrajo conclusiones que indudablemente le permitieron formular una propuesta de socialismo en la Argentina que partía del
explícito rechazo de un modelo a imitar.[8]

Juan B. Justo representa indudablemente un caso excepcional en el socialismo latinoamericano, no sólo porque resulta
imposible encontrar en su interior figuras intelectuales de su
nivel, sino porque en ninguna otra parte logró conformarse en
torno a una personalidad equiparable un núcleo dirigente de la
calidad y de la solidez del que caracterizó al Partido Socialista
argentino. Ni aún en países como Chile o Uruguay, en los que la
acción socialista fue temprana y permanente, se dio un fenómeno semejante, y hasta se puede afirmar, sin temor a que se nos
contradiga, que algunas características de dicha acción derivan
de la poderosa influencia que ejerció en el continente la experiencia argentina. Vinculado estrechamente al movimiento socialista internacional, lector asiduo de las principales publicaciones sociales europeas y americanas, estudioso de la
problemática teórica y práctica suscitada por los escritos de
Bernstein, al que leía en su propio idioma, traductor de *El
capital* ya a fines de siglo, Justo fue una de esas grandes figuras que caracterizaron a la Segunda Internacional. Injustamente soslayado en ese plano, su personalidad relevante quedó se-
pultada bajo la pesada lápida con la que el movimiento
revolucionario, a partir de la primera guerra y de la Revolución
de Octubre, intentó enterrar toda la significación histórica de
esa vastísima y controvertida experiencia social. Al igual que
otros dirigentes internacionales trató de mantener una relación
crítica con la doctrina de Marx, no concibiéndose a sí mismo ni
a su partido como "marxistas", sino como socialistas que encontraban en Marx, pero también en otros pensadores, un conjunto
de ideas y de propuestas útiles para poder llevar adelante el
propósito al que dedicó toda su inteligencia y su voluntad de
lucha: el de crear, en las condiciones específicas de la sociedad
argentina, un movimiento social de definido carácter socialista y
un cuerpo de ideas que, sintetizando los conocimientos aporta-
dos por la ciencia y los que se derivan de la propia experiencia
de ese movimiento, se constituyera en una guía certera para el
logro del objetivo final de una sociedad socialista.

Concibiendo al socialismo como un resultado inevitable del
avance de la cultura política y de la democratización de las

instituciones, Justo fue un demócrata cabal, un consecuente proseguidor de las tradiciones liberales-democráticas que tuvieron en Sarmiento su mayor exponente en la sociedad argentina. De ahí que, a diferencia de una actitud bastante generalizada en el pensamiento socialista de la época, desde el inicio de sus reflexiones intentara encontrar las raíces del socialismo en una revalorización crítica, y desde el punto de vista de la lucha de clases, de toda la historia nacional. Porque en realidad nunca fue un marxista *tout court*, su "teoría científica de la historia y la política argentina" no fue otra cosa que la reiteración del papel relevante desempeñado por el "factor económico" en la Revolución de Mayo y en la guerra civil que sucedió a aquélla, sobre lo cual ya había insistido desde años antes una corriente interpretativa bastante difundida. Pero lo que en nuestro caso importa, porque lo distancia de esa interpretación, es que el análisis "economicista" de Justo concluía en una condena radical de las clases dirigentes argentinas y en una revalorización positiva de las clases populares.[9] El Partido Socialista aparecía en su razonamiento como el único capaz de fusionar los esfuerzos históricamente ciegos de aquellas clases subalternas con el movimiento obrero y social moderno en gestación, porque era el único partido político dotado de un programa y de un objetivo histórico compatible con la evolución de las sociedades.

"El socialismo moderno —afirmaba Justo— cuenta también con las masas populares y con el poder de la razón; pero con las masas populares en tanto que ejercitan su razón, y con la razón, en tanto que es ejercitada por las masas [...] El pueblo movido por la necesidad, se está asimilando una gran verdad científica: la teoría económica de la historia, y su porción más inteligente y activa, el Partido Socialista, basa en ella su acción. Enseña a los trabajadores a comprender su situación de clase explotada."[10]

Esta versión original del socialismo, como un incontenible movimiento emergente de la modernidad de la sociedad argentina pero con fuertes raíces que lo unen a todas las tradiciones de lucha de las clases explotadas del país, y del mundo, permitió al Partido Socialista arraigarse en la vida política y social argentina como una parte de ella misma y no como un fenómeno "externo", ajeno a la propia realidad. Sin embargo, los éxitos logrados tanto en el movimiento social como en el sistema político no pudieron superar los límites subyacentes en la propia

hipótesis de Justo, límites que habrían de condicionar decisivamente su accionar político y su capacidad de conquistar a las
masas trabajadoras argentinas para su proyecto estratégico.

No sería metodológicamente correcto analizar el proceso
histórico concreto de construcción de una gran organización
política como fue el Partido Socialista argentino sólo y exclusivamente desde la perspectiva que se trazó Juan B. Justo. Tampoco resultaría válido insistir en encontrar las razones de su
decadencia y frustración histórica en las limitaciones del pensamiento de un dirigente por más importante que éste haya sido.
Un movimiento político que fue de hecho expresión de buena
parte de las clases populares es mucho más que la encarnación
metafísica de una idea; no se agota como tal demostrando el
error o las limitaciones de sus propuestas. Pero puede ser de
utilidad para esa reconstrucción histórica, aun faltante, indagar
un poco más sobre las tensiones internas de la hipótesis de
Justo, no con la finalidad de convertirlas en demiurgos sino
simplemente de reintroducirlas luego en la funcionalidad propia
que tuvieron en un tejido político que, en cuanto que tal, no
podía dejar de modificarlas. Trataremos de ver hasta qué punto
su visión extremadamente sugerente —no digo exacta— del en-
trelazamiento de los elementos de modernidad y atraso en la
sociedad argentina le permitió a Justo rebatir con éxito las
superficiales observaciones del socialista italiano Enrico Ferri,
que cuestionaban la posibilidad misma de existencia del socialismo en América Latina —y más en particular, en la Argentina—; pero al mismo tiempo intentaremos mostrar cómo su razonamiento soslayaba teóricamente un problema implícito en la
argumentación de Ferri destinado a tener gravísimas consecuencias políticas no sólo para el socialismo, sino también para
la democracia argentina.

2. Nacionalización de las masas y democracia social

La elevada magnitud del flujo migratorio y la estrecha relación de tiempo y de lugar que puede establecerse entre dicho
fenómeno y el nacimiento y desarrollo de formaciones socialistas en América Latina contribuyeron decisivamente a que se
difundiera una concepción unilateral del carácter contradictorio
y nacionalmente diferenciado de todo el proceso. Se tendió a

confundir dos elementos distintos como son el papel excepcional desempeñado por los inmigrantes europeos como *portadores* de una conciencia socialista adquirida en sus países de origen, con su *peso real* en la formación y en el desarrollo del movimiento mismo. De tal modo, la historia del socialismo en América Latina fue interpretada como un fenómeno "externo", ajeno en última instancia a la originalidad de una realidad supuestamente impermeable a las determinaciones de clase. Al identificar la emergencia del movimiento socialista con la situación de una masa humana a la que dolorosas vicisitudes políticas, sociales y económicas despojaron del conjunto de determinaciones específicas que la vinculaban a una nación o sociedad dada, todo proceso de "nacionalización" de esas masas debía terminar siendo, inevitablemente, un proceso de superación de ese socialismo primigenio. Si Europa era el continente clásico del capitalismo y de su contradictor histórico, el socialismo, América, ese "continente del porvenir" con el que soñó el romanticismo europeo, no parecía dejar espacio alguno para la sostenida reiteración de aquella experiencia. A partir de tal concepción, la historia del socialismo latinoamericano quedaba reducida a una suerte de "anti-historia", de interregno destinado inexorablemente a disolverse en el proceso mismo de integración de las masas populares en los sistemas políticos nacionales.[11]

De más está decir que una idea semejante tiene en su favor la aparente fuerza de los hechos, porque a diferencia de lo ocurrido en Europa, resulta imposible —quizá con la sola excepción de Chile— encontrar en América Latina la presencia constante, prolongada en la historia, de movimientos obreros y socialistas con características similares o aproximadas a las de los europeos. El carácter problemático, y relativamente atípico, que asumió en América la relación entre movimiento social y organización socialista fue resuelto en el plano de la teoría de una manera negativa y, en última instancia, simplista. Aquello que históricamente no pudo existir como tal no puede reclamar la legitimidad de una existencia futura; la debilidad histórica del socialismo latinoamericano es en sí misma una evidencia irrefutable de su insuperable condición de fenómeno externo a la singularidad continental. Arrinconado en el desván de la historia, el socialismo no forma parte de nuestra realidad, no aparece como una de sus expresiones originarias ni puede dar cuentas, aun parcialmente, de la experiencia de un siglo de luchas sociales latinoamericanas. Reducido a la condición de mera faceta, un tanto folklórica, del romanticismo social cuarentiochesco y colocado en la situación de elemento externo al proceso histórico de constitución del movimiento obrero latinoamericano, el movimiento socialista como tal no tuvo ni pudo tener entre nosotros una historia sustantiva, propia, que debiera necesariamente ser reconstruida como parte insoslayable de la historia de los trabajadores. No para convalidar un presente, signado por el distanciamiento de movimiento obrero y socialismo, sino para delimitar un campo problemático que requiere de nuevas propuestas teóricas y políticas.

En síntesis, para ciertas corrientes historiográficas vinculadas más o menos directamente a expresiones ideológicas de corte nacionalista o populista, el socialismo fue, en realidad, sólo un mero cuerpo catalítico, uno de esos elementos de los que se sirve la historia para precipitar los procesos sociales y que acaban agotándose en los mismos; estuvo presente en un momento particular de la vida de las clases subalternas, contribuyó en cierta medida a conformar una visión del mundo que mostró ser impotente para trastocar una realidad y una teoría constituida desde la perspectiva y las necesidades propias de las clases dominantes.

Frente a esta concepción del socialismo como una doctrina de importación, aplicada a una realidad cuyas determinaciones estructurales eran distintas de las del modo de producción capitalista en cuyo interior aquella germinó, el movimiento socialista encontró su razón de ser, su necesidad inmanente, en la admisión de una manifiesta o latente homogeneidad capitalista del mundo, de una irrefrenable tendencia a la unificación burguesa de toda la humanidad. Si América Latina ocupaba un peldaño aun inferior del proceso, no por ello dejaría ineluctablemente de alcanzar la cima en un futuro previsible. La inmadurez no estaba en una ciencia que demostraba la inevitabilidad histórica del triunfo del proletariado, sino en la propia realidad. Pero la inmadurez no implicaba diversidad presente y eventualmente futura, sino evolución más o menos rápida hacia una sociedad "moderna". El desarrollo del capitalismo debía provocar una determinación socialista de la clase obrera en un proceso en el que la presencia de los partidos socialistas aseguraba la aceleración de su ritmo, en la medida en que facilitaba un aprovechamiento mejor de la experiencia mundial; permitía, en una palabra, un acortamiento de la diferencia de los tiempos históricos. Es difícil encontrar un texto más ilustrativo de esta forma de ver la realidad que el discurso pronunciado por Juan B. Justo en el congreso de fundación del Partido Socialista Obrero argentino, el 28 de junio de 1896, y que nos permitimos citar *in extenso*:

"Empezamos treinta años después que los partidos socialistas de Europa y por lo mismo que empezamos tarde debemos empezar mejor, aprovechando de toda la experiencia ya acumulada en el movimiento obrero universal. Poco haríamos si nos diéramos el mismo punto de partida que tuvieron las ideas socialistas de Europa. Para ver mejor cómo ha evolucionado el movimiento obrero, lo mejor es comparar el de Inglaterra, Alemania y Bélgica. En la primera empezó como movimiento gremial, y así se conserva, siendo esto una de las causas de su estancamiento y de su atraso; en Alemania predominó el carácter político del movimiento, y en esa forma ha adquirido su gran desarrollo; en Bélgica, donde empezó después, al carácter gremial y político, se agrega desde un principio el elemento cooperativo, y en esta forma llega a adquirir una importancia relativa mayor que en cualquier otra parte. Debemos buscar nuestro modelo en las formas más recientemente adoptadas por el movimiento obrero, y las ideas socialistas, en este país virgen de ideas, tomarán así una importancia principal, si no decisiva. Notemos que insignificante como es nuestro partido, es el único que representa en el país ideas positivas de política y de gobierno. Adoptemos sin titubear todo lo que sea ciencia; y seremos revolucionarios por la verdad que sostenemos y la fuerza que nos da la unión, muy distintos de esos falsos revolucionarios, plaga de los países sudamericanos, que sólo quieren trastornar lo existente, sin ser capaces de poner en su lugar nada mejor."[12]

Subyace en el discurso de Justo la imagen de un movimiento de clase que, apoyado en la experiencia mundial y "guiado por la ciencia", es capaz de superar sus limitaciones de origen para alcanzar formas más perfectas y fructíferas de acción política, formas que pueden ser libremente escogidas. Admitida esta plasticidad proyectiva de la sociedad, comenzar tarde puede concluir siendo una virtud antes que una debilidad, pero sólo a condición de que exista una institución de clase, un partido político de la clase, en condiciones de asimilar tales experiencias y de transmitirlas e implementarlas. Las determinaciones "nacionales" no son, en última instancia, sino meros resabios de ignorancias heredadas que la acción científica y

política del socialismo podrá extirpar, supuesta una maleabili-
dad inagotable de la clase obrera y de las masas populares.
Apoyado en la ciencia, y operando en el mismo sentido que el
fijado por la evolución de los sistemas económicos y sociales, el
movimiento socialista "tiende a realizar una libre e inteligente
sociedad humana" en el mismo proceso de lucha en "defensa y
por la elevación del pueblo trabajador".[13] En la visión iluminista
de Justo, para que el proceso de agregación organizativa de los
trabajadores se constituya en un movimiento histórico con conciencia de clase es necesaria la presencia de una guía teórica,
pero esta guía no es concebida como un complejo mecanismo de
síntesis de la experiencia de lucha del movimiento obrero que se
constituye como una teoría crítica transformadora, revolucionaria, de la sociedad nacional, sino simplemente como la media-
ción organizativa a través de la cual es posible la adquisición de
una cultura general no percibida, en última instancia, en sus
determinaciones de clase. Es esta *cultura general* la que permite
que en determinados pueblos —Suiza, Alemania, Escandinavia,
Francia e Italia— y no en otros —Inglaterra, Estados Unidos—
los trabajadores "conscientes" lleven la lucha de clases en que
están empeñados "directamente al campo de la política, donde
se afirma con toda su amplitud y toda su fuerza la solidaridad
de los que trabajan".[14]

En las condiciones de Argentina (¿y hasta qué punto en las
de otros países latinoamericanos?) las posibilidades de adquisición de una cultura moderna, y en cuanto tal tendencialmente
socialista, por parte de los trabajadores se dilataban, según
Justo, por la ausencia de superestructuras ideológicas profundamente arraigadas en las masas populares. La facilidad con
que el país había entrado en la vorágine modernizadora augura-
ba por lo tanto un rápido crecimiento del movimiento socialista.
Aunque no suficientemente explicitada, esta idea subyace en
todo el razonamiento de Justo y aflora algunas veces bajo la
forma de hipótesis muy sugerentes, como cuando sostiene, por
ejemplo, que

"los movimientos religiosos, políticos y filosóficos, que disfrazan u
ocultan el fondo del movimiento histórico de otros países y de otras
épocas, tienen tan pequeño papel en la historia argentina, que el fundamento económico de ésta es evidente, aunque no hayan tenido teoría alguna del movimiento histórico en general, ni hayan estudiado los

acontecimientos según su criterio sistemático. El desarrollo colonial *quand même* de los países del Plata patentiza el predominio general de la economía en la formación y el crecimiento de la sociedad argentina".[15]

Esta supuesta relación de "transparencia" entre economía y política, esta privilegiada posibilidad expresiva de la *estructura*, que no requeriría de velo alguno para mostrarse en la vida social y política de los países del Plata, aparece en Justo como una conclusión de su análisis del proceso histórico de constitución de la sociedad argentina. Hoy resulta clara para nosotros la fuerte impronta iluminista que caracteriza esta hipótesis. La ausencia de principios teóricos generales en un país definido como "virgen de ideas", aproximable a esa incapacidad latina para el pensamiento filosófico a cuya falta atribuía G. A. Lallemant el retraso de la difusión del marxismo y de la doctrina socialista, se transforma en Justo en una virtud. Como afirma en otro párrafo y aparece claramente explicitado en sus notas de viaje a los Estados Unidos, es esta circunstancia favorable la que convierte a la Argentina —a diferencia de lo que creía observar en la democracia americana— en un territorio extremadamente apto para un crecimiento acelerado del movimiento obrero y del socialismo.

Aunque en el fondo errónea, esta conclusión evocaba ciertas características propias que hicieron de Argentina un caso excepcional en la historia latinoamericana de la segunda mitad del siglo pasado. El inusitado progreso argentino, como recuerda T. Halperin Donghi en un ensayo por muchos motivos memorable, era "la encarnación en el cuerpo de la nación de lo que comenzó por ser un proyecto formulado en los escritos de algunos argentinos cuya única arma era su superior clarividencia".[16] La idea de un país colocado por diversas razones históricas ante la posibilidad de proyectar un futuro concebido como "inédito" y que como tal no podía dejar de tomar en cuenta las experiencias más o menos exitosas de constitución de una democracia estable y avanzada lograda en Europa o en los Estados Unidos, forma parte constitutiva de la ideología de la inteligencia liberal y democrática argentina. En toda la problemática de la Organización Nacional, que el derrumbe de la confederación rosista colocó en el terreno de la política concreta, subyace el presupuesto por todos compartido de una nación y de un estado aun por construir. Lo cual, antes que una prueba del inveterado cosmopolitismo jacobino de las élites letradas —como se empeñan en demostrar ciertas corrientes historiográficas de matriz revisionista—, es una demostración de las dramáticas demandas de un país y de una nación en formación. Si hoy podemos vislumbrar hasta qué punto las ilusiones de una nación construida a imagen y semejanza de ciertos modelos derivados de aquellas experiencias demostraron ser estériles, no es porque existieran otros que un pensamiento también iluminista intenta hoy presentar como correctos, sino porque la realidad acaba siempre por mostrarse no reductible a ningún proyecto. Pero esta verdad no los invalida como tal, en la medida en que el resultado es algo nuevo y, por lo general, una realidad que desencanta a todos, pero sin cuya participación no hubiera sido posible. De ahí que denostar la utopía iluminista de las élites ilustradas del liberalismo argentino no constituye en sí un juicio de valor historiográfico, sino meramente la expresión política de un proyecto distinto.[17]

Es verdad que la tentativa de trazar un plano del país para luego edificarlo realizada por las élites letradas argentinas no logró un consenso tal que obviara las luchas violentas por las que debió atravesar el país para que, en 1880, el estado emergiera como un todo concluido. Y también es cierto que el resultado no coincidió en mucho con los proyectos alentados por un ideal democrático como el de Sarmiento, por ejemplo. Entre dichos proyectos, o los de Alberdi u otros, y el proceso de construcción del estado argentino se fue abriendo una cisura cada vez más profunda que terminaría frustrando las esperanzas de la inteligencia argentina. Si la República parecía haber encontrado en 1880 el camino señalado por Alberdi, el estado a que dio lugar no resultó ser "el instrumento pasivo de una élite política". La excesiva gravitación alcanzada por "ese servidor prematuramente emancipado y difícilmente controlable" suscitaba fuertes dudas sobre la probable evolución futura del país hacia una república verdadera. Sarmiento pretendió modificar la realidad de un sistema representativo falseado en su funcionamiento concreto mediante la naturalización en masa de los extranjeros. Pero su propuesta no tuvo resonancia alguna en la sociedad, y esto por la sencilla razón de que las clases propietarias argentinas, que detentaban los derechos electorales, no estaban en modo alguno interesadas en extenderlos a otros sectores sociales y en hacerlos respetar. Cuando por motivos muy poderosos dicha actitud debió modificarse en sectores decisivos de estas clases, la reforma electoral pudo abrirse paso. Como advierte Halperin, "más que un proyecto realizable, el de Sarmiento es una nueva manifestación de la curiosa lealtad al ideal democrático que mantiene a través de una larga carrera política en que su papel más frecuente fue el de defensor del orden, y aun en momentos en que su preocupación inmediata es —como en esta última etapa de ella— limitar la influencia de los desheredados". Aunque distinta de como la soñó la generación del 37, la Argentina de 1880 es, a su modo, una nación moderna. Pero ha dejado aún sin respuesta "una de las preguntas centrales de la etapa que va a abrirse: si es de veras posible la república verdadera, la que debe ser capaz de ofrecer a la vez libertad e igualdad, y ponerlas en la base de una fórmula política eficaz y duradera".[18]

El proyecto de Justo pretendió dar una respuesta democrática y radical a este interrogante. Haciendo del proletariado el núcleo en torno al cual era posible construir un nuevo bloque social, Justo esboza un proyecto que no apunta simplemente al saneamiento de una organización política defectuosa sino a una transformación de toda la sociedad. Y aquí reside su mérito indiscutible, lo que lo vincula a la tradición liberal, pero también el nuevo terreno desde el cual puede negarla y sobrepasarla. De todas maneras, lo que interesa para nuestro examen es insistir sobre esa fuerte convicción que tenía la inteligencia argentina que participó en la construcción del nuevo país de que sólo en la clarividencia del proyecto residía la garantía de su triunfo. Los obstáculos que se le opusieron fueron atribuidos por ella a causas episódicas, a malos entendidos o a rivalidades personales y de grupo, desprovistas, todas por igual, de vinculación alguna con problemas políticos más generales derivados del contexto ideológico e internacional en que operaba el proceso.[19]

Sólo a partir de los años treinta, y en el nuevo marco político y cultural abierto por la revolución de septiembre, se constituye una corriente historiográfica que defiende la existencia de una alternativa a ese proyecto nacional; alternativa que, aunque derrotada en el pasado, emerge de la crisis del estado liberal como la única tradición en la que podrían fundarse una ideología y una práctica política privilegiadora de la soberanía nacional. El hecho de que el "revisionismo histórico" no haya

80 *José Aricó*

logrado, ni mucho menos, una reconstrucción historiográficamente aceptable del pasado argentino no debería hacernos olvidar, como subraya Halperin, "que sólo gracias a él se alcanzaron a percibir ciertos aspectos básicos de esta etapa de la historia argentina". La historia revisionista nunca pudo ser otra cosa que el reverso de la historia liberal, pero precisamente por esa circunstancia ayudó a percibir hasta qué punto el proyecto liberal

"se daba en un contexto ideológico marcado por la crisis del liberalismo que sigue a 1848 y en uno internacional caracterizado por una expansión del centro capitalista hacia la periferia que los definidores de ese proyecto se proponían a la vez acelerar y utilizar".[20]

La quiebra del estado liberal y la restauración conservadora iniciada en los treinta tenían la virtud de mostrar las miserias de las clases propietarias argentinas, vinculadas por lazos económicos, ideológicos y políticos de subordinación al capitalismo extranjero y en particular a Inglaterra. Sin embargo, la condena de esas clases (definidas curiosamente por los revisionistas no en términos de grupos de intereses o de capa social, sino de una élite unificada por una mentalidad extranjerizante, esto es, de una "oligarquía") se alimentaba de una tradición cultural tan fuertemente tributaria de la derecha antijacobina francesa que concluía por negar cuanto de democrático pudiera haber en la tradición liberal. No es por esto casual que dicha corriente se fuera constituyendo en torno a la crítica del gobierno radical de Yrigoyen no por sus insuficiencias reales, sino por sus aspectos democráticos, por su condición de "plebeyo". La quiebra del estado liberal era la consecuencia lógica de un régimen político que, al colocar el poder de decisión en manos de las masas populares, conducía a desjerarquizar la función pública y a negar el *pale* de dirección que por naturaleza correspondía a ciertas élites. El antiideologismo revisionista, su rechazo de la utopía iluminista, encubre, en realidad, una actitud abiertamente hostil contra una ideología determinada: la ideología democrática heredada de la Revolución Francesa, cuyos principios, según Ernesto Palacio, "implican la negación de todas las condiciones de la convivencia social".[21]

Colocado en una perspectiva ideológica y política pretendidamente nacionalista —aunque de hecho usufructuaria del pensamiento de Maurras y de la derecha francesa— el revisionismo histórico fue un violento contradictor de aquellas interpretaciones que, como la de Justo, intentaban explicar los conflictos dominantes en la Argentina posrevolucionaria en términos de lucha de clases. Y aunque este revisionismo de corte "nacionalista-oligárquico" de los años treinta sufrió profundas modificaciones a partir de la presencia en la vida política nacional del peronismo, sus fundamentos historiográficos permanecieron incólumes. El conflicto social es considerado por ellos como un hecho negativo que sólo tiene vigencia por la presencia de una contradicción básica de ideales de vida y de cultura entre una "mentalidad nacional" y una "mentalidad de clase". Siendo la "mentalidad de clase" patrimonio exclusivo de la burguesía, puesto que el proletariado y, más en general, las masas populares se caracterizarían por una "mentalidad nacional".[22] De tal modo, conciencia de clase tienen, según Rosa, sólo los de arriba, mientras que la conciencia nacional está siempre instalada en los de abajo. Las caracterizaciones sociales, aun en aquellos historiadores que utilizan categorías marxistas, tienden a ser elaboradas "a partir del examen del conflicto político antes que de un estudio de las funciones de los distintos grupos sociales dentro del sistema económico".[23] En última instancia, la historia es reducida a mera historia ético-política porque los conflictos económicos y sociales y los bloques de poder que a partir de tales conflictos pudieran constituirse apenas alcanzan a ser una masa informe de datos y de argumentos reapropiados más o menos caprichosamente en función de un debate que sigue siendo esencialmente político. El resultado es una historia fuertemente especulativa, maniqueísta y fetichizada, en la que predomina el sentimiento nostalgioso de un pasado donde lo que se desea existió y no pudo triunfar o manifestarse abiertamente a causa de la intervención de fuerzas "antinacionales" y de la derrota de sus "caudillos" históricos.

Justo participaba de esa ideología "proyectual" tan fuertemente consolidada en las clases dirigentes, pero lo que lo apartaba de ésta eran la determinación precisa y explícitamente defendida del nuevo sujeto social sobre el que fundaba la viabilidad de un proyecto de transformación, y el papel que asignaba a la acción política socialista como la única fuerza orgánica capaz de realizar la república verdadera con la que soñaba Sarmiento. Es innegable que toda su prédica mantiene estrechos lazos de continuidad con la solución propugnada por Sarmiento de una dilatación del control de la sociedad sobre el estado a través de una democratización del sistema representativo.[24] La campaña periodística llevada a cabo por el genio sarmientino en sus últimos años de vida en pro de la naturalización en masa de los residentes extranjeros, será recuperada y convertida en una de las propuestas programáticas esenciales del nuevo Partido Socialista. Por lo que no resulta un despropósito ubicar a Justo en ese punto de flexión en el que el ideal democrático se transforma en socialista al incorporar como elemento decisivo de la regeneración social a las masas trabajadoras en su conjunto, es decir, al conjunto de desheredados que tantos temores había despertado en las élites letradas argentinas, luego de la experiencia traumatizante de la revolución europea de 1848.

En el caso de Justo, esa concepción de la transparencia de las relaciones entre economía y política sobre la que fundaba su razonamiento, al incorporar como un elemento decisivo la presencia de una nueva clase social, la clase obrera, modificaba en forma radical los términos sobre los que se había constituido la hipótesis liberal. La posibilidad de transformar a la república posible en una república verdadera ya no dependía exclusivamente de la clarividencia de un proyecto ni, como quería Sarmiento, de la nacionalización de aquellos extranjeros a los que la extrema movilidad social había convertido en propietarios sin voz política. No era en el interior de estos sectores donde había que buscar los soportes sociales de una propuesta de democratización radical de la sociedad. La democracia podía ser conquistada si la nueva clase de los trabajadores, en su enorme mayoría extranjeros, intervenía organizadamente en la vida nacional a través de una institución de nuevo tipo, de un partido político "moderno" como se proponía llegar a ser el Partido Socialista. No era ya una minoría ilustrada capaz de imponerse sobre el desorden de las masas lo que requería el país para modernizar su sistema político. Ahora se trataba de algo distinto, porque el propio desarrollo capitalista operaba en el sentido de la transformación del tejido social preexistente. Como indicaba Justo en el editorial del primer número de *La Vanguardia*, el 7 de abril de 1894, el país se había transformado; las grandes creaciones del capital se habían enseñoreado de modo tal de la vida nacional que los caracteres de toda sociedad capitalista "se han producido en la sociedad argentina", haciendo emerger "las dos clases de cuyo antagonismo ha de resultar el progreso social".

"Pero junto con la transformación económica del país —afirma Justo— se han producido otros cambios de la mayor trascendencia para la sociedad argentina. Han llegado un millón y medio de europeos, que unidos al elemento de origen europeo ya existente forman hoy la parte activa de la población, la que absorberá poco a poco al viejo elemento criollo, incapaz de marchar por sí solo hacia un tipo social superior. Además de la capital se han desarrollado varias ciudades importantes. Se ha formado así un proletariado nuevo que si no está todo él instruido de las verdades que le conviene conocer, las comprenderá pronto. Comprenderá que su bienestar material y moral es incompatible con el actual orden de cosas; comprenderá que la gran producción sólo puede ser fecunda para todos con la socialización de los medios de producción; comprenderá, por fin, que sólo él, el mismo proletariado, puede realizar una revolución tan grandiosa, y se pondrá a la obra. Sus intereses y sus simpatías lo llevan a ponerse al lado del proletariado europeo, en su irresistible movimiento de emancipación, y las estrechas relaciones económicas que el capitalismo ha establecido entre nosotros y Europa, los vapores, los cables, la corriente inmigratoria no hacen sino acelerar esa incorporación."[25]

La situación singular de una considerable masa humana compuesta en su gran mayoría por inmigrantes y sometida a un acelerado proceso de incorporación al sistema productivo estaba mostrando la emergencia del nuevo sustrato social, con base en el cual la transformación de la sociedad se tornaba un objetivo posible. Y el destino de la república verdadera se jugaba sólo allí.

En una Argentina dividida entre un *país político* en decadencia ("la Bolsa, la especulación, el capitalismo improductivo", "la política es la alternativa del pillaje y de la plutocracia") y un *país económico* en vertiginosa expansión, el socialismo aparece ante Justo como un formidable instrumento cultural y político para unificar como clase a esa ingente fuerza de trabajo a la que el capitalismo homogeneizaba en un acelerado proceso de recomposición social. Pero esta unidad sólo podía ser lograda en forma plena si la clase obrera era integrada a un sistema político obligado inexorablemente a renovarse por los efectos mismos de dicha integración. La oposición histórica entre nativos e in-

migrantes desaparecía en virtud de una hipótesis estratégica de
nacionalización de las masas populares a partir de la incorporación de los extranjeros —pero no sólo de ellos— a la vida política nacional y de la creación de las instituciones propias de las
clases trabajadoras, capaces de imponer, por la fuerza que les
daba su unidad y su experiencia, su "inteligencia y su sensa-
tez", su condición de "parte activa de la población" y de "tipo
social superior", una democratización profunda de la sociedad
argentina. De esta manera, el socialismo dejaba de ser para
Justo una doctrina extraña al país —aunque como tal hubiera
sido elaborado en otras realidades— para transformarse en la
expresión ideológica, organizativa y política de una voluntad de
regeneración social convertida, a la vez, por las circunstancias
en las que debía actuar, en el elemento esencial de la nación
proyectada. Hundiendo sus raíces en el pasado histórico nacional, estableciendo con él una relación compleja de continuidad
y de discontinuidad, el socialismo se presenta ante el país como
la única fuerza política en condiciones de transformar la estructura económica y social argentina y de imponer un estado moderno democrático, laico y "revolucionario", en el sentido que
Justo otorgaba a estas designaciones, vale decir, de un estado
en el que la participación directriz del proletariado le asegura la
posibilidad de disipar "la amenaza de una catastrófica revolución social", reemplazándola "con la perspectiva de una sabia y
progresiva evolución".[26]

Entre historia y política se establece así una estrecha relación de *continuidad*; la guerra de independencia con que se inició el irreversible proceso de constitución del Estado y de la Nación argentinos encuentra en el movimiento socialista la fuerza
sintetizadora de una experiencia que presupone ya el socialismo, en la medida en que se inserta en una evolución histórico-
mundial que compromete a todos los países civilizados. La tradición democrática argentina, que pretendía conjugar ciertas
vertientes del pensamiento social europeo con la propuesta de
organización de una nación moderna, encontraba su expresión
ideal y práctica, el movimiento capaz de llevarla a su máxima
realización, en el primer partido político argentino merecedor
del nombre de tal, puesto que estaba animado de un verdadero
y "científico" proyecto de construcción de una sociedad avanzada, y una férrea organización en la que los intereses particulares se supeditaban al interés general de una institución que se

debía exclusivamente a los trabajadores. En su propia condición de "socialista" residía la verdadera impronta "nacional" de la nueva agregación política creada por los trabajadores argentinos. Esta identificación nos permite comprender la total ausencia en el pensamiento de Justo del reconocimiento del carácter problemático del nexo entre realización nacional e hipótesis socialista. Al transformar al segundo de los términos en la plena consumación del primero, Justo hace emerger la necesidad de una resolución socialista de las propias raíces de la historia nacional, aunque al precio, como veremos, de desconocer el carácter profundamente disruptivo, y por tanto *discontinuo*, de la revolución socialista.

3. Hegemonía obrera y organicidad de la nación

Del marxismo Justo adopta la concepción de la lucha de clases y con base en ésta intenta constituir la problemática histórica y cultural del país así como la acción política del Partido Socialista. Como se desprende de su discurso inaugural antes citado, en una sociedad como la argentina, en la que el ordenamiento burgués, aunque se basara *de derecho* en una estructura institucional republicana, excluía *de hecho* a las clases populares del sistema y de la vida política, la lucha de clases debía ser utilizada no sólo para imponer, a través de la organización sindical y de la organización política, las exigencias corporativas de los trabajadores, sino también —y fundamentalmente— para la conquista del sufragio universal, como forma de aprovechar en favor de los objetivos finales del proletariado los márgenes para la acción clasista permitida por la democratización del Estado.

Es en una vinculación cada vez más estrecha e inteligente entre acción económica y acción política como el proletariado puede llegar a comprender su situación de clase explotada no únicamente como trabajador, sino también como ciudadano. Pero esta vinculación requiere de una madurez política que la clase debe adquirir por sí misma en la lucha por sus intereses y por la formación de sus propias instituciones. Si mediante la huelga los obreros aprenden a resistir la explotación capitalista y se arraigan en su seno los sentimientos y hábitos de solidaridad sin los cuales no es de hecho una clase social, para poder alcanzar un nivel de desarrollo en que se plantee la tarea de emanciparse necesita además de otros instrumentos de lucha. "Sólo en el esfuerzo activo, sólo en la lucha política y en la asociación cooperativa, puede adquirir la clase obrera los conocimientos y la disciplina que le hacen falta para llegar a la emancipación."[27]

La emancipación del proletariado no consiste, por tanto, en un mero acto de conquista del poder por el Partido Socialista ("no somos el pueblo, sino una fracción de él; no nos creemos llamados a librarlo de la opresión, ni nos atribuimos el papel de libertadores. Contribuimos simplemente a poner a la clase obrera en condiciones de librarse ella misma"), sino en un proceso de lucha social en el que la clase aprende a organizarse y a gobernar una sociedad nueva. No es, por ello, una creación *ex novo*, sino la culminación de un proceso en el que los elementos fundantes de su resolución positiva han madurado en la propia sociedad burguesa. "La madurez política de la clase trabajadora consiste en poder modificar las relaciones de propiedad, por vía legislativa o gubernamental, elevando al mismo tiempo el nivel técnico-económico del país, o, al menos, sin deprimirlo",[28] pero para que esto resulte posible es preciso que dentro de la sociedad se constituya un movimiento que, por su disciplina y por su capacidad política, aparezca ante las clases populares como una alternativa social al sistema. En la medida que estos fenómenos se fueran operando, se adelantaría la emancipación del proletariado "pacíficamente, si la clase dominante llega a comprender el movimiento socialista como necesario y fatal; por la fuerza, no de una revolución, sino de una serie de movimientos revolucionarios, si la clase rica opone una resistencia ciega y brutal".[29]

Estos y otros textos semejantes que Justo repitió insistentemente a lo largo de tres décadas de reflexión y de acción política y cultural socialista muestran su rechazo a caracterizar a la revolución como un hecho político antes que primordialmente social. Dicho rechazo, un tanto atenuado en 1919, cuando como resultado de la crisis social y política que sacudió a la Europa de posguerra diversos países atravesaron por violentos cambios,[30] fue una constante de su pensamiento no sólo en una primera etapa, de diferenciación y enfrentamiento con las corrientes anarquistas hegemónicas en el movimiento obrero, sino también luego de la guerra y en relación con la experiencia soviética, a la que, no obstante reconocer su derecho a existir, cuestionó en sus aspectos cada vez más predominantes de autoritarismo y burocratización y en su intento de presentarse como único modelo a seguir. Su concepción fuertemente evolucionista de la dinámica social y su rechazo de todo tipo de catastrofismo economicista lo llevaba a enfatizar la autonomía del momento ético-político. La causa del socialismo era tan noble, tan acorde con el progreso de la humanidad, que no podría dejar de atraer en su favor a la enorme mayoría de la población. En una etapa de expansión y crecimiento del movimiento socialista debía ser dejado de lado todo tipo de intransigencia que obstaculizara o retrasara una aspiración que, aunque naciera entre los trabajadores, podía extenderse al conjunto de la sociedad, y que apuntaba hacia una grande y profunda transformación social, "llamémosla o no revolución social".[31]

Es claro que una concepción semejante desplazaba de modo tal las contradicciones implícitas en todo proceso de transformación social, desconocía hasta tal punto las características específicas del desarrollo capitalista argentino en una etapa nueva del capitalismo mundial signada por el ascenso del imperialismo, simplificaba tanto la magnitud de los obstáculos que se interponían a una ampliación de la democracia, que el objetivo de la transformación socialista concluía esfumándose en el nebuloso terreno de la utopía. Pero si recordamos que este "reformismo" justista no contradecía ninguna otra alternativa concreta y definida como "revolucionaria" de pasaje al socialismo, resultaría un craso error contraponer la posición de Justo a lo que debería haberse hecho, según un esquema ideológico e histórico construido al margen o sin tener suficientemente en cuenta las condiciones de la época, la existencia o no de condiciones objetivas —y el grado de organización del movimiento es una de ellas— para tal proyecto, el estado de la opinión pública y el grado de conciencia de los actores sociales. Ateniéndonos a una consideración metodológica como la que planteamos, lo que realmente importa es analizar hasta qué punto la hipótesis "reformista" de Justo intentaba dar una respuesta positiva, lo cual significa políticamente productiva, a la acción de una clase lo suficientemente fuerte para jaquear a los gobiernos oligárquicos de turno, pero totalmente incapaz de provocar un desplazamiento de fuerzas en favor ya no de sus objetivos de revolución social sino, más inmediatamente, de la legitimidad de sus instituciones y de sus organismos de clase. Se trata, en síntesis, de indagar si dicha hipótesis contenía las propuestas adecuadas para posibilitar que esa clase pudiera convertirse en una fuerza decisiva de la sociedad, y, en el caso de que así lo fuera —como es nuestro punto de vista—, qué incomprensiones encerraba, qué contradicciones pretendía compatibilizar, qué limitaciones no pudo superar como para que, siendo válida, finalmente fracasara en su propósito de conquistar para sus objetivos a la mayoría de los trabajadores y de las clases populares argentinas.

Si nos colocamos en una perspectiva semejante adquiere relieve el rechazo por parte de Justo de cualquier propuesta de colaboración de clase que implicara la subordinación del proletariado a otras fuerzas políticas y sociales. Si además, por concepción y temperamento, no creía en la existencia en el interior del sistema capitalista de contradicciones económicas de tal tipo que lo condujeran a su inevitable derrumbe, era lógico que tratara de perfilar caminos diferentes para el avance organizativo y político de la clase, sin renunciar por ello a la propuesta de transformación social. Es en la resolución de este nudo de problemas donde Justo muestra una autonomía de pensamiento que lo distancia de las corrientes kautskiana y bernsteiniana en que se dividió ideológicamente la socialdemocracia alemana a fines de siglo.

No hay razón alguna para admitir la excesivamente reiterada calificación de Justo como un reformista bernsteiniano, aunque más no sea por el simple hecho de que Bernstein era marxista y Justo nunca pretendió serlo. Si seguía con detenimiento el debate suscitado por Bernstein y reconocía méritos en éste no era porque creyera que sus ideas fueran las únicas correctas y debían ser adoptadas por el socialismo argentino, sino porque su concepción de la doctrina socialista lo inclinaba a rechazar por principio cualquier tipo de ortodoxia teórica. No era por esto un revisionista, en el preciso sentido que ese término tuvo en el debate socialista internacional, sino un reformista que privilegiaba las tareas cotidianas y la evolución gradual del modo en que lo hacía un Jaurès, por ejemplo. Es sorprendente que quienes se detuvieron a analizar el pensamiento y la acción de Justo no hayan reparado en todo lo que lo aproximaba al dirigente francés y se dejaran obnubilar por el símil falso y exterior que creyeron encontrar con Bernstein.

La identificación superficial de todo tipo de cuestionamiento de la doctrina de Marx desde el interior del movimiento socialista con las concepciones de Eduard Bernstein condujo, como ya vimos, a considerar a Justo como un revisionista de matriz bernsteiniana. Además de ser ésta una afirmación absolutamente gratuita, muestra la incapacidad de ciertas corrientes interpretativas para colocarse en un plano historiográficamente adecuado en el análisis del complejo mundo de las ideas. Ni los defensores ni los detractores de Justo repararon nunca en el simple hecho de que Bernstein pretendió siempre mantenerse en un estricto terreno ideológico y teórico marxista, mientras que resultaría una tarea vana encontrar en Justo una definición en tal sentido. Justo fue marxista sólo en la medida en que el término remitía genéricamente a la versión del marxismo por ese entonces predominante en el movimiento socialista mundial; dicho de otro modo, en la medida en que la doctrina de Marx era aceptada como cierto horizonte ideológico último de todo socialista. Pero no lo era en la acepción que al término otorgaba un Kautsky, por ejemplo. En tal sentido, Luis Pan señala correctamente la relación de "contemporaneidad" antes que de "derivación" que puede establecerse entre la aparición del revisionismo bernsteiniano y la creación del socialismo argentino:

"Por los mismos días en que Croce iniciaba [...] la crítica de algunas ideas y proposiciones de Marx, y en que Bernstein todavía exiliado en Londres comenzaba en la revista *Neue Zeit* una serie de artículos [...] bajo el título común de 'Problemas del socialismo', Justo fundaba entre nosotros el Partido Socialista que, si bien inspirado en el ideario del autor de *El capital* se diferenciaba netamente de la mayoría de las agrupaciones hermanas de Europa por la modernidad de su lenguaje, su actitud crítica y su disposición al libre examen. Justo nos dio así un partido socialista al día, despojado de intransigencias estériles, aligerado de cargazones dogmáticas y en el que no era posible advertir la existencia de residuos antiliberales, tan comunes en la conformación ideológica de algunos partidos del viejo continente."[32]

En un trabajo dedicado en particular a este tema, Barreiro demuestra la temprana vocación de Justo por recrear en las condiciones particulares de la sociedad argentina el contenido de emancipación social implícito en la doctrina de Marx. Ya en la conferencia que pronuncia a fines de 1897 en el centro socia-

lista obrero de Buenos Aires sobre *Cooperación obrera*, Justo
inicia su labor de "interpretar, rectificar o ampliar la teoría
histórica de Marx, para guiar la acción medio siglo después de
la desaparición del gran pensador". Pero a diferencia de lo que
cree Barreiro, esa misma conferencia y el énfasis que siempre
puso Justo en la cooperación obrera demuestran el desmedido
peso que en su pensamiento tuvo la experiencia del socialismo
belga. No obstante su profundo conocimiento del idioma y de la
cultura alemana, sus asiduas lecturas de la publicística socialdemócrata, tanto en la vertiente ortodoxa kautskiana como en
la revisionista, la atracción que sobre él ejerció la disciplina y la
extensión de masa del partido alemán, es probablemente en las
experiencias belga y francesa donde puede resultar más útil
buscar ciertas fuentes, evocaciones y antecedentes doctrinarios
del socialismo de Justo. De ahí que, no obstante su riqueza de
datos, el trabajo de Barreiro no pueda mostrar ninguna filiación
directa entre las elaboraciones de Bernstein y las de Justo.[33]

Jaurès y Justo compartían una misma concepción del socialismo como realización plena de los ideales de la democracia
moderna; basta leer los discursos por ellos pronunciados el 5 de
octubre de 1911 en la demostración de afecto que los socialistas
argentinos dedicaron a Jaurès con motivo de su resonante viaje
a Sudamérica para percibir la profunda comunidad de intereses
y la idéntica manera de situarse frente a las ideas y a los
hechos de las clases populares.[34]

Reconociendo en la sociedad argentina una notable preocupación por constituir un estado de nacionalidad definido, coherente y consciente, "armonizando poco a poco tantos elementos
múltiples y fundiéndolos en el crisol de pensamientos comunes
y de comunes pasiones colectivas", Jaurès intenta demostrar
cómo esa preocupación sería vana si no llegara "a la realidad
profunda de las cosas", si además de la enseñanza de la historia
y el conocimiento de la lengua tradicional, "no entraran en
juego esas poderosas fuerzas sociales de unificación" constituidas por las clases trabajadoras.

"Es necesario que todos los elementos obreros de este país, fran-
ceses, italianos, españoles o argentinos de origen, sientan y traduzcan
en vastos programas la unidad de sus reivindicaciones y de sus esperanzas. Es una gran debilidad para la clase obrera de un país de

inmigración estar separada por naciones y razas. La fuerza de las reivindicaciones, como el método mismo, se empequeñecen. Cuanto más la organización obrera se extienda y se haga poderosa, comprenderá elementos que, para entenderse y realizar una acción colectiva, deberán hacer largas y serias discusiones, e irán prevaleciendo sobre los movimientos instintivos la organización metódica y las reivindicaciones inteligentes. Y al mismo tiempo que los obreros están debilitados por su separación en nacionalidades y razas, la nacionalidad misma se debilita, porque todos estos individuos, en cuyo pensamiento sigue reflejándose la patria de origen, se desinteresan por completo del movimiento y de la legislación de este país, que es su patria nueva. La intervención de toda esta clase obrera en las cosas del país sería, pues, un doble progreso: progreso obrero y progreso nacional [...] Es imposible hoy en cualquier país que sea constituir nacionalidades vigorosas sin una clase obrera fuertemente organizada."[35]

Y en su discurso de despedida, retomando las afirmaciones de Justo sobre las profundas raíces "nacionales" del ideal socialista, Jaurès agrega:

"Vuestra burguesía quiere una nacionalidad argentina; quiere que este pueblo no sea más la aglomeración de elementos distintos y extraños los unos a los otros; quiere crear y fundar aquí una nacionalidad homogénea. Y bien: esa obra no podrá realizarse si no tiene por cimiento, por fuerza de cohesión, la fuerza única del trabajo organizado [...] El trabajo es la base de las naciones, como es la base de la vida. Y mientras el trabajo esté desunido, mientras los trabajadores sean despreciados, mientras los instintos de chauvinismo y de raza prevalezcan sobre la conciencia de los proletarios explotados, será imposible levantar sobre ese fundamento sin unión, sobre esas piedras reducidas a polvo, la casa de la nacionalidad. He ahí por qué los que sancionan contra vosotros leyes de represión, los que persiguen a los sindicatos obreros, los que persiguen a vuestras asociaciones van, no sólo contra la clase obrera de este país, sino contra el país mismo [...] No, la burguesía no fundará así la nación argentina, no poblará así su vasta superficie, como no lo harán tampoco las otras naciones americanas [...] Yo sé bien que aquí, como en todas partes, la verdadera fuerza está en la organización obrera, en el proletariado, en el socialismo mismo [...] Vosotros no trabajáis solamente por vosotros mismos, sino que trabajáis para toda la democracia argentina. Vosotros la obligaréis a organizarse, vosotros obligaréis a la burguesía argentina, para combatir vuestras doctrinas, a oponer ideas contra ideas, doctrinas contra doctrinas. Así como en física, cuando en un líquido amorfo se introduce un cristal toda la sustancia poco a poco se cristaliza en su torno, el Partido Socialista es el cristal puro que obligará a los otros partidos a depurarse y organizarse".[36]

Son estas mismas ideas las que alimentan las concepciones de Justo, su visión de la historia de las sociedades humanas, del papel transformador de las masas cuando están guiadas por un ideal de transformación. Por lo que resulta doblemente curioso que nunca se haya intentado analizar el paralelismo de ambas figuras del socialismo, ni siquiera a la luz de un texto tan sugerente e ilustrativo como las conferencias porteñas de Jaurès.

Ambos aceptaron la lucha de clases como ese drama necesario por el que la humanidad debía atravesar para que una nueva sociedad pudiera abrirse paso.[37] Aunque próximos al marxismo, se separaron de él cuantas veces lo creyeron necesario, porque la teoría sólo podía ser tal si dejaba de ser una doctrina abstracta para convertirse en un cuerpo de pensamientos apto para descubrir o inventar las formas nuevas que el ideal socialista debía adquirir en cada sociedad nacional concreta.

Para Justo, y esto lo aproxima a Jaurès, la tarea del Partido Socialista no podía limitarse a una mera acción organizativa y educativa del proletariado, sino que debía comprometerlo en toda la actividad política presente de modo tal que apareciera ante toda la sociedad como una fuerza capaz de dirigirla. El proletariado no podía ser sólo un elemento de oposición, porque en las condiciones particulares de la sociedad argentina una actitud tal lo condenaba a la esterilidad. Mediante la utilización inteligente de todos los instrumentos de la agitación social que su capacidad organizativa ponía a su alcance, debía conquistar el sufragio universal como plataforma a partir de la cual se tornaba posible ejercer en favor de las clases populares un control del poder político. Pero el hecho esencial no residía en la magnitud de los objetivos alcanzados, que dependían siempre de la correlación de fuerzas existentes, sino en la naturaleza misma de un tipo de actividad que contribuía a conformar a la clase trabajadora como una fuerza hegemónica. La lucha a largo plazo por la conquista de la dirección de la sociedad debía estar acompañada de una acción cotidiana de organización de las clases populares en la base de la sociedad civil, y sólo ésta podía convertir en un objetivo alcanzable a aquélla.

Pero una tarea tan vasta como la planteada por Justo requería de la resolución teórica y práctica de un problema a las puertas del cual su visión política lo condujo pero sus limitaciones ideológicas le impidieron atravesar. El excepcional conocimiento que tenía del movimiento obrero mundial le permitió percibir con claridad sus límites históricos. Trató de superar el dilema de la oposición global o integrada al sistema mediante una metodología de lucha que potenciaba los avances organizativos y políticos de la clase en la sociedad civil y su capacidad de control del Estado. Pero de hecho quedó fuera de su programa y de sus perspectivas a corto o mediano plazo el problema de la conquista del poder. Comprendió que el Partido Socialista no debía ser un partido de oposición sino la dirección política de una clase que debía orientar a toda la sociedad; pero estuvo siempre ausente en él una visión de la complicada dialéctica a través de la cual el proletariado puede transformarse en una fuerza hegemónica en la sociedad democrática burguesa. Enfatizando correctamente la importancia trascendental de la lucha política contribuía a hacer del proletariado una fuerza activa en la renovación de la sociedad argentina, pero la visible ausencia en su programa de una estrategia de poder conducía inexorablemente a encerrar la lucha obrera en el estrecho marco de una pura acción defensiva. Todo lo cual, a su vez, limitaba la capacidad del Partido Socialista de destruir o por lo menos de neutralizar el peso decisivo que tenían en el proletariado las corrientes anarquista y sindicalista. Y éste es el reproche que, en un debate parlamentario en el que la intransigencia socialista se puso claramente de manifiesto, habrá de dirigirle una de las figuras más relevantes de la democracia argentina: Lisandro de la Torre.

"El doctor Justo —dice el dirigente demócrata progresista— al cerrar a su partido, a la vez, el camino revolucionario y el gubernamental, lo ha metido en un callejón sin salida, condenándolo a la impotencia perpetua [...] Yo no conozco en la política argentina un caso personal más contradictorio que el del doctor Justo. Anarquista por temperamento y socialista por reflexión, se traiciona a cada paso [...] El doctor Justo ha perdido el derecho de imponer sus postulados a los que no sean meros sacristanes socialistas, porque no renueva sus ideas desde hace veinte años".[38]

Más allá de la agresión gratuita habitual en este tipo de debates, y la crítica indebida a esa actitud de inquebrantable moralidad política que caracterizó a Justo, Lisandro de la Torre advierte claramente cuál es la limitación esencial de la estrategia socialista.

Sin un proyecto hegemónico, la autonomía política y organizativa de la case obrera, correctamente propugnada por Justo, se transformaba de hecho en su aislamiento corporativo y en una manifiesta incapacidad para definir el problema de las alianzas con la democracia burguesa. La lógica interna de su hipótesis lo debía llevar necesariamente a plantearse la posibilidad y la conveniencia de los acuerdos con todas aquellas fuerzas interesadas en la democratización de la sociedad, pero la indefinición de la naturaleza específica de las relaciones entre el proletariado y las demás clases populares en la formación económico-social argentina le vedó una correcta comprensión del fenómeno del radicalismo.

Justo rechazó la visión esquemática del marxismo que conducía a contraponer radicalmente al Partido Socialista a todas las demás fuerzas políticas definidas como "burguesas". Su oposición a lo que él llamó la "política criolla" no estaba inspirada en aquella visión sino en su idea democrática de lo que debía ser la cultura política de un país moderno. Le repugnaba la ausencia de organicidad y de seriedad programática característica de formaciones que de ningún modo podían ser definidas como "partidos" pues sólo eran organismos clientelares al servicio de los más sórdidos intereses personales y de grupos. Más aún, intuyó sagazmente que la formación del Partido Socialista conduciría a definir la lucha política a punto tal que resultaría ineludible la constitución de otros partidos políticos modernos. En ese nuevo sistema político vertebrado en torno a la presencia de partidos orgánicos, el socialismo tendería a predominar porque representaba a los trabajadores y porque la necesidad de dar una desembocadura política a su acción cotidiana obligaba a sus militantes "a un continuo esfuerzo de estudio y de pensamiento que hará del partido socialista la élite activa y pensante de la humanidad", según la ilustrativa fórmula de Jaurès.[39]

El rechazo de la intransigencia característica de otros movimientos socialistas, la lucha por una inserción concreta del proletariado en la lucha política que lo apartara del espejismo de una revolución, para la cual no existía ninguna acción preparatoria de las condiciones que la tornaran posible, y que eludiera la mera actividad corporativa, constituían los presupuestos de la acción doctrinaria y política de Justo. Aquí residía el punto de mayor riqueza y de efectividad de su estrategia, lo que hizo de él uno de los dirigentes socialistas más respetados en América Latina y en la propia Internacional. Su comprensión de la acción sindical como *autónoma* con respecto a la organización política, pero tendencialmente socialista en su propia capacidad de generalización de las reivindicaciones parciales de la clase; su matizada visión del partido político como expresión y organización de la conciencia de clase de los trabajadores, pero a la vez con características nacionales propias que le permitieran ser una síntesis histórica de la realización nacional; su convicción de la múltiple actividad (gremial, económica, política y cultural) en que debía desplegarse en toda la sociedad la capacidad organizativa y de guía del nuevo partido que contribuyó decisivamente a crear y que representó el mayor de sus aportes a la historia política argentina; todo esto hace de Justo un pensador y un hombre de acción excepcional para su época, en muchos sentidos, un anticipador de los problemas que hoy debate el socialismo latinoamericano. El hecho de haber puesto, ya desde fines del siglo pasado, el centro de su atención en la lucha *política* del proletariado, en la acción organizada por obtener desembocaduras políticas que dilataran el poder efectivo de los trabajadores, aparta radicalmente a Justo de una concepción teórica revisionista y de una práctica de oposición global al sistema que caracterizó al movimiento obrero bajo dirección anarquista. Su concepción del socialismo no como un acto de imposición de una cúspide que corona un tumultuoso e inorgánico desborde de las masas, sino como un proceso de transición a operar en el interior de la sociedad burguesa, en virtud de la capacidad autoorganizadora y de la voluntad de poder de la lucha de masas, explica a su vez su preocupación (escasamente compartida, por cierto) por la compleja temática de las condiciones nacionales específicas en que debía desplegar su actividad el proletariado argentino. Éste es su mérito y lo que torna rescatable, después de medio siglo de su muerte y del ostracismo a que lo condenó una crítica sectaria, su figura de pensador y de luchador socialista.

4. *Las razones de una incomprensión*

Pero cabe preguntarnos: siendo el de Justo el proyecto más coherente y radical de democratización de la sociedad argentina, ¿por qué fracasó? ¿Cuáles fueron las razones que condujeron a que sus propuestas no lograran imponerse en un país supuestamente en condiciones favorables para ello? ¿Por qué no logró, ni aun en los momentos de máxima expansión del Partido Socialista, movilizar en su favor a todo o por lo menos a la mayor parte del movimiento obrero argentino? Y en última instancia, ¿qué le impidió arrancar la dirección de la clase obrera a las corrientes anarquista y sindicalista, predominantes en las tres primeras décadas del siglo? Sólo podremos aquí esbozar una tentativa general de respuesta a estas preguntas cuya dilucidación podría permitirnos visualizar con mayor claridad los límites de la experiencia más avanzada de construcción de una formación socialista moderna en un país latinoamericano. Lo cual, a su vez, arrojaría elementos de decisiva importancia para una reconstrucción crítica de toda la historia del socialismo en la región.

Podría objetarse que, por ser Argentina un país en muchos sentidos distinto al resto de los países del continente, resultaría inadecuada y hasta incorrecta una generalización de experiencias, condenadas, en virtud de esa circunstancia, a permanecer como incomunicables. Pero independientemente del hecho de que tal objeción clausura una problemática que aun requiere ser dilucidada, que es la de la individualización de los elementos comunes a ese conjunto de naciones que se han identificado históricamente como pertenecientes a un complejo social único, debe recordarse el excepcional papel desempeñado por el socialismo argentino en la formación de corrientes similares en otros países del área. Su experiencia de construcción de un gran organismo político de masas, sus éxitos electorales, la homogeneidad y calidad intelectual de su núcleo dirigente, la relevancia de la labor de pensamiento y de acción de su líder máximo, se convirtieron en un ejemplo para la mayor parte de los socialistas latinoamericanos, que veían en él una forma de acción política adecuada y generalizable a sus propias situaciones específicas. Aunque todavía no dispongamos de un estudio ni siquiera aproximativo de la influencia regional del Partido Socialista argentino, son suficientes algunos indicadores como la difusión de sus publicaciones, la correspondencia intercambiada entre sus dirigentes,[40] las experiencias realizadas en Argentina de militantes socialistas de otros países, las estrechas relaciones entre sus iniciativas continentales y los procesos de constitución de núcleos socialistas donde aún no los había,[41] para reconocerle al partido argentino un relevante papel de eslabón mediador entre la experiencia socialista mundial y la latinoamericana. En cierto sentido, y conservando las distancias, el Partido Socialista argentino cumplía en nuestra región, por lo menos en países como Chile, Perú, Bolivia, Brasil y Uruguay, una función equivalente a la de la socialdemocracia alemana entre los países del este y del sudeste europeo. Ésta es la razón de por qué indagar las causas de su incapacidad para transformar la sociedad: encontrar las limitaciones de una hipótesis de cambio social que se concebía a sí misma como generalizable en cuanto resultaba ser la síntesis de la experiencia mundial del movimiento obrero puede arrojar elementos útiles para un mejor examen de las características del movimiento socialista latinoamericano.

La propuesta de Justo presenta un interés particular no sólo por una coherencia desusada en el pensamiento social de la época, sino por la aguda percepción de las nuevas características que asumía el proceso social argentino. Halperin Donghi recuerda con acierto cómo la solución elaborada por Justo encontraba un referente social caracterizado por "el creciente eclecticismo de los mitos populares de protesta social y por la popularidad nueva de que gozan entre un público en el que criollos e inmigrantes no están ya separados".[42] Es el momento en que emerge una cultura de contestación al orden establecido basada no ya en la oposición entre criollos e inmigrantes, sino entre masas explotadas y clases gobernantes. En la literatura social de comienzos de siglo, fundamentalmente de orientación anarquista,[43] reaparecen los mitos de la cultura popular subalterna como fulgurantes recreaciones de una situación de explotación generalizada y de un larvado sentimiento de oposición al orden existente que adquiría periódicamente formas violentas de luchas urbanas. Sin embargo, lo que resulta sorprendente es que, no obstante la notable difusión de este crepuscular sentimiento negativo frente al estado, no haya podido constituirse en la contradicción determinante de la vida política argentina.

Justo no se equivocaba cuando situaba en la contradicción entre modernidad capitalista del sistema económico y atraso del sistema político una limitación esencial de la democracia argentina. Y hoy resulta evidente para todos que fue el reconocimiento de las incontrolables consecuencias políticas y sociales de esta contradicción, y la necesidad perentoria de resolverla, lo que está en el trasfondo de esa revisión radical de la política tradicional de las clases gobernantes que significó la ley de reforma electoral promulgada por el presidente Roque Sáenz Peña, que imponía el voto universal, secreto y obligatorio.[44]

La introducción en 1912 de reformas políticas tendientes a adecuar la estructura institucional del país a un sistema de gobierno representativo tenía por objetivo fundamental atraer la oposición radical a la acción legal, desalentando aun tendencias insurreccionales, y utilizarla como acicate para la transformación de las clientelas conservadoras en un partido moderno, pero de características populares, que legitimara el dominio de las clases propietarias al suprimir todas aquellas expresiones de descontento popular. Se trataba, por lo tanto, de un proyecto político de vasto alcance con vistas a la construcción de un nuevo bloque social, que fuera capaz de incorporar a las clases medias urbanas y de restituir estabilidad al sistema político. Como afirma correctamente Rock,

"Más que representar un cambio político revolucionario, los sucesos de 1912 fueron, por consiguiente, significativos como reflejo de la capacidad de la élite para adaptar la estructura política del país a nuevas condiciones y para hacer lugar a nuevos grupos dentro del sistema".[45]

La institucionalización de la participación política se hacía, de hecho, a expensas de la clase obrera, la cual, por su mayoritaria condición de extranjera, era excluida del sufragio. Mientras radicales y capas medias encontraban un sitio en el sistema político, inmigrantes y obreros seguían permaneciendo fuera. Y hasta la propia participación limitada del Partido Socialista constituía un elemento más en ese vasto dispositivo de seguridad construido por el sector más lúcido y políticamente capaz de las clases gobernantes.

En nuestra opinión, lo que Justo pareció no comprender es la complejidad del proceso económico, social y político que hacía emerger la necesidad de la reforma como instrumento decisivo para la recomposición del Estado. En otras palabras, lo que no pudo entrever, o por lo menos no valoró en sus justas dimensiones, fue la dilatación de la capacidad de absorción del estado burgués y el acrecentamiento de los elementos de conservación del sistema capitalista que la reforma se proponía potenciar. Porque si bien a partir de la aplicación de la nueva ley electoral la Unión Cívica Radical (UCR) y, en menor medida, pero de todas maneras en grado relevante, el Partido Socialista se transforman en dos grandes fuerzas populares, con gran presencia electoral y parlamentaria, la confrontación de clases subyacente en la contradicción apuntada no pasa a un primer plano. Y en aquellos escasos momentos en que emerge a la superficie, como en la crisis de 1919, lo hace a través de un complejo proceso político que desdibuja, o mejor dicho oscurece, la confrontación entre fuerzas populares y clases dominantes.[46]

¿Pero en qué consistía en realidad la "modernidad capitalista" del sistema económico argentino sobre la que Justo fundaba su proyecto socialista? Aunque son numerosísimos los escritos que dedicó a este tema, es sin duda en el artículo de polémica con Ferri donde más sintética y claramente Justo reitera su interpretación de la evolución económica argentina como un ejemplo concreto del proceso de colonización capitalista que se opera en los países periféricos desde el siglo pasado. La expansión capitalista a vastas tierras vírgenes despobladas planteó a las clases gobernantes la necesidad de crear rápidamente una clase de trabajadores asalariados, sin la cual la explotación capitalista no tenía fundamento. Como lo demuestra Marx en el último capítulo del tomo I de *El capital* —capítulo que en Justo adquiere el valor de un canon interpretativo incuestionable—, el capitalismo resolvió teórica y prácticamente este problema mediante un mecanismo que se ha dado en llamar "colonización sistemática" y que en realidad no es otra cosa que la "implantación sistemática en estos países de la sociedad capitalista, la colonización capitalista sistemática. Consiste en impedir a los trabajadores el acceso inmediato a las tierras libres, declarándolas de propiedad del Estado y asignándoles un precio bastante alto para que los trabajadores no puedan desde luego pagarlo". En las colonias latinoamericanas, las masas trabajadoras, que en un primer momento estaban constituidas esencialmente por mestizos e indígenas, fueron desde un principio excluidas de la propiedad del suelo, adjudicado a los señores en grandes mercedes reales. Desde el momento en que "el progreso técnico-económico" comenzó a expandirse en nuestras tierras, las clases gobernantes comenzaron también a practicar la colonización capitalista sistemática recurriendo en forma masiva a ese "ejército de reserva" que le proporcionaban las masas pauperizadas italianas y españolas.

"De este modo —agrega Justo— se ha formado en este país una clase proletaria, numerosa relativamente a la población, que trabaja en la producción agropecuaria, en gran parte mecanizada; en los veintitantos mil kilómetros de vías férreas; en el movimiento de carga de los puertos, de los más activos del mundo; en la construcción de las nacientes ciudades; en los frigoríficos, en las bodegas, en los talleres, en las fábricas. Y a esa masa proletaria se agrega cada año de un 1/5 a 1/4 de millón de inmigrantes. [...] Y ese mismo ejército proletario de reserva, que cada año cruza los mares para trabajar en los miles de trilladoras a vapor que funcionan cada verano en este país, ¿no es la mejor prueba de que la agricultura argentina es a tal punto capitalista y está en tal grado vinculada a la economía mundial, que ya no puede engendrar las ideas políticas de los viejos pueblos de campesinos propietarios?"[47]

Aunque en virtud de ciertas características particulares de la economía agropecuaria argentina las masas trabajadoras de la zona pampeana obtenían ingresos comparativamente buenos en términos internacionales, el crecimiento y la prosperidad de todo este mecanismo económico descansaba en el control económico y político de la clase trabajadora.[48] Y es por eso que el sistema político argentino negaba violentamente el ejercicio de los derechos de expresión y de organización de esas masas, además de conspirar de hecho y de derecho contra su naturalización. Entre clases gobernantes y clases trabajadoras, en su mayor parte inmigrantes, existía un marcado conflicto, lo suficientemente tenso como para que, no obstante la densidad de las formas ideológicas y culturales que obstaculizaban su percepción, aparecieran en el tejido social como una verdadera lucha de clases. Como recuerda Rock, ser extranjero equivalía a ser obrero y probablemente un obrero *no calificado*.[49] El Estado argentino resultaba ser así el instrumento de una clase terrateniente y comercial cuyo parasitismo, según Justo, se convertía en un freno para un desarrollo capitalista sano del país que, considerado como inevitable, sólo podía abrirse camino "a pesar de la oligarquía". La corrupción generalizada, el fraude electoral, el despojo de las masas a través del envilecimiento de la moneda y un sistema impositivo "sólo comparable con la gabela y la capitación de la antigua Francia", la violencia represiva, constituyen todos los elementos de una política única que tiene en la oligarquía terrateniente su fundamento social y en el Estado su órgano ejecutor. El carácter extranjero del capital, que no es un obstáculo para su integración en el bloque de poder oligárquico, acentúa el carácter parasitario de éste y agrava las consecuencias de la dominación capitalista en cuanto supone un drenaje permanente de divisas: "Los millones que van anualmente a Europa como dividendo e intereses de las empresas y del capital extranjero, no contribuyen más a sostener el pueblo argentino, que si los quemaran o fueran arrojados al mar".[50]

Toda la vida política argentina desde 1880 en adelante está signada por el dominio parasitario de este bloque de poder constituido por la oligarquía y el capital extranjero, el cual, no obstante, puede preservar la estabilidad política y el crecimiento económico deformado sólo a condición de impedir la organización política, sindical y económica de las clases trabajadoras. Pero si éstas son en su enorme mayoría inmigrantes, su nacionalización y su participación en la vida política del país constituían la palanca esencial para destruir el orden oligárquico burgués. Sólo una activa participación política de las masas podía transformar la realidad, no ya caracterizada por la oposición entre nativos e inmigrantes sino por la que existe entre las fuerzas parasitarias tan bien descriptas por Justo y sus víctimas, "que forman una alianza potencial dentro de la cual corresponderá a la clase obrera el lugar hegemónico".[51]

Halperin destaca el fuerte contraste observable entre la elaborada propuesta de Justo y la tosquedad de las exhortaciones xenófobas que proliferan en los lenguajes de los dirigentes políticos de la época. Sostiene, además, que en ella subyace una percepción de las nuevas dimensiones que ha adquirido el proceso social argentino y que posibilita el descubrimiento de la comunidad de intereses entre trabajadores inmigrantes y clases populares criollas. Y sin embargo, a diferencia de lo que creía Justo, esta comunidad de intereses, que resultaba del hecho de ser ambas víctimas de la opresión política correspondiente y el movimiento social, se mantuvo fuertemente fragmentada y contrapuesta en sus vertientes históricas. Contra las previsiones de Justo, "el conflicto entre unas clases populares hegemonizadas por la obrera y unos sectores dominantes formados por la alianza de las clases terratenientes y los emisarios de la economía metropolitana no proporciona a comienzos del siglo XX —y todavía no proporcionará por décadas— el tema dominante a la vida política argentina".[52]

¿Dónde buscar las causas que puedan ayudarnos a explicar este error de previsión? ¿Qué elementos coadyuvaron a que el bloque oligárquico dominante pudiera neutralizar ese enorme potencial de contestación acumulado en las clases populares argentinas? Es evidente que buena parte de la explicación está en las características propias del capitalismo dependiente argentino, en el modo específico a través del cual se articuló el dominio económico, social, político e ideológico de un sistema cuyo dinamismo derivaba de las cuantiosas ganancias extraordinarias logradas de la explotación de la pampa húmeda. En los últimos años diversas investigaciones han analizado con inteligencia y rigurosidad científica las características esenciales y las consecuencias políticas de ese proceso económico mostrando hasta qué punto las clases dominantes pudieron establecer un poder con elevada capacidad hegemónica en virtud del éxito logrado en la incorporación de Argentina al mercado mundial y a la excepcional potencialidad redistributiva de que dispuso la oligarquía terrateniente durante toda esta etapa de expansión de la renta diferencial obtenida no de la sobreexplotación del trabajo sino de la mayor fertilidad de la pampa húmeda.[53] Como advierte agudamente Laclau, el monopolio de la tierra ejercido por la oligarquía terrateniente y la elevada renta diferencial proveniente de la extrema fertilidad de la llanura pampeana fueron los dos elementos que, imbricados, tendieron a consolidar la estructura a la vez capitalista y dependiente de la economía argentina.

"Si el monopolio de la tierra determinó el surgimiento de la renta como categoría significativa dentro de la organización rural argentina, la renta diferencial al actuar como un multiplicador de su magnitud, la transformó en una categoría clave. Pero la renta diferencial [...] es plusvalía producida por el trabajador extranjero e ingresada al país en razón de la amplitud de la demanda de materias primas en el mercado mundial. De ahí que la Argentina, al absorberla, lograra tener un elevado ingreso per cápita que no guardaba relación con su esfuerzo productivo."[54]

El resultado fue, entre otros, que si bien no pudo consolidarse, como pretendía Justo, una fuerte clase de medianos propietarios rurales debido a las dificultades del acceso a la tierra antepuestas por el monopolio terrateniente,

"la expansión del consumo oligárquico, unida a las tareas de comercialización de la riqueza del vasto hinterland rioplatense y a la construcción de la red ferroviaria, crearon fuentes de trabajo en el sector urbano que dieron origen a una estratificación de clases medias, obreros artesanales, de servicios, etc., *de una magnitud sin par en América Latina*. De tal manera, la oligarquía argentina *conseguía asociar a toda una estratificación social* considerablemente diversificada al ciclo expansivo de la renta diferencial".[55]

En la medida en que el nivel de ingreso de los trabajadores argentinos estaba estrictamente vinculado a la continuidad de todo el proceso, era lógico que tendiera de modo más o menos consciente a oponerse a todo cambio estructural que implicara el crecimiento de la industria nacional sobre la base del proteccionismo estatal y arancelario. La lucha en el interior de este mecanismo productivo tenía como horizonte una redistribución de la renta y nunca un cuestionamiento teórico y práctico de la misma, lo cual explica la arraigada concepción librecambista que impregna todo el movimiento obrero en sus diversas tendencias, y que inspira el tipo de reivindicaciones y de propuestas programáticas defendidas por ese movimiento popular que fue el radicalismo. Ni los grupos industriales incipientes, ni el movimiento popular y obrero opusieron a este mecanismo productivo un proyecto diverso de desarrollo económico alternativo, sobre la base de algo semejante a la industrialización sustitutiva que se abrirá paso desde los años treinta en adelante.

Empeñados en la defensa de las condiciones de vida de los trabajadores, tanto socialistas como anarquistas, sindicalistas y luego comunistas, se opusieron a medidas proteccionistas que provocaran el encarecimiento de los medios esenciales para la reproducción de la fuerza de trabajo. Y si en el caso de los anarquistas, o de los sindicalistas, esta posición se vinculaba a sus actitudes principistas opuestas a todo tipo de intervención obrera "en los intereses unilaterales de la clase burguesa o en sus expresiones materiales que son la industria y el comercio, cuya gestión directa les pertenece",[56] en el caso de los socialistas y de Justo, en particular, el liberalismo económico constituía un elemento esencial de su programa y de su práctica política. El partido obrero, afirmaba reiteradamente Justo, que es esencialmente internacional por su tendencia y organización, no podía dejarse engañar "por las ficciones del nacionalismo industrial o proteccionismo, con trabas aduaneras al comercio que son tan bárbaras como hace ciento cincuenta años".

¿Pero hasta qué punto el librecambismo justista puede ser identificado —como una crítica interesada tiende a hacerlo— con la defensa consciente o inconsciente del ordenamiento económico existente? La evidente insuficiencia de los instrumentos interpretativos de los que se sirve su razonamiento no puede de ningún modo conducirnos a deformar el sentido de sus propuestas. Su oposición al proteccionismo industrial tiene como fundamento no la aceptación de un pacto cuasi colonial, que rechazaba por principio, sino la creencia incuestionada en la fuerza depuradora de los impulsos automáticos del capitalismo. Si el atraso político era el causante principal de los fuertes rasgos de parasitismo subyacentes en la economía argentina, la capacidad política y organizativa del partido obrero debía ser puesta al servicio de un actividad tendiente a despejar el campo para que ese automatismo pudiera abrirse libremente el paso. Su liberalismo, por tanto, no implicaba una propuesta de abstención del Estado frente al juego de las fuerzas económicas, sino una intervención positiva para la destrucción de esas dos grandes trabas del desarrollo argentino: la gran propiedad terrateniente y el capital extranjero ausentista. El establecimiento de una clase de pequeños propietarios rurales, productores inteligentes, de visión modernista, constituía el presupuesto de una verdadera industrialización. Y los trabajadores no sólo no debían considerar como ajena a sus intereses una propuesta de transformación semejante, sino que debían constituirse en su fuerza impulsora.

"El proletariado —dice Justo— es ese personaje ideal que no tiene más recursos que el producto diario de su trabajo, situación demasiado real para una gran masa humana, pero que no es universal dentro de la clase obrera propiamente dicha. Fuera de esta distinción, entre el proletariado y el burgués hay una cantidad de otras que se imponen; pero eso no excluye que de un lado y otro de la frontera haya fuerzas que puedan, en un momento dado, hacerse efectivas para un propósito común. [...] Entre los empresarios mismos no hemos de creer que todos sean iguales, que basta su situación de empresarios para que no debamos tener con ninguno de ellos la menor afinidad. Desde luego se impone la separación entre empresarios de *industrias libres*, de *industrias sanas*, de *industrias que se han desarrollado espontáneamente*, y empresarios incubados y cebados por la ley, mediante trabas aduaneras y privilegios impositivos."[57]

Hay una industria sana que crece espontáneamente en el suelo del capitalismo argentino; ella necesita de la "protección" del Estado no porque encuentre en éste su condición de existencia, sino porque a través de la promoción e intervención positiva el parasitismo puede ser sofrenado y luego destruido. Entendido de esta manera, el proteccionismo aparece como afín y complementario de la política de la oligarquía terrateniente y del gran capital, mientras que el liberalismo presupone necesariamente una activa iniciativa promocional del Estado. ¿Pero de qué estado? Evidentemente de un Estado sometido a la fuerte presencia y capacidad política del partido obrero. Podría resultar de extrema utilidad un rastreo sistemático, en el movimiento social anterior a los años treinta, de la percepción que en su interior se tuvo de la naturaleza del fenómeno que estamos analizando. En numerosos escritos Justo denuncia los efectos negativos para el país de este mecanismo económico y social pero nunca llega a entender su naturaleza específica, ni sus límites concretos. Cuando se topa con el problema tiende de hecho a descalificarlo, a considerarlo como algo meramente transitorio en virtud de una abstracta caracterización del capitalismo y de sus mecanismos esenciales de funcionamiento. Aunque ciertos efectos de la capacidad redistribucionista de la oligarquía son claramente visualizados, nunca son indagados en su origen porque se los considera destinados a desaparecer a breve plazo por las leyes inexorables de la acumulación capitalista. Por ejemplo, en su primer editorial de *La Vanguardia* (1894), Justo advierte que

"si entre nosotros los salarios son a veces relativamente elevados, es debido a circunstancias transitorias que han de desaparecer para siempre. A medida que se perfeccione la producción y la circulación de las mercancías, el número de brazos disponibles va a ir en aumento hasta que por fin se forme el ejército de desocupados que ya tiene a su disposición la clase capitalista de los otros países más adelantados [...] A medida pues que se caracterice la explotación capitalista en la República Argentina los salarios van a bajar a su mínimo posible, al mismo tiempo que va a ser más difícil para el trabajador encontrar trabajo".[58]

Aunque en otros análisis posteriores el catastrofismo inicial cederá paso a una visión más matizada o atenuada, permanecerá siempre como clave interpretativa última. El fenómeno fue percibido también, curiosamente, por el Comité ejecutivo de la Internacional comunista, que, en una carta abierta dirigida al Partido Comunista de la Argentina, el 4 de abril de 1925, afirma lo siguiente:

"El proceso económico de la Argentina, base de su evolución política y social sigue el mismo curso del capitalismo internacional pero con un ritmo más acelerado, al aplicar las grandes invenciones, la forma y los métodos de producción más adelantados de los otros países capitalistas [...] Las condiciones de *país de colonización* y su *característica agrícola y de cría de ganado*, han permitido que las condiciones generales de vida de la clase obrera *puedan ser superiores a las* de los grandes países capitalistas".[59]

Para la dirección de la Comintern, estos elementos sentaban las bases económico-sociales (estructurales) del reformismo en el interior del movimiento obrero argentino, del peso desmesurado de sus tendencias corporativas, etc. Sin embargo, en la medida en que estos hechos eran analizados desde una perspectiva en la que la crisis capitalista constituía un umbral insuperado e incuestionado, nunca dejaron de ser simplemente lo que eran: observaciones inteligentes o intuiciones fugaces dentro de un discurso incapaz de entender la funcionalidad de tales elementos en el singular proceso de desarrollo del capitalismo en la Argentina. Si la conflictualidad social estaba fuertemente atenuada por la abundancia de alimentos baratos y la casi perfecta elasticidad del mercado de trabajo alcanzada a través de la inmigración europea, ¿cómo plantearse una previsible y radical transformación social sin una fuga mítica hacia la "crisis"? De todas maneras, sería un craso error atribuir exclusivamente a la izquierda —socialista o comunista— esta limitación de perspectivas que la convertiría, paradójicamente, en funcional a dicho sistema oligárquico (tal es la acusación que le diri-

gen ciertas corrientes políticas e historiográficas autodenomina-
das "nacionales" y algunas de ellas de raíz marxista, como Rodolfo Puiggrós o Abelardo Ramos). En tal sentido, vale la pena
recordar que salvo en las fantasmagóricas recreaciones de estas
corrientes "nacionales", no existió en la Argentina anterior a los
años treinta ningún grupo que opusiera un programa de desarrollo económico alternativo, y fundado en el predominio industrial, al impuesto por el bloque oligárquico-imperialista. Como
recuerda Laclau, la invención de la presencia real de tal alternativa es una imagen abusiva y sin fundamentos,

"resultado de una lectura de la historia argentina efectuada por
los escritores nacionalistas posteriores a 1930, que proyectaron así en
el siglo XIX el campo connotativo al que el antiliberalismo estaba liga-
do en su propia época".[60]

Sólo a partir de la crisis de los años treinta la sociedad
argentina pudo hacer estallar este paradigma opresivo que le
impedía verse a sí misma y a la nación como lo que realmente
eran: no una democracia imperfecta en camino de su realización plena; no una nación excepcional sino apenas una semico-
lonia poderosamente sujeta a la voluntad imperial. Fue sólo
desde entonces que emergieron a la superficie las condiciones
que posibilitaron una comprensión más acabada y objetiva de
toda la contradictoriedad interna del sublimado "progreso" argentino. Sólo entonces pudo comenzar una verdadera autocrítica.

Retornando a Justo, el problema central que tenía por de-
lante era, por lo tanto, el de encontrar una fórmula política
capaz de mediar la movilidad social, de destruir la corteza resis-
tente de la estructura económica y social tradicional, de controlar los impulsos disruptivos de las masas, de orientarlos hacia
la consolidación de una organización civil democrática. La unidad entre desarrollo económico y proceso de democratización,
presupuesta en la teoría, era vislumbrada como alcanzable en
la práctica mediante un intento de anular el antagonismo específico del capital absorbiéndolo en una conflictualidad más genérica y expresiva de la vieja sociedad, a través de un proyecto
de democratización de la vida política y de las instituciones o,
dicho de otro modo, de integración de las masas populares en el
Estado. Su visceral repulsión frente al desorden y la desobe-

diencia, su rechazo de toda forma de autoritarismo, su profundo desdén por la política criolla, su odio y repugnancia por la intromisión de la fuerza militar en la política, lo condujo a privilegiar exageradamente una visión del partido obrero como racionalizador de la insubordinación social, como un responsable y supremo gestor del disentimiento en beneficio de la construcción avanzada y de una nueva clase política, de la que ese partido sería su dinamizador y su expresión más clarividente. En una conferencia dedicada a denunciar los peligros del fanatismo autoritario en el interior del movimiento obrero, Justo reconstruye de manera muy ilustrativa su autobiografía intelectual y moral. Y de sus palabras emerge con nitidez la singular personalidad de un hombre obsesionado por encontrar en la sociedad argentina una fuerza social y un cuerpo de ideas capaces de construir un nuevo ordenamiento político.

"Me hice socialista —recuerda— sin haber leído a Marx, arrastrado por mis sentimientos hacia la clase trabajadora en la que veía una poderosa fuerza para mejorar el estado político del país. Mis más importantes lecturas de orden político y social habían sido, hasta entonces, las obras de Herbert Spencer, que en estilo claro y relativamente ameno, ha escrito sobre lo que algunos llaman sociología, pretendida ciencia en la que no creemos. Nos sentimos, en cambio, bien dentro de la historia, desarrollo continuo y eterno de la humanidad, en que, activa y pasivamente, tomamos parte, y es porque queremos imprimir a la historia un sentido dado que tratamos de ver bien claro en los acontecimientos para dirigirla mejor. Asimismo la lectura de Spencer me había dado algunas ideas, que ya eran un paso para orientarme en el desbarajuste político del país, *que después de Sarmiento no había tenido hombres de ideas sustanciales.* El teorema spenceriano de la evolución social de tipo primitivo militar a un tipo industrial definitivo, fue uno de los motivos ideológicos de mi adhesión al socialismo. Spencer también me iluminó haciéndome ver lo relativo e imperfecto de la función del Estado, lo muy poco que puede la ley, y curándome así de todo fetichismo político, de toda superstición por el poder de los hombres que hacen leyes y decretos. La lectura de Marx me hizo ver más allá; comprendí la superficialidad de Spencer al denunciar al socialismo como la esclavitud del porvenir, crítica en la cual caía en el doble error de suponer que el esclavo trabaja siempre para su amo y los asalariados modernos siempre para sí mismos. De las ideas de Spencer me quedó, sin embargo, bastante sedimento para que al hacerme socialista, es decir, amigo de la formación y del desarrollo de un partido político obrero empeñado en la conquista del poder, tuviera la conciencia de la utilidad social relativa del anarquismo antielectoral, de esa secta que nos ha molestado con sus obstrucciones y difamación sistemáticas desde el comienzo de nuestra actividad social, desacreditándonos ante la opinión de los trabajadores que no son todavía capaces de comprender el socialismo, ni de utilizar el partido, y alejándonos al mismo tiempo de las facciones de la política criolla, acaparadoras del voto inconsciente del pueblo. Comprendí también la necesidad de que los socialistas no se encierren en los cuadros del partido y sepan asociarse también con otros hombres, para otro fines, en otras organizaciones."[61]

Aparecen aquí claramente evidenciadas las razones ideológicas y éticas de su postura en favor de la clase trabajadora. El teorema spenceriano, que no es sino una hipótesis, encuentra su fundamentación científica en la obra de Marx, a la que se concibe como aquella doctrina que hace de las relaciones económicas la base esencial de los más elevados y complejos fenómenos sociales o, dicho de otro modo y con palabras de Justo, "la base técnico-económica de la historia". La inevitable evolución de la sociedad moderna hacia ese spenceriano "tipo industrial definitivo", por la impronta capitalista en ella dominante, provoca el crecimiento siempre cuantitativamente más significativo de las clases trabajadoras, que se convierten de hecho, aunque no de derecho, en la fuerza social fundamental. Actuar en su favor significa marchar en el propio sentido de la historia, que aun cuando en un comienzo es sufrida pasivamente por las masas, puede recibir el impulso de una dirección mejor cuando estas mismas masas se vuelven conscientes del sentido último de su avance.

El sentimiento lacerante de adhesión moral a los oprimidos y explotados encuentra ahora la posibilidad de encarnarse en un movimiento social transformador que, como tal, se constituye en el elemento esencial del que la historia ha menester para ser realmente un desarrollo continuo y eterno de la humanidad hacia la justicia y el bienestar social. Aquí, en este movimiento, es donde reside por tanto la única garantía posible de una evolución auténticamente democrática de la vida política argentina, para la cual la base técnico-económica ya ha creado las premisas. La lucha por la democratización radical de la sociedad, concebida como una suerte de encarnación nacional de ese movimiento eterno de la historia hacia la libertad, aparece así como el nudo estratégico esencial, en el polo central de agrega-

ción de un nuevo bloque social del que la clase obrera no puede
menos que ser su fuerza decisiva.

En la medida en que para Justo el concepto de partido
obrero no era intercambiable con el de la clase obrera, no podía
concebir a ese bloque como una simple absorción en los encua-
dramientos partidarios de la masa obrera, a modo de un inédito
movimiento nacional-popular de orientación socialista; como
tendía preferentemente a considerar los hechos sociales en términos de "instituciones", antes que de "fuerzas", la unidad tendencial de la clase en torno a una propuesta socialista era vista
como una agregación de las tres instituciones esenciales en las
que se condensaba históricamente la voluntad organizativa de
la clase: el partido político, el sindicato y la cooperativa. Considerados siempre por el socialismo como fuerzas meramente negativas, ni el anarquismo, ni el radicalismo, ni tampoco el sindicalismo podían ser los interlocutores contradictorios de este
movimiento real de la clase; en última instancia, sólo lo podían
ser las clases propietarias si mostraban ser capaces de moder-
nizarse, de constituir corrientes de opinión vertebradas en partidos políticos en el cabal y· moderno sentido del término, es
decir, instituciones en las que los intereses corporativos y particulares, y todos los personalismos que padecía el sistema político argentino, cedieran su lugar a los verdaderos intereses de
clases, de los que tales partidos debían ser portavoces conscientes.

Sin embargo, Justo nunca identifica del todo a estas fuerzas y, en el caso del sindicalismo, acaba finalmente por revalori-
zarlo. Es interesante observar cómo, en la inmediata posguerra,
su visión sobre la significación histórica de la corriente sindicalista acentúa fuertemente una consideración positiva ya preexistente. Al analizar la inevitable tendencia hacia el fanatismo
autoritario que emerge como un producto natural del movimiento político y de la acción gremial de la clase trabajadora, Justo
trae a colación el caso del sindicalismo para mostrar hasta qué
punto es una experiencia positiva de los trabajadores, no obstante que tiende a exagerar sus propios alcances.

"Lo hemos visto al aparecer en los gremios obreros esa nueva
corriente de ideas que se ha llamado sindicalismo. Ésta fue en Francia
una reacción sana y necesaria contra la politiquería socialista en los
gremios, divididos por la multiplicidad de partidos titulados socialistas

que hubo en cierto momento en aquel país. Aquel movimiento fue saludable, aun cuando afirmara la autonomía absoluta de los gremios y pretendieran éstos bastarse a sí mismos para realizar la transformación social, porque desdeñó las declamaciones de ciertos políticos y puso término a su injerencia perniciosa en la organización gremial. Fue también un progreso del sindicalismo su realismo social, que le hizo menospreciar las divagaciones sobre la sociedad entera y la emancipación final, para concretarse a las cuestiones positivas de hoy y de aquí, según la enérgica expresión que los socialistas argentinos hemos tomado de un buen documento obrero norteamericano [...] El sindicalismo caracteriza bien su tendencia al hablar de la acción directa de los gremios, capaces por sí solos de obtener grandes ventajas; pero la exagera al considerar suficiente esa acción directa y creerse en condiciones de prescindir de toda otra forma de acción social, y al engreírse en la eficacia universal de la huelga general."[62]

Las razones de esta valorización son varias, y aquí sólo enumeraremos algunas. En primer lugar, porque el sindicalismo se instalaba en ese terreno de la *autonomía* de la institución sindical, que era un supuesto plenamente aceptado y defendido por Justo. En segundo lugar, porque al colocar como base de la unidad de los trabajadores el fundamento socioprofesional, y no el ideológico, el sindicalismo podía responder cabalmente al conjunto de aspiraciones y necesidades inmediatas de la clase obrera. En tercer lugar, y quizá sea ésta la razón fundamental, porque el sindicalismo otorgaba una importancia decisiva a los medios de gestión con relación a los objetivos finalistas, rechazando de tal modo toda escatología revolucionaria que colocara al movimiento obrero al servicio de opciones políticas extrañas a su estado de conciencia y a sus niveles de organización. Esta idea, tan presente en la experiencia de la Primera Internacional, de una emancipación de los trabajadores que resulte de su propia acción, coincide plenamente con el concepto de Justo respecto del significado formativo de la acción socialista. En cierto modo, tanto su perspectiva, como la de los sindicalistas, consideraba por igual que lo realmente significativo eran los medios a través de los cuales una clase obrera puede adquirir plena conciencia del sentido de su lucha en favor de la transformación social.

La modernización del conflicto social implicaba, por lo tanto, una reconstitución de la clase política de la que el Partido Socialista constituía de hecho el motor impulsor. En una estra-

tegia semejante, no había espacio alguno para la existencia de
fuerzas tan vinculadas, según la concepción de Justo, al atraso
político del país, como eran el radicalismo y el anarquismo, las
que, en consecuencia, no eran sino sobrevivencias culturales de
un pasado destinado inexorablemente a desaparecer. Siendo un
partido de clase y, precisamente por serlo de manera consciente, de una fuerza capaz de remodelar toda la sociedad, el Partido Socialista desempeñaba al mismo tiempo la función de esas
corrientes radicales europeas, democráticas y propugnadoras de
reformas sociales, que la ignorancia y la sordidez de los políticos argentinos imposibilitó crear en el país.

"Para un observador imparcial y sobrio de juicio —dice Justo—,
este país ofrece el cuadro singular de una sociedad moderna, íntimamente viculada al mercado universal, y cuya vida política está en
manos de partidos políticos sin equivalentes ni afines en la política de
ningún otro país moderno. Agrupaciones efímeras, sin programas ni
principios, ni más objetivo que el triunfo personal del momento, los
partidos de la política criolla, pasada la frontera, carecen de todo
sentido [...] Frente a este caos de facciones y camarillas, cuya única
palabra de orden y único vínculo interno es el nombre del *condottiere*
que los guía al asalto de los puestos públicos, ha aparecido y se
desarrolla el Partido Socialista que, sin excluir a nadie de su seno, se
presenta ante todo como la organización política de la clase más numerosa de la población, la de los trabajadores asalariados. Representa
una corriente de opinión, extendida por el mundo entero civilizado;
está en relación regular con los partidos afines extranjeros; sus costumbres son las de la democracia moderna; tiene centros organizados
en los principales puntos del país; es la única agrupación política de
vida progresiva y permanente, que sostiene un programa, celebra
grandes asambleas y vota, despreciando por igual la inercia de la
mayoría de los electores y las malas artes del gobierno. Es, en una
palabra, para el observador sobrio e imparcial, *el único partido que
existe.*"[63]

Al contrario de lo que sostenía la "ciencia de pacotilla" del
profesor Ferri, esta dualidad de funciones a que las condiciones
particulares del país obligaba al Partido Socialista no constituía
una limitación para el proyecto de nueva sociedad, sino condiciones favorables para su despliegue. La indefinición estructural de las fronteras de clase, la notable movilidad social imperante en Argentina podían ser altamente favorables a una
evolución socialista si, tal como ocurría en Australia o Nueva

Zelanda —países a los que Justo aproxima al nuestro—, una inteligente política de reformas de la propiedad del suelo permitía

"la formación de clases enteras de nuevos propietarios que, porque son nuevos, están tocados por el espíritu socialista y, dígalo o no la ley escrita, saben que su derecho de propiedad es condicional, relativo, prescriptible".

El hecho de que en tales países no existieran partidos socialistas, tal como concebía a éstos el juicio superficial y limitado de Ferri, no invalidaba que el partido obrero de Australia, o el partido progresista neozelandés hicieran realmente socialismo aunque no se proclamaran como tales. En las condiciones argentinas, la circunstancia de que un avanzado partido de reformas utilice una metodología socialista y defiende como objetivo futuro una sociedad sin clases constituye por tanto una virtud, el reconocimiento de una posibilidad abierta por la historia de un paso menos doloroso y ¿por qué no? más acelerado hacia esa nueva sociedad. El partido radical a la francesa, recetado con total ligereza por Ferri a los socialistas argentinos, no tenía en ese país espacio alguno y sus equivalentes funciones debían ser cumplidas por una organización distinta.

"Ferri cree haber desautorizado el socialismo en este país —dice Justo—. Lo habrá robustecido si reconocemos las medias verdades contenidas en sus temerarias afirmaciones. Dice que desempeñamos la función de un partido radical a la europea; pongamos entonces mayor empeño en llevar a su madurez de juicio a los radicales doctrinarios que haya en el país, hagámosles sentir y comprender que su puesto está en nuestras filas. Presenta como un obstáculo al socialismo la actual economía agrícola argentina; dediquemos, pues, mayor esfuerzo a la política agraria, que ha de acelerar la evolución técnico-económica del país, y también su evolución política, enrolando en nuestro partido a los trabajadores del campo."[64]

Si la perspectiva estratégica de Justo incorporaba como un elemento esencial una propuesta de profundas reformas estructurales en la propiedad agraria, de esto se desprendían dos consecuencias respecto de las cuales mostró una sorprendente lucidez: 1) la necesidad de prolongar organizativa y políticamente la acción socialista al mundo rural, incorporando a los trabajadores del campo a las filas del partido; 2) una propuesta de bloque social entre trabajadores urbanos y pequeños y medianos productores agrarios, de la que el Partido Socialista debía ser motor impulsor. La preocupación de Justo por encontrar las vías aptas para constituir este bloque urbano-rural fue tan grande que dedicó buena parte de su pensamiento y de su acción al estudio del problema. Y para poder llevarlo a cabo se instaló durante cuatro años en una población del interior de la provincia de Buenos Aires que le permitió mantener un contacto estrecho con el mundo rural. Durante su estadía en Junín, a partir de 1899, Justo estudió las particularidades de la cuestión agraria argentina y dio las bases para el programa de su partido sobre el tema. Dado su conocimiento de la literatura del socialismo europeo, es posible que dispusiera de los materiales fundamentales del debate sobre la cuestión agraria que por esos años se suscitó en la socialdemocracia alemana. Lamentablemente, el tema aún no ha sido estudiado desde esta perspectiva. De su preocupación por este problema dan buena cuenta sus numerosos artículos y conferencias,[65] pero también sus observaciones sobre las limitaciones de la acción socialista cuando, como en el caso de Australia, por ejemplo, se muestra incapaz de conquistar el apoyo "del partido de los chacareros". ¿Pensaba Justo que en las condiciones argentinas era posible y conveniente un partido político que representara a ese sector? ¿Hasta qué punto la proximidad política e ideológica con el Partido Demócrata Progresista y con su líder, Lisandro de la Torre (expresión de un bloque agrario democrático de la "pampa gringa"), reconocía como fundamento la posición de Justo favorable a una autonomía política y organizativa de los medianos y pequeños productores agrarios?

Quizás en ningún otro texto como el de la polémica con Ferri aparece de manera tan traslúcida, y tan libre de obstáculos teóricos y prácticos insuperables, la visión que tenía Justo de la evolución probable del país. La clave fundamental, la palanca de la que había que servirse para modificar la situación en un sentido progresivo era la recomposición del sistema político, porque sólo desde allí se tornaba posible una acción transformadora que aventara las rémoras que entorpecían la evolución técnico-económica. La presencia de una numerosísima clase trabajadora, a la que consideraba como carente de atavismos irreductibles a la labor educativa del socialismo, y la incuestionada confianza en la potencialidad "racionalizadora" emergente de la condición de "país nuevo" de la Argentina, conducían a Justo a subestimar la naturaleza y solidez de las resistencias estructurales e ideológicas a una política de reformas que, en última instancia, sólo hacía depender de esa recomposición del sistema político. Si la evolución política era un hecho esencialmente cultural, y no podía a corto o mediano plazo ser incompatible con la evolución técnico-económica que, como tal, estaba exenta de concretas determinaciones de clase, las barreras y los límites hacia una evolución progresiva de la sociedad sólo podían ser superfetaciones, excrecencias fácilmente extirpables de un tejido social esencialmente sano. El atraso, los parasitismos, las sedimentaciones pasivas no constituyen elementos inseparables de la morfología concreta de lo "nuevo", sino apenas expresiones de lo viejo que una inteligente política transformadora debe superar. Reconociendo la necesidad de la reforma de estructura como camino ineludible para la conquista de un ordenamiento político democrático, lo que Justo y los socialistas argentinos no pudieron llegar a comprender es que ni una ni otra cosa podía ser lograda sin una transformación radical de la economía y de la política, esto es, sin una recomposición global de las masas populares en torno a una estrategia de alternativa a todo el sistema, no sólo político, sino también, y fundamentalmente, económico-social.

En la capacidad, o quizá resultaría más exacto decir en la posibilidad, de formular una estrategia semejante —que no sólo estuvo ausente entre ellos, sino en todo el movimiento social en su conjunto— se fundaban los presupuestos para superar el plano exquisitamente formal en que Justo instalaba la constitución del bloque social transformador. El deslizamiento hacia un fácil sociologismo, en un pensador tan sensible al reconocimiento del papel primordial de la política, aparece así como un resultado necesario de una concepción que desplaza hacia un futuro imprevisible el único elemento capaz de otorgar una dirección políticamente eficaz a toda la acción del movimiento social. Ausente una estrategia de alternativa, la potencialidad propia del movimiento social desaparece en la práctica de una institución política cada vez más inclinada a la acción parlamentaria. Los éxitos electorales condujeron desde 1914 en adelante a una creciente parlamentarización de toda la actividad política del Partido Socialista, a cuya consolidación contribuyó poderosamente una estructura interna de sus núcleos dirigentes cada vez más dependiente del bloque parlamentario. Pero lo que interesa señalar es que, en Justo, el parlamentarismo es el resultado inevitable de los límites de su propuesta antes que una convicción. Creyéndose a salvo "de todo fetichismo político, de toda superstición por el poder de los hombres que hace leyes y decretos", Justo quedó finalmente envuelto en las finísimas mallas de una estructura peligrosamente proclive a subrogar con la acción parlamentaria las durísimas luchas sociales y políticas que llevaron a cabo por esos años las masas populares argentinas. Exagerando la rigidez organizativa y política de sus instituciones y el puritanismo moral de sus militantes, el Partido Socialista, bajo la impronta de Justo, acabó siendo finalmente fácil presa de los arribistas a los que atrajeron sus éxitos derivados de la incorporación al sistema político existente.[66]

Las consecuencias de una perspectiva semejante sobre el accionar político concreto de los socialistas, sobre su forma de construir la política y de vincularse con las masas, resultan previsibles. Al privilegiar la dimensión formal-institucional en la percepción del movimiento de las clases subalternas, tendieron a dejar de lado, mucho más de lo que conscientemente querían, todas aquellas corrientes programáticamente indefinidas, vinculadas a tradiciones políticas pasadas, o expresivas del larvado malestar social y que de un modo u otro se mostraban renuentes al organicismo socialista. Aceptando de hecho el parlamento como sede esencial de la dilucidación del conflicto, menospreciaron y hasta ridiculizaron el espontaneísmo subversivista de los anarquistas y la contradictoria búsqueda de un encuentro con el movimiento obrero por parte del yrigoyenismo. Mientras se mostraban atentos a las fragmentaciones del bloque oligárquico y siempre esperanzados en el efecto regenerador que sobre sus mentes más lúcidas podía lograr la aceptación de la legitimidad civilizadora de las reformas propuestas, rechazaban con violencia toda reforma de hecho si venía envuelta en el ropaje mesiánico y personalista que caracterizó al radicalismo.

Si el socialismo era un resultado directo de la democracia, y ésta sólo era posible como superación del atraso político de las masas y como conquista de su propia autonomía política y organizativa, todos aquellos movimientos vinculados de algún modo a este atraso debían ser combatidos para que el progreso pudiera abrirse paso. Anarquistas y radicales se convertían de tal modo en los dos obstáculos fundamentales para que el Partido Socialista pudiera desempeñar el papel excepcional de gestador de un sistema político estable, dinámico y permisivo a las exigencias de democratización avanzada. El bloque eventual de las clases subalternas era de hecho fragmentado en dos sectores antagónicos y en relación de competencia según un abstracto criterio de modernidad que dejaba fuera un reconocimiento acertado de la naturaleza real del conflicto de clases. Es verdad que el sectarismo no era patrimonio exclusivo de los socialistas, que los anarquistas se oponían a todo tipo de acuerdos o alianzas que reconocieran de algún modo la necesidad de la acción política de los trabajadores; es también cierto que el radicalismo pretendía reconstruir en su interior la sociedad entera y rechazaba por principio una perspectiva de acuerdo a corto o a mediano plazo con los socialistas. Duramente enfrentados en torno a la conquista de las masas trabajadoras urbanas, hasta los años veinte, las contradicciones que, por razones de clase, de visión del mundo, de cultura, de competencia y de estilo político, arrastraron a socialistas y radicales a conformar dos corrientes adversas, se convirtieron en abierto e insuperable antagonismo cuando después de la crisis de 1919 el radicalismo mostró una peligrosa proclividad a buscar soluciones autoritarias, xenófobas y represivas para resolver un conflicto social al que la revolución europea ayudaba a visualizar como enormemente más disruptivo de lo que en realidad era.

No se trata de determinar culpabilidades, sino de analizar un mecanismo de reciprocidades a través del cual la indisponibilidad radical era causa y efecto al mismo tiempo del sectarismo aristocratizante de los socialistas. Y para el caso es posible que resulte de extrema utilidad reconstruir de manera científica y no hagiográfica el comportamiento de ambos sujetos en la crisis de 1919. Porque fue precisamente durante esa crisis cuando la intuición de una dirección de progreso que poseyó siempre a Yrigoyen mostró una capacidad inesperada para entrever la posibilidad de una resolución de la crisis que abriéndose a las reformas sociales fundara en éstas las bases para la instauración de un sólido régimen de democracia avanzada. Si el bloque que las clases propietarias supieron constituir con una pequeña burguesía aterrorizada por la irrupción violenta de las clases populares imposibilitó esta salida, el hecho de que hubiera sido planteada y de que el movimiento social no la hubiera impulsado es bastante ilustrativo de esa profunda incomprensión de la morfología nacionalmente diferenciada en que se presentaba la posibilidad de un nexo entre democracia y socialismo. De esa incomprensión los socialistas en general, y Justo en particular, son en buena parte deudores. Alejados como estuvieron de toda perspectiva de poder, no alcanzaron a vislumbrar hasta qué punto la crisis social y la disponibilidad de Yrigoyen los colocaba objetivamente ante una responsabilidad dirigente que sólo pudieron eludir, porque la consolidación de una democracia de tendencias radicales y sociales, tan pregonada por ellos, estaba colocada en un plano formal y no práctico. El hecho de que no tuvieran una consciencia cabal de la magnitud de la crisis muestra cómo, aun más allá de las convicciones de Justo, el Partido Socialista no era otra cosa que un "partido de oposición".[67]

El menosprecio de Justo por las formas concretas que asumía en Argentina la incorporación de las masas populares a la lucha política, formas obsesivamente identificadas con la incultura y el atraso, lo llevaba inexorablemente a excluirlas de la reflexión y a combatirlas en la práctica, contraponiéndoles aquellas instituciones "legítimas" de los trabajadores. Paradójicamente, la concepción de un capitalismo sano y otro parasitario encontraba las maneras de prolongarse sobre el movimiento social para legitimar un tipo de institucionalidad e invalidar otra. La distinción entre acción política, sindical y económica, como actividades diferenciadas y sin conexiones reales, salvo sus objetivos finalistas, que no es sino el modo en que opera sobre la propia clase el proceso de reproducción del capital, era admitida como naturalmente válida. Entre economía y política no podía existir otro nexo que el naturalmente implícito en esa unidad de objetivos presupuesta en la clase. El concepto de autonomía de las instituciones, que en el pensamiento de Justo adquiría un relieve particular por ser considerado el principio fundante de la independencia del movimiento sindical o cooperativista con respecto a corrientes políticas determinadas, resultaba al final soslayado porque faltaba siempre el momento de la unidad, de la recomposición teórica y práctica de todo aquello que el capitalismo tiende a fragmentar y contraponer. Las consecuencias negativas de esta ausencia de unidad entre economía y política operaba en dos sentidos:

1. Con referencia estricta al movimiento sindical, la autonomía tendía a mutarse en indiferencia. La responsabilidad política del partido por la creación y ampliación de los organismos sindicales se diluyó cada vez más en una práctica que hacía recaer sobre la buena voluntad de sus militantes una tarea de decisiva importancia para transformar al Partido Socialista en un verdadero partido de los trabajadores. Ya hacia 1913 Jean Longuet, en una rápida síntesis de las características distintivas del socialismo argentino, observaba la débil composición obrera del partido:

"El movimiento socialista argentino cuenta en sus filas con personalidades universitarias eminentes y sus principales militantes: Justo, Palacios, Ugarte, son intelectuales muy estimados. Pero ofrece el defecto frecuente en los movimientos socialistas de los países latinoamericanos de no ser en grado suficiente un movimiento obrero, encuadrado y dirigido por hombres salidos de la clase obrera. Este desagradable estado de cosas tiene por resultado y al propio tiempo por excusa, el estado inorgánico del movimiento sindical argentino."[68]

Cuando la corriente de izquierda, preocupada por modificar esta situación, inició en 1914 la experiencia del Comité de Propaganda Gremial, organismo formado por militantes obreros socialistas con el propósito de ayudar a la constitución de nuevos sindicatos y de investigar las condiciones de vida y de trabajo de los obreros, su actividad se vio en un inicio facilitada —por así decirlo— por la indiferencia de los organismos partidarios, pero luego fue despertando una resistencia tan enconada que impulsó al Comité Ejecutivo del partido a disolverlo en 1917.[69]

2. Con respecto a las masas populares, el rechazo de las formas inorgánicas de sus manifestaciones y el privilegiamiento de ciertas instituciones frente a otras alimentaba ese doctrinarismo connatural de las formaciones socialistas. Esta segunda consecuencia no era menos gravosa que la primera por cuanto conducía a profundizar el aislamiento del Partido Socialista frente al movimiento democrático y obrero, influido por el anarquismo y las corrientes sindicalistas y próximas al gobierno radical. Al ser consideradas como expresivas del atraso, dichas masas eran desestimadas en su potencial disruptivo, que tenía como origen su propensión a hacer estallar esa cisura entre economía y política que los socialistas se mostraban pre-

dispuestos a legitimar en la teoría y en la práctica del movimiento.

La transformación de la doctrina de Marx en un canon interpretativo basado en la unidad tendencial de *evolución técnico-económica* y *evolución política* conducía a Justo a desconocer el hecho esencial de que no era el "atraso" sino precisamente la "modernidad" capitalista la que estaba subyacente en la morfología concreta que adoptaba el proceso de constitución de las masas populares. La visión de una transparencia de las relaciones entre vida económica y vida política en la sociedad argentina, derivada de la ausencia de las sedimentaciones pasivas que caracterizaban a la sociedad europea (y aún a los Estados Unidos, para el caso concreto del peso excesivo que tenían en su vida social los movimientos religiosos y sectas confesionales), concluía en el fácil sociologismo de privilegiar una institucionalidad perfecta que sólo existía en los papeles y que condujo al Partido Socialista a estrellarse infructuosamente con la opacidad de un mundo irreductible a la transformación proyectada.

Quizás entonces no resulte erróneo pensar que es precisamente allí, en esa idea de transparencia que impregna todo el pensamiento de Justo, donde es posible rastrear los límites últimos de una hipótesis condenada a la esterilidad política en la medida en que colocaba en un terreno primordialmente "pedagógico" la tarea histórica de conquista de las masas populares para un proyecto socialista. Al sobredimensionar el grado de homogeneidad capitalista de la formación económico-social argentina y la virginidad política e ideológica de las clases populares, Justo se ve impulsado por la propia lógica de su razonamiento a simplificar los términos de la lucha de clases. Si en las condiciones particulares del país las contradicciones del sistema económico podían reflejarse especularmente en las luchas de las masas en virtud de que no estaban mediadas, ni por tanto veladas, por fuertes cristalizaciones superestructurales, la irrupción violenta de la "cuestión social" en la Argentina de fines de siglo expresaba de hecho, en opinión de Justo, la "modernidad" del conflicto. El pronunciado subversivismo de las clases populares era, por lo tanto, más demostrativo de la maduración de una conciencia de clase que la reacción negativa y elemental de un sector de la sociedad sin conciencia exacta de su propia personalidad histórica, y ni mucho menos de las características y de los límites de las clases dominantes.

El hecho de que esta modernidad no lograra todavía expresarse en un desplazamiento significativo de los trabajadores hacia posiciones socialistas representaba un mero problema de atraso político y cultural al que una constante y generalizada labor de educación socialista podía superar en un tiempo que se preveía relativamente corto. De ahí que la lucha ideológica en contra de las corrientes anarquista y sindicalista, en cuanto que expresivas de esos rasgos de atraso cultural,[70] y la acción divulgativa de los conocimientos científicos constituyeran el núcleo fundamental de la política cultural del Partido Socialista. Las formas ideológicas a través de las cuales el movimiento social se había constituido históricamente aparecían así como fácilmente reemplazables por una nueva forma que tenía detrás el peso incontrovertible de una experiencia mundial y del avance de la ciencia.

La tarea era concebida en términos primordialmente pedagógicos porque se partía del supuesto, nunca sometido a crítica, de la extrema plasticidad de la clase obrera argentina, formada en gran parte por inmigrantes a los que su "capacidad de organización" les asegura un pasaje sin problemas a "un tipo social superior". El equívoco residía en la total incomprensión del nexo que vincula indisolublemente el proceso de *constitución* de la clase como tal y las *formas* ideológicas e institucionales en que dicho proceso se expresa. Desde esta perspectiva, ni el anarquismo, ni el sindicalismo, ni tampoco el radicalismo —en todo lo que éste tuvo de experiencia propia de las clases subalternas— eran meras concepciones erróneas, fenómenos políticos espurios derivados de la ignorancia de las masas, sino formas ideológicas de una morfología singular del movimiento obrero, morfología que, en sus características distintivas, no podía dejar de estar estrechamente vinculada a las características propias del capitalismo argentino, por lo que plantearse una recomposición del movimiento obrero y popular implicaba todo lo contrario de una acción política fuertemente teñida de pedagogismo abstracto. Presuponía nada menos que una reformulación de toda la estrategia global, que obligara a la propia clase y a sus formas organizativas a modificarse a sí mismas en el proceso de transformación de sus relaciones con el resto de la sociedad.

Para los socialistas de comienzos de siglo, la radicalidad y extensión del movimiento social constituían una prueba incuestionable de la presencia de fuertes elementos de conciencia de clase. Sin embargo, la cuestión esencial no residía en este reconocimiento, sino en la posibilidad de determinar con precisión el carácter y la naturaleza distintivos de tal conciencia. Aun cuando el movimiento obrero se situaba, con toda la diversidad de sus manifestaciones y corrientes ideológicas, en un terreno de genérica definición clasista, la conciencia que lo inspiraba era más negativa que positiva, más destructiva que constructiva. Instaladas históricamente en un plano al que podemos definir como "corporativo", las clases trabajadoras sólo podían adquirir conciencia de sí en la medida en que se mostraban capaces de cuestionar lo existente, de negar toda la institucionalidad a través de la cual las clases dominantes ejercían su poder, lo cual explica el carácter predominantemente "antiestatal" que tiñó todo el proceso de constitución del movimiento social proletario. Si únicamente a condición de "escindirse" del cuerpo social, de verse a sí misma como algo separado y autónomo con respecto a dicho cuerpo, puede la clase obrera adquirir conciencia de su perfil propio y definir a su adversario, ¿por qué pensar que las cosas debían ocurrir de diferente manera en la Argentina? Si ésta es una característica universal de la constitución como clase de los trabajadores, ¿no es absolutamente comprensible que lo mismo ocurriera con el proletariado argentino y que fueran también aproximables ciertas formas ideológicas predominantes en las fases constitutivas? Colocadas objetivamente en un plano de cuestionamiento global al sistema, las clases trabajadoras encuentran en las ideologías contestatarias el cuerpo teórico a través del cual la realidad se les torna legible.

Pero el problema consiste en que si bien la escisión es el acto fundacional de la clase, ésta sólo puede alcanzar capacidad hegemónica y transformarse en "nacional" si la escisión como tal es superada en el sentido hegeliano de la palabra, es decir, si en un proceso que se despliega en un tiempo histórico determinado el proletariado muestra una capacidad siempre acrecentada de recomponer en la acción política la totalidad social. En cierta manera, ésta es una verdad que muy tempranamente comprendió Justo, lo cual le permitió entrever dónde residían los verdaderos límites de la acción obrera. La actividad teórico-práctica que conduce a la clase obrera a transformarse en una *clase nacional*, o dicho con otras palabras, a transformarse en una fuerza social capaz de convertir sus intereses en los intereses de toda la nación, presupone necesariamente superar el antiestatismo inicial, ese vago cosmopolitismo prepolítico que distinguió el accionar de los trabajadores argentinos y que resultaba no tanto, o no sólo, de su composición nacional heterogénea, sino de ese tránsito obligado de la escisión a la totalidad que debe recorrer históricamente una clase para llegar a ser tal.[71] El cosmopolitismo del proletariado argentino era, en consecuencia, un resultado inevitable de su actitud negativa ante el Estado y la lucha política, actitud que encontraba formas de cristalización teórica y política en las ideologías orgánicas que le daban identidad. Como señala acertadamente Gramsci,

"el concepto de revolucionario y de internacionalista, en el sentido moderno de la palabra, es correlativo con el concepto preciso de Estado y de clase social; por oposición, la escasa comprensión del Estado significa a la vez la escasa conciencia proletaria, pues la comprensión del estado existe no sólo cuando se lo defiende, sino también cuando se lo ataca para transformarlo. De la escasa comprensión del estado y de la conciencia proletaria se deriva la escasa eficiencia de los partidos políticos".[72]

En nuestra opinión, Justo advirtió esa doble raíz del *cosmopolitismo* obrero argentino y lo prueba el hecho de que su hipótesis se basara esencialmente en las propuestas de: 1) nacionalización de las masas trabajadoras, y 2) acción política de la clase obrera; propuestas ambas que por sí mismas implican una lucha política por superarlo. Comprendió, quizá como nadie en su época, la necesidad de que el recientemente formado Partido Socialista se fijara como tarea prioritaria la lucha por la incorporación de los trabajadores extranjeros a los organismos del movimiento obrero, como elemento de decisiva importancia para la conquista de la plenitud de los derechos políticos por él concebidos como el supuesto inderogable de toda lucha de clases moderna. Y en la aplicación de estas propuestas llegó a ser de una inflexibilidad tal que a veces colocó al joven partido ante la disyuntiva de su fraccionamiento.[73]

Era en el terreno común de la lucha por la imposición del sufragio universal, de la libertad política ilimitada, del gobierno de las mayorías y del respeto de las minorías donde habría de operarse la fusión de las masas "extranjeras" y de las "nacionales" que posibilitara la formación de un movimiento de masas moderno y por lo tanto compatible con la modernidad alcanzada por el desarrollo de las fuerzas productivas en la Argentina. La función esencial del partido debía ser, por esto, la de prolongar hacia la sociedad política la madurez de un conflicto social al que sólo veía oscurecido por la ignorancia de las clases dominantes y la inmadurez de las clases populares, explicables ambas por "la poca actuación política del pueblo argentino".[74] El sonambulismo histórico de las masas encontraba una posibilidad de superación porque había surgido en la sociedad una nueva organización política que, "armada de todos los recursos que proporciona el progreso del intelecto humano, y guiada por la ciencia", podía orientar todo el proceso hacia la meta de la emancipación social.

Pero una vez planteada esta perspectiva estratégica, surgía el problema concreto de los caminos a transitar para que el movimiento obrero argentino se movilizara en torno a estas propuestas y las hiciera totalmente suyas. ¿Cómo hacer para que una clase instalada en un terreno de acción tendencialmente anarquista o sindicalista, y despreocupada de la lucha política, se desplazara hacia posiciones socialistas? ¿Cuál debía ser, en consecuencia, la relación entre el Partido Socialista y el mundo popular subalterno? ¿Hasta qué punto la ausencia de Justo de una comprensión acabada de las condiciones particulares en que sus objetivos proyectados debían ser llevados a cabo concluía invalidándolos? ¿En qué medida la falta de sensibilidad y de comprensión por ese mundo de los "humillados y ofendidos", renuente a integrarse a la institucionalidad de clase prefigurada, que era su característica personal —y no sólo la de él, sino también la de todo el núcleo dirigente que contribuyó decisivamente a formar—, establecía una barrera infranqueable con esas mismas masas a las que se pretendía conquistar?[75] La falta de respuestas teóricas y prácticas a todos estos interrogantes evidencia el límite que no pudo superar la hipótesis de Justo, y que expresaba, en última instancia, una porfiada negativa a reconocer la legalidad propia de ciertas tendencias profundas de la sociedad argentina, que la remodelación de la Nación y del Estado no alcanzó a destruir. El proceso de nacionalización de las masas, que era la aspiración esencial del proyecto de Justo, tenía un efecto contradictorio que, por convicciones o por temperamento, nunca pudo visualizar. Lograr que las masas trabajadoras, en su mayor parte extranjeras, pudieran convertirse en sujetos políticos detentadores de plenos derechos ciudadanos significaba también el reencuentro con una tradición histórica cuya apropiación mostraba ser una condición necesaria para que el proceso pudiera llevarse a cabo, para que la conquista de una identidad nacional pudiera ser finalmente el problema por todos compartido.

A través de un razonamiento que, por enfatizar el carácter capitalista "puro" —para decirlo de algún modo— de la formación económico-social argentina, concluye despojando de connotaciones históricas concretas el proceso de constitución de las masas populares, Justo es arrastrado a una simplificación iluminista, y en el fondo paternalista, de los términos complejos en los que se produce la maduración política de las fuerzas sociales. Si se arranca, como él hace, de una relación especular, inmediata, entre subversivismo de masa y modernidad clasista del conflicto, se concluye no entendiendo la dinámica del movimiento real, pero a la vez se limita en la teoría y en la práctica la potencialidad estratégica del organismo político de los trabajadores, se vuelve imposible la formulación de un proyecto general articulado y de vastos alcances alrededor de la conquista del Estado y de la transformación revolucionaria de la sociedad. Y es aquí donde más clara aparece la distancia entre su pensamiento y el cuerpo de ideas fundamental del marxismo. Porque mientras para Marx la autoemancipación de los trabajadores presuponía siempre una compleja dialéctica entre movimiento histórico de la clase ("movimiento real") y capacidad develadora de la teoría, en Justo todo el proceso es visto en términos de una explotación directa visualizable por un movimiento al que la lucha política y sindical y la asociación cooperativa —en cuanto que instrumentos decisivos y únicos de la acción de clase— permiten rápidamente adquirir los conocimientos y la disciplina necesarios para la conquista de la emancipación social. El conjunto de categorías analíticas con que Marx abordó el develamiento de la naturaleza contradictoria de la sociedad burguesa se volatilizan en un razonamiento que reduce el movimiento de la clase a un momento más del eterno e irreductible progreso del intelecto humano.[76] Desaparecido el marxismo reaparece esa vieja idea que permea todo el movimiento socialista y que Lassalle llevó a su más clara expresión: la del encuentro y fusión del proletariado con la ciencia como presupuesto de la realización de una sociedad sin clases.

5. A modo de conclusión

El punto fuerte de razonamiento de Justo, lo que hace de él un pensador "moderno" en el estricto sentido de la palabra, es decir, un político capaz de analizar la situación argentina en las nuevas condiciones creadas por una profunda extensión de las bases de la sociedad capitalista y por un ascenso notable de la voluntad organizativa del proletariado mundial, reside, como hemos tratado de mostrar, en su reconocimiento de la *necesidad* y de la *posibilidad* de la formación de un partido político autónomo de las masas trabajadoras argentinas, separado del resto del movimiento democrático y popular. Es cierto que hacia fines de siglo esta necesidad es sentida por la casi totalidad de las corrientes socialistas de otros países latinoamericanos. Aquello que lo distingue, sin embargo, es la claridad con que plantea la urgencia de superar una visión de secta para fundar en la *acción política* del proletariado, esto es, en la explicitación de un programa y en el desarrollo de la organización y de la amplia participación política de las masas, el reconocimiento del carácter históricamente necesario del proceso de superación del capitalismo.

La fuerte influencia que tuvieron en su formación política ciertas experiencias del movimiento obrero europeo (el francés y el belga, por ejemplo), su aceptación de la validez teórica y práctica del cuestionamiento bernsteiniano de la doctrina fundante de la tradición —aunque no ya de la práctica— de la socialdemocracia alemana, su aguda percepción de las limitaciones del movimiento obrero inglés, lo reafirmaban en su hipótesis inicial que hacía descansar en la introducción, en el sistema político argentino, de una formación política de clase establemente organizada la única posibilidad de superar la contradicción cada vez más gravosa entre el "atraso" de tal sistema político y la "modernidad" capitalista de su ordenamiento económico. Los trabajadores argentinos, en el mismo acto de constitución de su organización política propia, creaban los presupuestos necesarios para que su lucha por la conquista de una democracia económica implicara de hecho la realización de la democracia política. Y, en tal sentido, debe reconocerse que la fundación del Partido Socialista no sólo significó el surgimiento de la primera organización política del proletariado, sino también el punto de arranque del proceso de formación de los modernos partidos políticos en Argentina.

Cuando en 1933 uno de los más importantes dirigentes de ese partido realizó un balance de la actividad teórica y práctica desplegada por él en sus casi cuarenta años de existencia, en pocas palabras ofreció una síntesis que ilustra con bastante precisión lo que quiso ser la hipótesis de Justo. Una síntesis precisa, pero a la vez reveladora no tanto por la distancia que podamos encontrar entre sus propósitos y sus logros efectivos, como por el hecho de que en su escueta formulación se destacan con nitidez las razones de su falencia:

"La clase obrera orientada por una doctrina de la historia y por un ideal de perfeccionamiento realiza en el país una actividad propia y autónoma que difiere fundamentalmente de la actitud asumida por los gauchos en su posición instintiva y regresiva en los primeros años de la vida independiente. La clase obrera no va contra la máquina, no persigue a los inventores, no se pone al servicio de ambiciones caudillistas para servir de masa de choque en los conflictos de grupos burgueses. Acepta la técnica, busca inspiración en la ciencia y quiere desplegar una acción propia sin encerrarse, empero, en forma tan absoluta que no prevea (como lo hacen los estatutos del Partido socialista aprobados en 1896) alianzas y pactos con otros partidos y agrupaciones para la defensa de un mínimo común interés. Partido Socialista, gremios obreros, cooperación libre, centros de cultura proletaria, realizan una gran tarea nacionalista que los gobiernos no habrían sabido realizar. En este país de inmigración esos organismos tienen a su cargo la función de 'asimilación nacional' de los extranjeros que conociendo el idioma, la idiosincrasia, las leyes y la organización política y civil del país, dejan de ser metecos, se ciudadanizan y se incorporan a él definitivamente. Sólo la escuela primaria puede mostrar una tan grande obra de asimiliación nacionalista como la desarrollada por los órganos del movimiento autónomo e integral de la clase obrera organizada sobre bases socialistas. La lucha de clases ha cumplido y cumple una tarea profundamente civilizadora. Asimiló a los extranjeros, elevó al pueblo educándolo políticamente, y mejoró la política obligando a los partidos burgueses a darse una organización moderna."[77]

En estas formulaciones de Américo Ghioldi, que en el interior del socialismo argentino apareció por muchos años como un fiel seguidor del pensamiento de Justo, se evidencian claramente las virtudes pero a la vez las limitaciones que encerraba este proyecto de democratización económica, social y política de la nación argentina. Virtudes, porque no se puede explicar la irrupción de la problemática de la nación que compromete el pensamiento y la acción del movimiento social de los años treinta sin toda esa labor desplegada desde fines de siglo por el Partido Socialista.[78] Limitaciones, porque dicho proyecto se fundaba en una concepción del proceso de transformación social que podía dar cuenta de la realidad —aun con todas las restricciones señaladas— sólo a condición de que la propia realidad fuera, o permaneciera siendo, aquella en la que efectivamente los progresos de la ciencia y de la instrucción pública tendieran objetivamente a permitir o facilitar soluciones pacíficas, no violentas, en una palabra, "reformistas", de los conflictos sociales. El hecho de que Ghioldi reafirme la validez de la propuesta de Justo tres años después de un golpe de Estado que destruyó el ordenamiento institucional de la República y la legalidad del movimiento social, elementos ambos sobre los que se asentaba la hipótesis reformista, demuestra hasta qué punto el criterio de realidad fundante del gradualismo justista se había esfumado entre las sinuosas mallas del transformismo burgués. El proyecto inicial de una reforma democrática del Estado por medio de la presión organizada de las masas trabajadoras cedía su lugar a las más pobres justificaciones ideológicas; las miserias del presente eran exorcizadas recurriendo a las virtudes creadoras de la ciencia. Las palabras eran las mismas, sólo la realidad era distinta.

Para cerrar la profunda cisura abierta entre las palabras y las cosas hubiera sido necesario hacer algo que la izquierda argentina no hizo ni pudo hacer, y no sólo en las inéditas condiciones de los años treinta, sino tampoco años después, cuando el ascenso del peronismo volvió a plantear la temática de la actitud del movimiento obrero y socialista frente a las experiencias del reformismo burgués. Porque la actitud socialista —y también la comunista— de oposición global e irrestricta a los gobiernos radicales (1916-1930) no fue un hecho casual y pasajero, ni el error de cálculo de una táctica circunstancial, sino el resultado lógico de una forma de percibir la realidad de los movimientos sociales, de la política y de la naturaleza del capitalismo que ya está toda presupuesta en las concepciones de Justo. En la medida en que las posiciones adoptadas por ambas fuerzas políticas de la izquierda argentina contribuyeron, no podemos precisar aquí hasta qué punto, a erosionar los obstáculos que se interponían al triunfo del golpe de Estado en 1930, el análisis de las razones que condujeron a la derrota de un movimiento nacional y popular, como era —no obstante todas sus limitaciones— el yrigoyenista, hubiera obligado también a cuestionar los fundamentos de una política basada en la identificación del bloque de fuerzas populares como los enemigos frontales del proletariado.

Y aquí está, indudablemente, el momento de extrema debilidad del razonamiento de Justo, pero también el de toda la izquierda argentina; la incapacidad de comprender en la teoría y en la práctica que la sustitución de un ordenamiento capitalista por otro ordenamiento económico, social y político distinto, fundado sobre nuevas relaciones de producción y de propiedad, no sólo supone el ascenso al poder de la clase obrera, sino también —y nos atreveríamos a decir, esencialmente— de un bloque de fuerzas sociales y políticas que, como tal, modifica los contornos y funciones de todas las clases, incluida, claro está, la propia clase obrera. Lo que no entendía Justo, pero no sólo él, sino tampoco el maximalismo que lo denostaba por "reformista", era que el dilema falso entre reformismo y maximalismo que dividía al movimiento obrero argentino por esos años, y que lo siguió dividiendo de ahí en adelante, no era sino una forma ideológica, y por tanto velada e inconsciente, de reproducir en su propia interioridad la división entre economía y política sobre la que se asienta la posibilidad incontrastada de reproducción del sistema al que se creía afectar con uno u otro tipo de acción obrera.

El socialismo que precedió a la crisis del treinta —cuando hablamos de tal no nos referimos exclusivamente al partido de Justo, sino también a corrientes que, como el anarquismo, el sindicalismo y el comunismo, defendían proyectos finalistas orientados al logro de una sociedad socialista— se mostró incapaz de diseñar una estrategia orientada a dilatar en la teoría y en la práctica las funciones de la clase obrera argentina, no sólo aquellas referidas a su definición económico-corporativa (políticas, sindicales, cooperativas y culturales), como hizo precursoramente Justo, sino aquellas otras que podían convertirlas en una clase nacional, esto es, en la fuerza dirigente de un nuevo bloque social y de un nuevo proyecto de sociedad. Las limitaciones de su pensamiento, que eran también y en buena parte, limitaciones de la propia realidad, impidieron a Justo tener una concepción certera de esta funcionalidad "hegemónica" de la clase obrera y de los trabajadores en general. Hoy sabemos hasta qué punto esto constituyó un límite de todo el socialismo. De todas maneras, lo que rescatamos de su pensamiento y de su acción fue la lucidez y la integridad moral con que defendió un proyecto de democratización radical de la sociedad argentina de la que el proletariado y el partido político que contribuyó a fundar debían ser los protagonistas fundamentales.

NOTAS

[1] Ya a comienzos de siglo Werner Sombart había de poner en duda la necesidad de la coincidencia entre capitalismo y desarrollo de un movimiento obrero socialista. En 1906 publica un ensayo titulado sugerentemente *Warum gibt es in den Vereinigter Staaten kein Sozialismus?*, con el propósito, al final no logrado, de dar una respuesta a la refutación práctica que la experiencia predominante en los países anglosajones hacía de su tesis sobre el socialismo como expresión ideológica necesaria derivada de la existencia económico-corporativa inmediata de los trabajadores. Para la conciencia socialista de fines de siglo, la experiencia de la sociedad americana obligaba a una ampliación considerable de la teoría marxista y a la necesidad de un enriquecimiento de la imagen que se tenía del socialismo. Como es evidente, analizar la experiencia socialista en los Estados Unidos sólo en términos de "fracaso" impide plantearse la verdadera pregunta: hasta qué punto hubo o no una "americanización" de las doctrinas socialistas y a qué organizaciones dieron vida dichas doctrinas que significaron un momento de relevante importancia en la constitución de la clase obrera norteamericana. Pero un estudio de este tipo requiere necesariamente estudiar la historia del socialismo norteamericano no sólo en relación con la evolución social y económica del país, sino también preguntarse de qué manera tal historia estuvo unida a la del socialismo europeo.

[2] Karl Marx, *El dieciocho Brumario de Luis Bonaparte*, en Marx-Engels, *Obras escogidas*, Moscú, Editorial Progreso, 1973, t. I, p. 416. Justo utiliza estas frases de Marx para mostrar que, al igual que en los Estados Unidos, en la Argentina resulta imposible mantener el carácter exclusivamente "obrero" del Partido Socialista, el cual sufre, como la sociedad en su conjunto, un incontrolable proceso de movilidad social. "Es un país aquél, y quizá lo es en bastante grado éste, en que un proletariado puede llegar en un período relativamente breve a la situación de empresario, de patrón, de capitalista más o menos gran-

de, y donde, por consiguiente, un partido como el nuestro, si conserva los elementos humanos que entran a formarlo [...] es seguro que ha de tener en sus filas, después de cierto número de años, cierto número de patrones, aunque sea un partido obrero y socialista" (*Relaciones del partido obrero con otros partidos*, 1921, en *La realización del socialismo, Obras*, t. VI, Buenos Aires, La Vanguardia, 1947, p. 354).

[3] Carta de Engels a Sorge del 7 de diciembre de 1889, en Marx-Engels, *Correspondencia*, México, Ediciones de Cultura Popular, 1972, p. 574.

[4] Carta de Engels a Florence Kelly Wischnewetsky, del 28 de diciembre de 1886, en *Correspondencia*, cit., p. 564.

[5] Carta de Engels a Florence Kelly Wischnewetsky, del 27 de enero de 1887: "Nuestra teoría es una teoría de desarrollo, no un dogma a aprender de memoria y a repetir mecánicamente. Cuanto menos se les machaque a los norteamericanos desde afuera y cuanto más la pongan a prueba con su propia experiencia —con ayuda de los alemanes— tanto más profundamente se incorporará a su carne y a su sangre [...] Creo que toda nuestra experiencia ha mostrado que es posible trabajar junto con el movimiento general de la clase obrera en cada una de sus etapas sin ceder u ocultar nuestra propia posición e incluso nuestra organización, y temo que si los germanosamericanos eligen una vía distinta cometerán un grave error", en Marx-Engels, *On the United States*, Moscú, Progress Publishers, 1979, p. 316.

[6] Carta de Engels a H. Schlüter, del 11 de enero de 1890, en *Correspondencia*, cit., p. 578.

[7] La correspondencia de Marx y Engels con los americanos (en su mayoría emigrantes alemanes) es bastante ilustrativa de la despreocupación por la teoría de que hacen gala. Evidentemente tenían una noción aproximada del modo de formación de la sociedad americana y de los efectos que sobre ella podían tener las sucesivas oleadas de inmigrantes y la consiguiente incorporación a la producción de una mano de obra en extremo diferenciada, tanto racial como culturalmente. Comprendieron hasta dónde resultaba difícil formar allí un tejido unitario en términos de conciencia de clase, y se sintieron inclinados a valorizar, de una manera inusual en ellos, todo movimiento *práctico* de los trabajadores; comprendiendo que, como tal, dicho movimiento no podía dejar de tener profundas implicaciones *teóricas*. Mientras sometieron a una virulenta crítica el programa de Gotha, que sirvió de base a la unificación del movimiento obrero alemán en 1875 en un único partido socialdemócrata, en el caso del movimiento obrero norteamericano estaban dispuestos a considerar de modo favorable cualquier programa que, manteniéndose en el terreno de clase, permitiera al movimiento dar un paso adelante. Esta actitud, aparentemente contradictoria, en realidad no es tal si se la analiza desde la perspectiva política en la que Marx se colocaba, y no desde las consecuencias que

se cree deducir de sus concepciones. Lo que Marx creía encontrar en el obrero alemán y lo llevaba a atribuirle una función emblemática, no podía en modo alguno descubrirlo en el obrero norteamericano, lo cual muestra hasta qué punto es errónea, o por lo menos parcial, la afirmación, que ya es casi un lugar común, de que Marx y Engels no entendieron la naturaleza específica de los partidos socialistas que se organizaron en el marco del desarrollo capitalista. Esta opinión no puede sostenerse si en lugar de tomar como patrón de medida la relación entre Marx y el movimiento obrero alemán introducimos a ésta en el contexto más amplio del movimiento obrero europeo y americano.

De todas maneras, es evidente que ambos tendieron a observar el movimiento americano con las lentes del inglés, influidos, acaso, por los elementos de convergencia que podían encontrarse en los procesos formativos de ambos. Abrigaron idénticas esperanzas en la capacidad de ambas clases obreras de superar el peso retardatario de sus respectivas tradiciones, sin comprender cabalmente cuán distintas eran entre sí. Dicho de otro modo, no pudieron imaginar hasta dónde las características de la sociedad americana colocaban al movimiento de sus clases trabajadoras fuera de las experiencias europeas conocidas, y por lo tanto también fuera de los propios esquemas marxistas, de sus fundamentos doctrinarios y hasta de sus fases de elaboración. Lo cual plantea el problema de los límites de la teoría y no simplemente los de su aplicación, terreno éste en el que, como es explicable, ni Marx ni Engels pudieron instalarse.

[8] En 1895 Juan B. Justo realiza un viaje de estudios a Estados Unidos y Europa. Desde allí envía al periódico obrero *La Vanguardia* una serie de notas que fueron luego reunidas en un folleto titulado, *En los Estados Unidos. Apuntes escritos en 1895 para un periódico obrero*, Buenos Aires, Jacobo Peuser/La Vanguardia, 1928, 2da. edición. La idea de que es en ese país donde se estaba operando un experimento vinculado al destino futuro de toda la humanidad recorre sus páginas. Veamos, por ejemplo, la comparación que hace con su propio país: "La población blanca en los Estados Unidos proviene casi toda de las naciones europeas que hoy más sobresalen por su energía y su aptitud de organización. Se ha desarrollado libre de toda traba feudal como las que aún pesan sobre algunos de los pueblos de Europa; libre de todo militarismo, porque no tiene vecinos temibles, ni colonias que defender; libre de las convulsiones de los países sudamericanos, donde la clase gobernante, de una incapacidad económica completa, ha luchado, dividida en facciones, por el privilegio de oprimir una clase inferior, ignorante y débil, o donde, como en la República Argentina, una numerosa y activa población extranjera se mantiene fuera del organismo político del país. Constituyen, pues, los Estados Unidos, entre las grandes naciones modernas, la sociedad que más se acerca al tipo industrial, y colocada en las condiciones más favorables

para su prosperidad. Si esa prosperidad está ahora matizada con miseria, si el desorden y la anarquía han hecho su aparición en la sociedad americana [...] el origen de todo eso tiene que estar en que el sistema industrial muy adelantado ya no está en armonía con las instituciones vigentes, ni con el nivel intelectual y moral de la población y exige perentoriamente en ellos un adelanto proporcional. Es en Norte América donde el capitalismo se desarrolla hoy más grande y más libre. Es aquí, pues, donde conviene estudiar su evolución" (*op. cit.*, pp. 5-6).

⁹ "El pueblo argentino no tiene glorias. La independencia fue una gloria burguesa; el pueblo no tuvo más parte en ella que la de servir los designios de la clase privilegiada que dirigía el movimiento. Pero pronto tuvo que luchar contra esta clase para defender el suelo en que vivía contra la rapiña y el absoluto dominio de los señores [...] El gaucho vio su existencia amenazada, e, incapaz de adaptarse a las condiciones de la época, se rebeló. Así nacieron las guerras civiles del año veinte y subsiguientes, que fueron una verdadera lucha de clases. Las montoneras eran el pueblo de la campaña levantado contra los señores de las ciudades [...] Los gauchos defendían el terreno que pisaban; luchaban a su modo por la libertad. Su resistencia, sin embargo, fracasó. ¿Por qué fracasó? Porque eran de una *incapacidad económica* completa; su insurrección, puramente instintiva, no tendía más que a dejar las cosas como estaban, a un imposible *statu quo*, que les permitiera seguir viviendo como habían vivido hasta entonces" (*Obras*, cit., t. VI, pp. 37-38). "Los gauchos no eran 'un pueblo lleno de la conciencia de sus intereses y de sus derechos políticos', como lo pretende el historiador López, y lo creen quienes toman en serio el mote aquel de 'Federación'; no eran tampoco una 'inmunda plaga de bandoleros alzados contra los poderes nacionales', como dice el mismo historiador. Eran simplemente la población de los campos acorralada y desalojada por la producción capitalista, a la que era incapaz de adaptarse, que se alzaba contra los propietarios del suelo, cada vez más ávidos de tierras y de ganancias [...] Poco a poco la población campesina fue domada por los mismos que ella había exaltado como jefes, y de toda esta lucha no resultó nada permanente en bien de quienes la habían sostenido: los campesinos insurreccionados y triunfantes no supieron establecer en el país la pequeña propiedad. Para ellos, ésta hubiera sido, sin embargo, el único medio de liberarse efectivamente de la servidumbre y del avasallamiento a los señores; como establecer la pequeña propiedad hubiera sido el medio más eficaz de oponerse a las montoneras y de cimentar sólidamente la democracia en el país" (*op. cit.*, p. 167). Como luego veremos, esta idea de una democracia rural cimentada en un desarrollo agrario de tipo norteamericano constituye uno de los presupuestos de la estrategia justista de un bloque urbano-rural bajo la dirección de la clase obrera.

[10] Cf. "Por qué somos fuertes", *La Vanguardia*, 1° de mayo de 1897; en *La realización del socialismo, Obras*, cit., t. VI, p. 40.

[11] Nada hay más estéril para la indagación crítica de los elementos fundantes de una identidad propia de América Latina —más allá de las diferencias y semejanzas de sus territorios nacionales constitutivos— que la idea de un continente colocado fuera de la historia universal, categoría con la que hemos aceptado designar la historia de Occidente, o dicho de otra manera la historia de la expansión mundial de la sociedad burguesa. La "utopía de América " no es, en realidad, sino una proyección mítica de la conciencia culposa de Occidente. Producto de esa civilización que nos constituyó como realidad social y cultural, no somos sino sus hijos putativos, a veces exaltados y muchas otras condenados. Ni excepción, ni perversión, no hay salvación para nosotros, en el caso de que la humanidad tenga alguna, "sin la ciencia y el pensamiento europeos u occidentales", como reconocía Mariátegui. La crisis de la racionalidad occidental es también la nuestra, y sólo desde el interior de ella y de todo lo que ella libera es posible pensar un mundo nuevo y los caminos propios que todo pueblo recorre para construir su identidad propia en ese universal colectivo que es el mundo de los hombres. Bien vista, la idea de la existencia de un "continente del porvenir" reconoce como fundamento la posibilidad abierta para toda la humanidad de construir una nueva civilización que involucra necesariamente al socialismo; en caso contrario, sólo es un sustituto ideológico del encubrimiento real del *statu quo*.

[12] *Discurso de fundación* (del 28 de junio de 1896), en *Obras*, cit., pp. 30-31.

[13] *El socialismo* (conferencia pronunciada el 17 de agosto de 1902), en *Obras*, cit., t. VI, p. 176.

[14] *Ibid.*, p 186.

[15] *La teoría científica de la historia y la política argentina* (1898), en *Obras*, cit., t. VI, p. 158.

[16] Tulio Halperin Donghi, "Una nación para el desierto argentino". Prólogo a *Proyecto y construcción de una nación (Argentina 1846-1880)*, Caracas, Biblioteca Ayacucho, 1980, p. XII.

[17] Véase, por ejemplo, el caso paradigmático del libro de Fermín Chavez, *Historicismo e iluminismo en la cultura argentina*, Buenos Aires, Editora del País, 1977. La crítica de las utopías iluministas de la clase dirigente argentina, definidas como "ideologías de la dependencia", se hace desde una perspectiva que enfatiza un "pensamiento nacional" que, aunque se reconoce que aún no está formulado como tal, subyace, según el autor, en un supuesta voluntad *historicista* de un pueblo argentino metafísicamente preconstituido. Para Chavez, "el día que la historia de la cultura argentina se escriba sobre un nuevo eje, habrá que dar el sitio y el espacio que le corresponde al pensamiento historicista o antiiluminista que transcurre de Alberdi a Taborda, y a

aquellas obras literarias que, exaltando y defendiendo lo americano de la *barbarie* europeísta, constituyen una suerte de *antifacundos* que rebaten la funesta fórmula sarmientina" (*op. cit.*, p. 30).

[18] Tulio Halperin Donghi, *op. cit.*

[19] *Ibid.*, p. XII.

[20] *Ibid.*, p. XIII.

[21] Ernesto Palacio, *La historia falsificada*, Buenos Aires, 1960; p. 24. Es, como advierte Halperin, "un antiintelectualismo propio de intelectuales, que si creen que una ideología tiene por sí sola fuerza suficiente para deshacer todo un orden secular, es porque creen implícitamente que las ideas gobiernan la historia" (Tulio Halperin Donghi, *El revisionismo histórico argentino*, Buenos Aires, Siglo XXI, 1970, pp. 17-18).

[22] José María Rosa, *Historia del revisionismo*, Buenos Aires, Editorial Merlin, 1968, pp. 10-11.

[23] T. Halperin Donghi, *El revisionismo histórico argentino*, cit., p. 64.

[24] Declara Justo en la fundamentación de un proyecto de legalización de las asociaciones obreras por él presentado a la Cámara de Diputados, en 1912: "La intervención del estado, la extensión de sus atribuciones, no las queremos, señor presidente, sino en la medida en que la clase trabajadora conquista el poder político, penetra dentro del estado y lo impregna de sus ideales" (citado por Dardo Cúneo, *Juan B. Justo y las luchas sociales en la Argentina*, Buenos Aires, Editorial Alpe, 1956, pp. 35-36).

[25] Juan B. Justo, "Primer editorial de *La Vanguardia*", en *Obras*, cit., t. VI, p. 22.

[26] *El socialismo*, en *Obras*, cit., t. VI, p. 204.

[27] *La acción obrera* (discurso pronunciado en una reunión obrera en El Tigre, el 3 de octubre de 1896), en *Obras*, cit., t. VI, p. 33.

[28] *Después de la guerra* (informe al Partido Socialista Argentino del 27 de junio de 1919), en *Obras*, cit., t. V, p. 43.

[29] *La acción obrera*, en *Obras*, cit., t. VI, p. 34.

[30] Véase su informe al Partido Socialista Argentino del 27 de junio de 1919 (*Obras*, cit., t. V, pp. 15-49) y *Relaciones del partido obrero con otros partidos*, conferencia pronunciada en un centro socialista el 13 de diciembre de 1921 (*Obras*, cit., t. VI, pp. 352-376), que representan la exposición más razonada y completa de la concepción de Justo acerca de las vinculaciones entre el Partido Socialista y el movimiento democraticoburgués.

[31] *Obras*, cit., t. VI, p. 376.

[32] Luis Pan, *Justo y Marx. El socialismo en la Argentina*, Buenos Aires, Ediciones Monserrat, 1963.

[33] José P. Barreiro, *La influencia de Bernstein en las ideas de Juan B. Justo*, incluido como apéndice al libro de Eduard Bernstein,

Socialismo teórico y socialismo práctico, Buenos Aires, Editorial Claridad, 1966, pp. 159-205. Ocurre simplemente que en aquellos países donde se formaron partidos socialistas sobre bases sociales no claramente diferenciadas, en los que no existía previa o simultáneamente una tradición marxista fuerte o personalidades teóricas relevantes, y la doctrina de Marx era leída con las lentes de ideologías socialistas heredadas de las tradiciones revolucionarias francesas e inglesas, el reformismo social no tenía necesidad alguna de modificar una teoría marxista revolucionaria a través de un abierto o velado "revisionismo". Sobre el tema véanse Eric J. Hobsbawm, "La difussione del marxismo", en *Studi Storici*, año XV, núm. 2, 1974, p. 265, y también los ensayos de E. J. Hobsbawm, Franco Andreucci, Georges Haupt y otros, en *Historia del marxismo*, tomos 1 y 2. *El marxismo en tiempos de Marx*, Barcelona, Editorial Bruguera, 1979-1980.

[34] Las conferencias pronunciadas por Jaurès en Buenos Aires, en septiembre y octubre de 1911, fueron taquigrafiadas y traducidas por Antonio de Tomaso y luego publicadas en volumen aparte: Jean Jaurès, *Conferencias*, Buenos Aires, Libería "La Vanguardia", 2da. edición, 1922.

[35] Jean Jaurès, *Conferencias*, cit., pp. 54-56.

[36] *Ibid.*, pp. 100-101.

[37] En el homenaje que la Cámara de Diputados rindió al presidente de la República, Roque Sáenz Peña, que acababa de fallecer, Justo pronunció un discurso en el que, luego de reconocer los méritos de un hombre que "supo comprender en su hora una gran necesidad pública", concluía afirmando: "Ha realizado sin esfuerzo aparente, en este continente de revueltas sangrientas y estériles, una verdadera revolución incruenta y fecunda. Lo colocamos al mismo nivel de los hombres que en el arte y en la ciencia, en la economía y en la técnica, propulsan el progreso humano. Y por eso el Partido Socialista extiende también su aplauso a la memoria del presidente extinto. Con ello probamos que *si la lucha de clases es para nosotros una necesidad, no es un ideal. Se nos impone como un hecho. Su noción y su práctica nos vienen de la sociedad misma en que vivimos y nuestra actividad fundamental tiende a hacerla más humana, más conducente. Si ha de haber partidos, ¿qué partidos son más justificados que aquellos en que esté dividida la sociedad misma por sus leyes fundamentales?* Con nuestra actitud, aportando a la deliberación pública de los negocios de la Nación la opinión de la clase productora manual, de la clase productora por excelencia, contribuimos a que se solucionen los problemas nacionales en la mejor forma. *Estamos seguros de evitar así conflictos ciegos y destructivos en el seno de la sociedad en que vivimos*" (Citado por Dardo Cúneo, *Juan B. Justo y las luchas sociales en la Argentina*, cit., pp. 342-343. El subrayado es nuestro).

[38] Cf. Dardo Cúneo, *op. cit.*, pp. 435-436.

[39] En un artículo de 1899, *Question de méthode*, bastante difundido en idioma español en las primeras décadas del siglo, Jaurès definía claramente su propuesta de una política socialista fuertemente proyectada a la actividad política cotidiana; capaz, por lo tanto, de eludir el encierro de una labor organizativa e ideológica concebida sólo en términos de una ritual, antes que real, preparación para la conquista del poder. Si una fuerza socialista no puede renunciar, sin negarse a sí misma, a su propio proyecto de transformación social, la lucha revolucionaria, o, en los términos de Jaurès, el "método revolucionario", debe ser acompañado de un método de organización y de asimilación cotidiana, en el cual el proletariado deberá emplear todas sus fuerzas, asimilando cuanto sea posible a las demás clases [...] Es preciso que en la democracia burguesa no exista una sola cuestión referida a la enseñanza, al arte, a la finanza, en la que el socialismo no dé pruebas, desde ahora, de tener soluciones preparatorias superiores, desde el solo punto de vista democrático y humano, a las soluciones burguesas. Es preciso que por esta vía él constriña y obligue a sus militantes a un esfuerzo continuo de estudio y de pensamiento que hará del partido socialista la *élite* activa y pensante de la humanidad" (*Études socialistes (1897-1903)*, vol. II, París, 1933, pp. 112-113).

[40] Según el investigador norteamericano Weinstein, que tuvo acceso al archivo de Justo, "existen artículos y cartas inéditas que evidencian que mantenía una activa correspondencia con líderes sindicales del continente y que era un verdadero portavoz del obrero latinoamericano (¡sic!). Se conserva correspondencia con Santiago Iglesias de Puerto Rico, B. Juárez de El Salvador, Moisés de la Rosa y L. Granados (h.) de Colombia, Alejandro Escobar y Carvallo, Francisco Carfias Merino y José Ibsen Coe de Chile, Emilio Frugoni del Uruguay y Ramiro Villasboas (h.) del Brasil. Este material revela además que esos dirigentes estaban familiarizados con los escritos de Justo, sea a través de *La Vanguardia*, de artículos o de libros que éste les enviaba" (Donald F. Weinstein, *Juan B. Justo y su época*, Buenos Aires, Ediciones de la Fundación Juan B. Justo, 1978, pp. 182-183 y ss.). Se conserva además su correspondencia con Pablo Iglesias, fundador y dirigente del Partido Socialista Obrero español, y con diversas otras personalidades sociales europeas. Weinstein afirma que "este material no sólo completa la imagen de Justo como representante del pensamiento latinoamericano, sino que además indica que es posible una investigación más completa de las relaciones entre el Partido Socialista argentino y los partidos socialistas de los restantes países de América Latina" (*op. cit.*, p. 184).

[41] Las relaciones entre los partidos socialistas de Uruguay y de Argentina fueron siempre muy estrechas. Por sus concepciones, su estilo de acción y el carácter de su núcleo dirigente, el uruguayo mostraba estar poderosamente influido por el argentino. Pero Emilio

Frugoni (1880-1969), que era su figura intelectual y política más destacada, no logró constituir un grupo dirigente de la calidad y de la experiencia política del que formó Justo. Recordemos, además, que cuando en 1919 se da en Lima una tentativa efímera de formación de un partido socialista, ella estuvo vinculada a ciertas iniciativas de acción continental propiciadas por el Partido Socialista Argentino. Véase sobre el tema el libro de Guillermo Rouillon, *La creación heroica de José Carlos Mariátegui*, t. I: *La edad de piedra*, Lima, Editorial Arica, 1975, pp. 259 y ss.

Un explícito y muy elogioso reconocimiento de esta función relevante desempeñada por el socialismo argentino en el subcontinente está contenido en el saludo enviado por el Partido Socialista Obrero de España con motivo de la realización del III Congreso del PSA, en julio de 1900: "En vosotros —dice el mensaje— beben las ideas socialistas los uruguayos, los chilenos, los peruanos; vosotros sois la Alemania socialista de la América hispana" (citado por Dardo Cúneo, *Juan B. Justo y las luchas sociales en la Argentina*, cit., p. 232).

[42] Tulio Halperin Donghi, "¿Para qué la inmigración? Ideología y política inmigratoria y aceleración del proceso modernizador: el caso argentino (1880-1914)", en *Jahrbuch für Geschichte, von Staat, Wirtschaft und Gesellschaft Lateinamerika*, vol. 13, Colonia-Viena, Böhlau Verlag, p. 477; más en particular sobre el proyecto de Justo, véanse las pp. 473-478.

[43] Retomando la observación de David Viñas (*Rebeliones populares argentinas. I. De los montoneros a los anarquistas*, Buenos Aires, 1971, pp. 212-213), Halperin menciona la nueva y definitiva popularidad adquirida por el mito de Juan Moreira cuando es llevado al teatro. Fue el conjunto teatral de los Podestá, una familia proveniente de inmigrantes italianos, el que llevó hasta los últimos rincones del país "las desgracias del pobre cuya justa venganza sobre su implacable acreedor no tiende a ser vista ya sobre la clave exclusiva de una oposición entre gauchos y gringos; es la reaparición de Martín Fierro en la prensa anarquista, como víctima simbólica de la opresión política y social, que convive con las denuncias contra la 'barbarie gaucha' de los gobiernos represores" (*op. cit.*, p. 477).

[44] Sobre las causas que impulsaron al presidente Roque Sáenz Peña a poner en marcha una reforma política que daría como resultado el triunfo de Hipólito Yrigoyen en las elecciones presidenciales de 1916, véase el excelente libro de Natalio R. Botana, *El orden conservador*, Buenos Aires, Editorial Sudamericana, 1977, en especial, pp. 217-345; más referida al tema del conflicto entre sistema político y clases populares, es por muchos motivos valiosa la contribución de David Rock, *El radicalismo argentino, 1890-1930*, Buenos Aires, Amorrortu, 1977.

[45] David Rock, *op. cit.*, p. 37.

[46] Los grandes conflictos sociales que en 1917 dieron lugar a un movimiento huelguístico sin precedentes (entre otros, ferroviarios y portuarios) culminan en enero de 1919 con una huelga general reprimida violentamente por el gobierno. La "semana trágica" de enero abrió una crisis profunda en la sociedad y en el seno del gobierno radical, hasta ese momento proclive a aceptar la legitimidad de las luchas obreras. Dos hechos fundamentales mostraron la debilidad de los soportes sociales sobre los que se apoyaban los cambios intentados por Yrigoyen e hicieron emerger a esas mismas fuerzas que, una década después, provocaron la ruptura del régimen de gobierno representativo y la caída de la segunda presidencia de Yrigoyen. Por primera vez las fuerzas armadas se vieron envueltas de manera directa en la represión social y participaron como árbitros de la suerte del gobierno civil; además, y juntamente con el ejército, en la acción represiva participan grupos paramilitares integrados por civiles de clase media y alta, expresivos del temor generalizado en las capas medias por la subversión social. Si durante una primera etapa del gobierno de Yrigoyen sus relaciones con las clases dominantes estuvieron mediadas, en gran parte, por su política de coalición con el movimiento obrero, desde 1919 en adelante la política de los radicales tenderá a consolidar un bloque con la clase media urbana. Véanse sobre este tema, David Rock, *op. cit.*, pp. 167-204; Julio Godio, *La semana trágica de enero de 1919*, Buenos Aires, Granica Editor, 1972. Un comportamiento semejante tuvo poco tiempo después el gobierno de Yrigoyen cuando se produjeron los movimientos huelguísticos de los peones rurales de la Patagonia, en 1921-1922. Una vívida reconstrucción del conflicto y de la masacre de más de 1.500 trabajadores llevada a cabo por el ejército y la guardia blanca de los terratenientes es la obra ya citada de Osvaldo Bayer, *Los vengadores de la Patagonia trágica*, en cuatro volúmenes. Considerados estos conflictos desde una perspectiva actual, resulta evidente que por sus características propias, y por la ausencia de fuerzas radicalizadas en condiciones de aprovecharlos con propósitos revolucionarios, estos conflictos nunca significaron una amenaza real para el orden social vigente. Sin embargo, la gravedad de la crisis económica y social y los hechos revolucionarios europeos hicieron creer a muchos que efectivamente existía un grave peligro de trastocamiento del sistema político y social existente. Y esto explica el violento desplazamiento de los sectores medios hacia una política fuerte de reconstitución del orden, que se expresó orgánicamente con el surgimiento de la Liga Patriótica Argentina. Pero a diferencia de lo ocurrido con las bandas armadas que en los años anteriores colaboraban con la policía en la destrucción de los locales y de las publicaciones socialistas y anarquistas, la Liga Patriótica Argentina representó el primer grupo con propósitos antirrevolucionarios organizado de modo permanente y con una propuesta orgánica de resolución de los conflictos sociales.

[47] Juan B. Justo, "El profesor Ferri y el Partido Socialista argentino" (1908), incluido en *La realización del socialismo, Obras,* cit., t. VI, pp. 243-244.

[48] David Rock, *op. cit.,* p. 25. Sobre la estrecha relación entre progreso económico y control de la clase trabajadora, véanse además los trabajos recopilados por Marcos Giménez Zapiola, *El régimen oligárquico. Materiales para el estudio de la realidad argentina (hasta 1930),* Buenos Aires, Amorrortu, 1975; Guillermo Flichman, *La renta del suelo y el desarrollo agrario argentino,* México, Siglo XXI, 1977; Roberto Cortés Conde, *El progreso argentino (1880-1914),* Buenos Aires, Editorial Sudamericana, 1979.

[49] David Rock, *op. cit.,* p. 29.

[50] Juan B. Justo, "Capital extranjero", *La Vanguardia,* 2 de noviembre de 1895, en *Internacionalismo y patria, Obras,* cit., t. V, p. 188. Sobre la crítica de Justo al carácter parasitario, según él derivado de la condición absentista de buena parte del capital extranjero, véanse las observaciones de T. Halperin Donghi, "¿Para qué la inmigración?", cit., pp. 474-477.

[51] T. Halperin Donghi, *op. cit.,* p. 477.

[52] *Ibid.,* p. 477.

[53] Además de los trabajos de Rock, Laclau, Flichman y Cortés Conde ya citados, sobre este tema véanse H. S. Ferns, *Gran Bretaña y Argentina en el siglo XIX,* Buenos Aires, Hachette, 1968; James Scobie, *Revolución en las pampas,* Buenos Aires, Hachette, 1968; Ernesto Laclau, "Hacia una teoría del populismo", en *Política e ideología en la teoría marxista,* Madrid, Siglo XXI, 1978, pp. 164-233.

[54] Ernesto Laclau, "Modos de producción, sistemas económicos y población excedente", en *El régimen oligárquico,* cit., p. 37.

[55] Ernesto Laclau, *Política e ideología en la teoría marxista,* cit., p. 211.

[56] Resolución adoptada en el IX Congreso de la Federación Obrera Regional Argentina (1-4 de abril de 1915). El congreso resuelve "pronunciarse contra el proteccionismo, por cuanto reconoce que si bien el intercambio libre y universal puede, en ciertos casos, lesionar intereses circunscriptos de determinados grupos industriales de trabajadores, el proteccionismo representa una forma artificial de concurrencia en la producción que sólo puede sustentarse a expensas de las clases consumidoras, encareciendo el precio real de las mercaderías". Citado por Laclau en *El régimen oligárquico,* cit., pp. 40-41.

[57] Juan B. Justo, "Relaciones del Partido Obrero con otros partidos" (13 de diciembre de 1921), en *La realización del socialismo, Obras,* cit., t. VI, pp. 373-374. Estas expresiones son de 1921, pero ya en sus primeros escritos insistía sobre la misma perspectiva: "La ilusión está en creer que el progreso del país depende de la implantación de industrias artificiales o que las buenas industrias necesitan protec-

ción legal. La tontería es no darse cuenta de que esta protección se hace en detrimento de su propia industria, de la ganadería y de la agricultura, bases del bienestar y del adelanto económico del país [...] Un partido librecambista debe congregar cuanto antes a los capitalistas de la industria rural. Ella no pide protección del estado, ni la necesita; pero no puede sufrir por más tiempo sin protesta, las leyes del proteccionismo. Que haya en buena hora una industria argentina, pero no a costa del debilitamiento de las principales fuentes de riqueza que tiene el país" ("¿Por qué los estancieros y agricultores deben ser librecambistas?", 29 de julio de 1896), en *La realización del socialismo, Obras*, t. VI, pp. 135-137).

[58] Juan B. Justo, "Primer editorial de *La Vanguardia*", en *La realización del socialismo, Obras*, cit., t. VI, p. 22.

[59] "Carta Abierta del Comité Ejecutivo de la Internacional Comunista al Partido Comunista de la Argentina", en *La Internacional*, Buenos Aires, 4 de abril de 1925 (el subrayado es nuestro).

[60] Ernesto Laclau, *Política e ideología en la teoría marxista*, cit., p. 211.

[61] Juan B. Justo, "El momento actual del socialismo" (abril y mayo de 1920), en *La realización del socialismo, Obras*, cit., t. VI, pp. 318-319.

[62] Juan B. Justo, "El momento actual del socialismo", en *Obras*, cit., t. VI, p. 330.

[63] Juan B. Justo, "El profesor Ferri y el Partido Socialista argentino", en *La realización del socialismo, Obras*, cit., t. VI, p. 241.

[64] *Ibid.*, p. 249.

[65] De sus innumerables escritos mencionamos, "El programa socialista del campo" (conferencia pronunciada en el club Vorwärts el 21 de abril de 1901 y publicada ese mismo año en folleto); *La cuestión agraria*, Librería "La Vanguardia", 1915, que incluye como apéndice una conferencia sobre "La renta del suelo"; *¿Crisis ganadera o cuestión agraria?*, La Vanguardia, 1923, que reproduce su intervención parlamentaria de los días 20 y 21 de abril de 1923. En el Congreso socialista realizado en La Plata en julio de 1901 se aprobó el programa agrario redactado por Justo. De su vocación por los problemas del campo argentino, quizá debida también a la dura tensión familiar que debió soportar cuando joven, entre una madre que lo deseaba intelectual y un padre que se batía infructuosamente por convertirlo en un hacendado, dan una buena prueba sus reiterados intentos por compatibilizar su profesión y su vocación políticas con la de un productor agrario moderno. Ya no sólo su instalación como médico rural en Junín, con el propósito de investigar el problema agrario, sino también su finca en Morón, luego la compra de la chacra "La Vera" en Tío Pujio —experiencia que su socio de aventura, Nicolás Repetto, cuenta en su ilustrativo libro *Mi paso por la agricultura* (1960)—, finalmente su residencia en la

chacra "Los Cardales", donde fallece. Precisamente de esta etapa última de su vida, y de su amor a la naturaleza transformada por el hombre, nos habla Alicia Moreau de Justo en "Algunos recuerdos de su estada en 'Los Cardales'", *Anuario Socialista 1938*, Buenos Aires, La Vanguardia, pp. 25-28. Por esta relación particular con el mundo rural Justo se aproxima a esa otra gran figura democrática argentina, Lisandro de la Torre, de un modo mucho más significativo que cuanto hasta ahora se ha analizado. De todas maneras, es ésta una perspectiva de búsqueda no ensayada todavía.

[66] Véanse al respecto las consideraciones hechas por el Comité Ejecutivo del PSA en su informe presentado al Buró de la Internacional Socialista sobre el fraccionamiento partidario que condujo a la formación del Partido Socialista Independiente enfrentado al oficial: "A partir de 1914 —año en el que el Partido obtiene sus grandes triunfos electorales logrando la mayoría de diputados por la Capital, además de la elección de un senador por el mismo distrito, y la de dos diputados a la Legislatura de la provincia de Buenos Aires y uno a la Legislatura de Mendoza— el Partido comienza a sufrir una crisis de crecimiento. Atraídos por estos éxitos engrosan sus filas numerosas personas sin educación ni costumbres de verdaderos socialistas. Numerosos jóvenes que hasta entonces se habían conducido de una manera correcta y en relación con los ideales que nosotros defendemos, entrevieron horizontes políticos más halagadores que la ruda lucha del socialismo como fuerza de crítica y de control. Comienzan a verificarse en nuestra propia organización algunos fenómenos desagradables de inconducta individual y de grupos que pretenden aclimatar en nuestro seno las prácticas y los métodos que nosotros repudiamos de las facciones de la política tradicional" (*Causes qui motivèrent le conflit interne du Parti Socialiste de la République Argentine (Rapport présenté au camarade Emile Vandervelde par le Comité Exécutif National*, Buenos Aires, 1928, pp. 7-8).

[67] Véanse sobre el tema el citado libro de David Rock, *El radicalismo argentino*, capítulos 7 y 8, y el relato hecho por la hija de José Ingenieros, Delia Kamia (*Entre Yrigoyen e Ingenieros*, Buenos Aires, Meridión, 1957) de los contactos previos establecidos por los emisarios personales del presidente de la República, Hipólito Yrigoyen, con algunos intelectuales vinculados al socialismo y a la corriente sindicalista, con el propósito de lograr un acuerdo interpartidario. Resulta muy ilustrativo el "Memorial sobre las orientaciones sociales del presidente Yrigoyen (1919-1920)", redactado como documento privado por Ingenieros, frente a la eventualidad de un desenlace fatal de sus malestares físicos. El "Memorial" es reproducido también en la recopilación de escritos de Ingenieros, de la cual la Introducción de Oscar Terán ("Ingenieros, o la voluntad de saber") representa un iluminador esfuerzo interpretativo de esta otra gran figura del socialismo argentino: Cf.

José Ingenieros, *Antimperialismo y nación*, México, Siglo XXI, 1979, p. 422. De todas maneras, no hay que olvidar que la búsqueda por parte de Yrigoyen de una aproximación política al socialismo aparecía ante éstos como una pura maniobra circunstancial, puesto que había sido precisamente el entorno de Yrigoyen el que más había combatido al Partido Socialista, utilizando para ello los instrumentos más deleznables de esa "politiquería criolla" que tanta repugnancia despertaba en Justo y sus compañeros. Cuando en 1914, Enrique Del Valle Iberlucea es electo senador de la Capital por el Partido Socialista, el senador José Emilio Crotto, presidente del comité nacional del radicalismo y hombre de confianza de Hipólito Yrigoyen, es quien impugna al senador socialista con argumentos como los siguientes: "...no tiene el candidato las cualidades necesarias para ser senador [...] contribuye a que se expandan por el territorio de la República esas ideas antipatrióticas [...] además de estas consideraciones, es de nacimiento extranjero [...] esos predicadores del parricidio, estos enemigos de la humanidad incapaces de comprender que se viva y que se muera por el hogar y la bandera, no deben merecer nuestra consideración" (citado por Dardo Cúneo, *Juan B. Justo...* cit., pp. 339-340). Ejemplos de este tipo constituían hechos cotidianos en la vida política de ambas organizaciones, pero por encima de la anécdota, lo que dificultaba una aproximación de ambas fuerzas, en el caso de que esto fuera realmente posible, era por parte de los socialistas su total desconfianza por una política en la que sólo veían los fuertes elementos de continuidad con un pasado que ellos, en cambio, se proponían superar.

[68] Jean Longuet, *Le mouvement socialiste international*, en *Encyclopedie Socialiste*, París, Quillet, 1913, p. 623 (de esta valiosa obra se ha publicado recientemente una reproducción facsimilar: Minkoff Reprint, Ginebra, 1976).

[69] El Comité de Propaganda Gremial fue constituido el 12 de mayo de 1914 por un conjunto de militantes provenientes del movimiento juvenil socialista y que sostenían una política de oposición de izquierda en el interior del PSA. Sus propósitos eran: "Constituir sindicatos gremiales entre los obreros de un mismo oficio que aún no estén organizados en sociedad; Intensificar la propaganda gremial para el acrecentamiento de los sindicatos ya organizados; Crear sociedades de oficios varios en las localidades y entre los obreros que por condiciones especiales no pueden por el momento constituirse en sindicatos de oficio; Uniformar las organizaciones a constituir y las ya existentes mediante una eficaz y positiva reglamentación que, a más de estar basada en el espíritu de la lucha de clases que encarna el moderno movimiento proletario, consulte asimismo todo otro género de necesidades, que, si bien son inherentes al régimen, la organización obrera puede prever y atenuar; Levantar estadísticas del trabajo por gremios, número de obreros de cada profesión, desocupación, salarios, condi-

ciones de trabajo, costo de la vida y habitación obreras, etc.; Publicar en hojas volantes el resultado de estas estadísticas y otras análogas del extranjero, como asimismo todo aquello que tienda a ilustrar a la clase trabajadora en lo relativo a su progreso y mejoramiento". La necesidad de una organización semejante estaba dictada por un hecho que resulta sumamente ilustrativo de la indiferencia por la actividad sindical que invadió la vida interna del Partido Socialista cuando comenzaron sus grandes éxitos electorales. Según observa el Informe publicado en 1917 por el CPG, "constituido el actual Comité, trató de desarrollar su acción preliminar entre el elemento obrero incorporado al Partido Socialista, considerándolo como el más apto por su concepto de la lucha de clases y aspiraciones de emancipación social. Indújole a esta preferencia, además de la circunstancia indicada, el hecho de haber comprobado, mediante una estadística levantada en agosto de 1914, *que un 95% de los afiliados estaban sin agremiar"* (!). El Comité organizó —según reza su propio informe— a 16.671 trabajadores, realizó 64 conferencias de propaganda, publicó 32 manifiestos con un tiraje de 67.500 ejemplares y en momentos de su disolución tenía organizados 18 sindicatos y 3 centros culturales. De los documentos sobre la polémica que se suscitó entre el CPG y la dirección de *La Vanguardia* y del Partido Socialista se deduce que este organismo había logrado el suficiente éxito en su labor como para que despertara los recelos de los dirigentes sindicales de la FORA y del propio Partido Socialista. Buena parte de los integrantes del Comité de Propaganda Gremial pasarán luego a formar parte del nuevo Partido Socialista Internacional surgido de una ruptura interna del socialismo. Véase, *Informe del Comité de Propaganda Gremial (mayo 12 de 1914 - agosto 31 de 1917)*, Buenos Aires, 1917.

[70] Sobre el carácter abstractamente pedagógico y privilegiador de la divulgación científica de la política cultural socialista podría aportar esclarecedores resultados una reconstrucción de la experiencia de la Universidad Popular y de la Sociedad LUZ, instituciones creadas por el Partido Socialista con finalidades culturales. A esto habría que agregar las actividades de la Editorial La Vanguardia, y hasta la de una empresa autónoma pero vinculada al Partido como Editorial Claridad, dirigida por Antonio Zamora, indudablemente esenciales para reconstruir la formación del pensamiento socialista. En la década del treinta, poco después de la muerte de Juan B. Justo, aparece la *Revista Socialista*, en 1933 se funda la Escuela de Estudios Sociales "Juan B. Justo" y en 1935, y como resultado de los esfuerzos de Julio V. González, la Universidad Popular Socialista. Sobre la acción cultural socialista hasta los años veinte una buena síntesis es la que ofrece Ángel M. Giménez en su ensayo "Treinta años de acción cultural", redactado con motivo del 30° aniversario de la fundación del Partido Socialista (30 de junio de 1896-1926), e incluido en *Páginas de historia del movimiento*

social en la República Argentina, Buenos Aires, Sociedad "Luz", 1927, pp. 56-86.

[71] Sobre el "cosmopolitismo" de la clase obrera y sus raíces véanse las aclaraciones hechas en la nota 3 de la Primera Parte del presente ensayo.

[72] Antonio Gramsci, *Pasado y presente*, México, Juan Pablos Editor, 1977, p. 27. Es importante indicar la dimensión "antiestatal" del cosmopolitismo porque, aun admitiendo las dificultades para el proceso de nacionalización de las masas que generaba su fuerte composición extranjera, lo que realmente interesa analizar son las actividades desarrolladas para modificar esta situación, o la ausencia de ellas, lo cual implica la incomprensión de los propios objetivos. De tal modo, se podrá dar una importancia privilegiada "a los grupos que surgieron de esta situación por haberla entendido y modificado en su ámbito" (*op. cit.*, pp. 24-27).

[73] En 1898 se produjo la primera división orgánica en el socialismo argentino. Uno de los motivos de la ruptura, que luego se constituyó en el motivo central, giró en torno a los procedimientos para la elección de los candidatos del Partido en las elecciones de ese mismo año. La decisión del Partido de excluir como candidatos a los militantes que por su condición de extranjeros no tuvieran los derechos políticos motivó la protesta del Centro Socialista de Barracas al Norte por lo que consideraba una flagrante discriminación. El Comité Ejecutivo responde sentando un criterio que luego constituiría un artículo del estatuto aprobado en el primer congreso partidario: "Puede haber algún extranjero o algún ciudadano no inscripto que haya prestado a nuestra causa servicios de consideración; pero seguramente él será el primero en comprender cuán poco importante es para el Partido que él tenga en todos los casos derecho a voto en el funcionamiento interno del Partido. Lo importante para una organización que predica la acción política es fomentar esa acción en todos sus miembros; y para eso nada tan razonable ni tan necesario como dar mayor influencia dentro de la colectividad a los que por sus hechos responden mejor a los fines de ésta" (*La Vanguardia*, 8 de febrero de 1896). Posteriormente, el congreso partidario aprobará el siguiente artículo 7 de sus estatutos: "En las cuestiones políticas (actitud del Partido en las elecciones, designación de candidatos, etc.) sólo resolverán los miembros del Partido que tengan los derechos políticos, y las mujeres adherentes, despojadas por ley de estos derechos. Los demás miembros del Partido tendrán su campo de acción en la propaganda, en las tareas administrativas de las agrupaciones, etc." (reproducido en Jacinto Oddone, *Historia del socialismo*, Buenos Aires, Editorial La Vanguardia, 1934, t. I). Los grupos disconformes con esta actitud formarán en 1899 una nueva organización a la que darán el nombre de Federación Obrera Socialista Colectivista.

[74] Era esta convicción la que animaba también a los autores de la reforma política de 1912. "Este país, según mis convicciones después de un estudio prolijo de nuestra historia, no ha votado nunca", afirmó Joaquín V. González en el Senado de la Nación cuando se discutió la ley de reforma electoral propiciada por Roque Sáenz Peña.

[75] Como señalaba Gramsci, "el elemento popular 'siente', pero no siempre comprende o sabe. El elemento intelectual 'sabe' pero no comprende o, particularmente, 'siente'. Los dos extremos son, por lo tanto, la pedantería y el filisteísmo por una parte, y la pasión ciega y el sectarismo por la otra. [...] El error del intelectual consiste en creer que se pueda *saber* sin comprender y, especialmente, sin sentir ni ser apasionado (no sólo del saber en sí, sino del objeto del saber), esto es, que el intelectual pueda ser tal [...] si se halla separado del pueblo-nación, o sea, sin sentir las pasiones elementales del pueblo [...] No se hace política-historia sin esta pasión, sin esta vinculación sentimental entre intelectuales y pueblo-nación" (Antonio Gramsci, *El materialismo histórico y la filosofía de Benedetto Croce*, México, Juan Pablos Editor, 1975, pp. 120-121).

[76] En realidad, frente al método de Marx, Justo adopta una posición esencialmente empirista, coincidente con la asumida por Bernstein: "No falta, pues, quien crea que si Marx y Engels han llegado a grandes resultados, no ha sido gracias a la dialéctica hegeliana, sino a pesar de ella. Bernstein achaca a las 'trampas' de este modo de raciocinio algunos de sus errores de hecho, como la predicción de que la revolución burguesa alemana del año 48 sería el inmediato preliminar de una revolución proletaria [...] Toda la sección 'Forma de valor' del primer capítulo de *El capital*, donde el autor dice haber hecho gala del modo de expresión característico de Hegel, es un artificioso esfuerzo por demostrar que la igualdad A = B es una desigualdad, y en la equiparación del valor de dos mercancías cualesquiera descubrir por el raciocinio que una de ellas está en la 'forma de equivalente', es decir, de moneda" (*El realismo ingenuo*, en *La realización del socialismo*, *Obras*, t. VI, p. 262). Justo no comprendió la importancia fundamental que tiene para el sistema científico de Marx el análisis de la forma de valor y de las demás categorías económicas fetichistas. Considerándolas como puras "alegorías", como vacuna metafísica, Justo no entendió que con ellas Marx no pretendía fundar una nueva filosofía sino precisamente escapar de ésta. No para crear en su lugar una nueva "ciencia", sino los instrumentos para una *crítica de la economía política*, concebida por Marx como un cuestionamiento radical de toda la ideología burguesa y, por tanto, también de la "ciencia".

[77] Américo Ghioldi, *El socialismo en la evolución nacional*, Buenos Aires, Escuela de Estudios Sociales "Juan B. Justo", cuaderno núm. 2, 1933, p. 31.

[78] Por todo eso no es casual que hayan sido los socialistas y los comunistas quienes en los años treinta se convirtieran en las corrientes dirigentes del proceso de constitución de un nuevo sindicalismo industrial. Instalados en el conflicto de clases, su capacidad organizativa y su honestidad e inteligencia les permitieron conquistar a sectores decisivos de la clase obrera para una intervención más activa en la vida política de la República. Sin embargo, ni socialistas ni comunistas fueron capaces de incorporar como problemáticas propias el conjunto de temas que de un modo u otro habían contribuido a suscitar en los años anteriores a la crisis y que ésta había hecho emerger con intensidad dramática. El problema de la nación, de su identidad, de sus incapacidades, de la vinculación entre propuesta nacional y propuesta socialista, entre intelectuales y pueblo, o dicho de otro modo, esa autocrítica nacional que la crisis del treinta permitió realizar, fue encarada por corrientes ideológicas distintas y divergentes de aquellas otras vinculadas al movimiento obrero, de modo tal que entre socialismo y nación se profundizó una cisura en el momento mismo en que el socialismo mostraba una capacidad inédita de fundirse con la única clase verdaderamente nacional.

Mariátegui y los orígenes
del marxismo latinoamericano

I

Nuestra recopilación de artículos y notas bibliográficas dedicados al examen de algunos aspectos del pensamiento de José Carlos Mariátegui no tiene la intención de ofrecer un cuadro completo de la diversidad de interpretaciones presentes hoy en el debate teórico y político sobre la figura del singular revolucionario peruano. En los últimos años el interés por Mariátegui, durante largo tiempo reducido al ámbito particular de la cultura peruana —y en menor medida latinoamericana—, se ha incrementado de modo tal que ya no resulta factible compilar en un solo volumen las múltiples contribuciones aparecidas en otros idiomas además del español, para no hablar del *revival* mariateguiano suscitado en el Perú de la última década.[1] El objetivo que nos proponemos es más delimitado y concreto. Sólo trataremos de ordenar aquellos trabajos más significativos, y que a la vez resultan de difícil acceso para el lector latinoamericano, que versaron sobre tres temas de fundamental importancia para el análisis de la naturaleza y de las características del "marxismo" de Mariátegui. Y esos temas son: 1) sus vinculaciones ideológicas con el aprismo, minimizadas, negadas o criticadas por sus propios compañeros de lucha inmediatamente después de su muerte; 2) su supuesto "populismo", denostado por la Internacional Comunista; 3) su filiación "soreliana", atribuida por los más benévolos a la inmadurez y al estado de gestación de sus concepciones definitivas.

Como es fácil advertir, estos tres temas no son sino aspectos diversos de un único y mismo problema: el de las relaciones entre el pensamiento marxista y la cultura contemporánea o, dicho en otros términos, el viejo y siempre actual problema del carácter "autónomo" del marxismo. No es necesario insistir aquí sobre la importancia de una cuestión que está en el centro del

debate teórico, ideológico y político del movimiento obrero y
socialista desde Marx hasta nuestros días. Pero reconocer su
importancia no siempre ha implicado reconocer su *problematicidad*. Todo lo contrario. Es así que una de las razones, o mejor
dicho, la razón más poderosa de la actual crisis del movimiento
socialista (que en el plano de la teoría aparece como "crisis del
marxismo"), reside en la tenaz resistencia de la tradición comunista a admitir el carácter crítico, problemático y por tanto
siempre irresuelto de la relación entre el marxismo y la cultura
de la época, a la que dicha tradición califica genéricamente
como "burguesa". Es en esta polaridad conflictiva donde se sintetiza la permanente exigencia teórica y política que tiene el
marxismo de medirse con el desarrollo de las situaciones históricas reales y con el mundo de las ideas en que dichas situaciones se expresan. No es casual que en una etapa en la que se
plantea como una tarea inexcusable la reflexión crítica sobre
toda una tradición histórica, consolidada con la fuerza que otor-
gan décadas de acción teórica y política y formaciones estatales
emergentes de esa lucha, reaparezca en un plano destacado la
figura excepcional de Mariátegui. Ocurre que, al igual que otros
heterodoxos pensadores marxistas, él pertenece a la estirpe de
las *rara avis* que en una etapa difícil y de cristalización dogmática de la historia del movimiento obrero y socialista mundial se
esforzaron por establecer una relación inédita y original con la
realidad. Es por esto y no sólo por su formación italiana, aunque ésta fue decisiva, o por su muerte prematura o sus limitaciones físicas, por lo que su figura evoca irresistiblemente la de
ese gran renovador de la teoría política marxista que fue Antonio Gramsci.

Admitiendo como un supuesto inderogable la "criticidad"
del marxismo, nuestra recopilación se propuso incluir un conjunto de textos cuyas controvertidas posiciones remitieron al
carácter crítico del marxismo de Mariátegui. Su lectura cuida-
dosa nos ayuda a comprender las falacias a que conducen las
tentativas de definir el pensamiento de Mariátegui en términos
de "adopción" o "encuentro" con determinadas corrientes ideológicas. Si resultan fallidos los intentos de convertirlo en un
"marxista-leninista" (¿y, por qué no, stalinista?)[2] cabal; si aparecen como arbitrarias las calificaciones de "aprista de izquierda", "populista" o "soreliano", la discusión no obstante demuestra hasta qué punto el "marxismo" de Mariátegui extrajo su

inspiración renovadora precisamente de la parte más avanzada y moderna de la cultura burguesa contemporánea. Dicho en otros términos, la discusión nos permite comprender el hecho paradojal que significa determinar la presencia del marxismo de Mariátegui precisamente allí donde los marxistas pretendieron rastrear sus vacilaciones frente a las "ideologías del enemigo de clase".[3] Si Mariátegui pudo dar de la doctrina de Marx una interpretación tendencialmente antieconomicista y antidogmática en una época en que intentarla desde las filas comunistas era teóricamente inconcebible y políticamente peligroso, sólo fue posible merced al peso decisivo que tuvo en su formación la tradición idealista italiana en su etapa de disolución provocada por la quiebra del estado liberal y el surgimiento de corrientes crocianas "de izquierda" y marxistas revolucionarias. Mariátegui leyó a Marx con el filtro del historicismo italiano y de su polémica contra toda visión trascendental, evolucionista y fatalista del desarrollo de las relaciones sociales, característica del marxismo de la II Internacional. El destino deparó al joven Mariátegui la posibilidad, única para un latinoamericano, debemos reconocerlo, de llegar a Marx a través de la experiencia cultural, ideológica y política de constitución de un movimiento marxista obligado a ajustar cuentas por una parte con la crisis de la sociedad y de la cultura liberales, y con la crisis de la política y de la cultura del socialismo formado en la envoltura ideológica de la II Internacional, por la otra. Vale la pena recordar aquí la particularidad del caso italiano, donde la presencia desde fines del siglo pasado de un vasto movimiento de masas no estuvo acompañada de una fuerte tradición política marxista, sino de una subalternización total a la tradición positivista y evolucionista burguesa. La recuperación de la creatividad histórica del pensamiento marxista que se opera en el movimiento obrero italiano desde fines de la década del 10, como fruto de la crisis revolucionaria abierta en la sociedad europea de posguerra, implicaba necesariamente, en virtud de tal ausencia, no la *restauración* de una doctrina marginada del proceso histórico de constitución del movimiento de clase, sino directamente una auténtica *creación* de la dimensión crítica y activista del marxismo. En los duros enfrentamientos de clase del "bienio rojo" italiano se gestaba, de tal modo, una visión del marxismo no asimilable a ninguna de las formas que había precedentemente asumido en la historia el movimiento obrero internacional.

Como señala con precisión Ragionieri,[4] el primer elemento distintivo de este marxismo era una contraposición explícita y consciente contra la visión evolucionista y fatalista propia de la II Internacional, contraposición basada en el rechazo de la pasividad política que era su corolario. Rechazando la pasividad, colocaba en el centro el problema de la revolución y del partido, es decir el problema de la transformación social y política y de la organización de las fuerzas capaces de realizarlas. Es por esto que reivindicaba como la forma más elevada de actividad humana, como la forma y la fuente del conocimiento, a la práctica humana asociada. Pero de esta exaltación de la actividad humana, que establece la línea de continuidad entre ese marxismo y la tradición idealista italiana, derivaba también su peculiaridad irrepetible tanto frente a la crítica del marxismo de la II Internacional madurada en el interior de la socialdemocracia europea, como frente a la revalorización doctrinaria de la dialéctica revolucionaria, emergentes en el pensamiento marxista europeo a partir de la revolución de octubre. El hecho es que en la lucha contra el empirismo y el economicismo reformista, y contra el sectarismo y el dogmatismo del maximalismo, surge en el interior del movimiento socialista italiano un grupo de intelectuales turineses, vinculados estrechamente al mundo proletario y nucleados en torno al semanario *L'Ordine Nuovo*, que se inspira en la parte más avanzada y moderna de la cultura burguesa contemporánea para llevar a cabo una tarea de refundación del marxismo revolucionario. Por razones históricas y culturales, en la Italia de las primeras décadas del siglo no existían otras armas que las del idealismo historicista para combatir el marxismo cristalizado y subalterno emergente de la crisis de la II Internacional y de la impotencia práctica del movimiento socialista y obrero. En este neomarxismo de inspiración idealista, fuertemente influido por Croce y Gentile, y más en particular por el bergsonismo soreliano, renuente a utilizar el marxismo como un cuerpo de doctrina, como una ciencia naturalista y positivista que excluye de hecho la voluntad humana, y a quien le corresponde el mérito histórico de haber comprendido claramente la extraordinaria *novedad* de la revolución de octubre, en este verdadero movimiento de renovación intelectual y moral de la cultura italiana y europea es donde Mariátegui abreva la inagotable sed de conocimientos que lo consume. Si, como bien dice, fue en Italia donde desposó una mujer y conoció el marxismo, el Marx que penetró en su mente fue en gran medida ese Marx subvertido por el idealismo crociano que, como afirma Togliatti, había significado para el grupo ordinovista "la liberación definitiva de toda incrustación positivista y mecanicista, de cualquier origen y de cualquier marca, y por lo tanto la conquista de una gran confianza en el desarrollo de la conciencia y voluntad de los hombres y de nosotros mismos, como parte de un gran movimiento histórico renovador de clase".[5]

Lo que distingue a Mariátegui del grupo ordinovista, lo que vuelve a su *iter* cultural y político un proceso más mediado, más indirecto y trabajoso, es su condición de observador "externo" de la experiencia italiana, el hecho de que su intervención directa y concreta en la vida política de su país se produjera con posterioridad a dicha experiencia, y en una situación de relativa inmadurez del movimiento social peruano. Es cierto que ya era tendencialmente socialista antes de partir a Europa, pero la fundamentación de su posición en una perspectiva marxista requería no sólo de una comprensión teórica de la sociedad, sino fundamentalmente de un referente práctico, de un movimiento en desarrollo con la suficiente densidad histórica como para constituir una acción de clase. En la medida en que el proceso de constitución del movimiento obrero y campesino peruano estaba aún en cierne, la actividad teórico-práctica de Mariátegui fue en cierto modo *fundacional* antes que *dirigente*. La lectura "crociana" de Marx desde el pie en tierra que significaba su función dirigente en el movimiento obrero más moderno de Italia facilitó a Gramsci la definición de los instrumentos teóricos autónomos y originales para la interpretación de la realidad italiana. Y si bien es preciso buscar las fuentes de su marxismo en Labriola, Sorel y la presencia catártica de Lenin, la validez inédita de su pensamiento reside en haber "recompuesto" todos los instrumentos teóricos así extraídos en una visión de conjunto de la sociedad capitalista moderna, es decir en una etapa en la que la revolución pasiva del capital tiende a velar los caracteres de la transición histórica al socialismo. El sorelismo es en Gramsci una fuente decisiva de su pensamiento, aunque reabsorbida y "recompuesta" en una concepción más amplia y global del mundo, que la centralidad del elemento político de raíz leninista no obnubila por completo. Y es la función de las perspectivas soreliana y leninista lo que "hace del pensamiento de Gramsci una de las voces más autorizadas de una perspectiva revolucionaria en Occidente, y que intenta precisamente el camino de una relación no formal, sino real, con el leninismo. Lo cual a su vez es verdadero porque el leninismo de Gramsci es por otra parte un aspecto de una recomposición más vasta, que compromete en primera persona al pensamiento de Marx".[6]

El esfuerzo gramsciano por llegar hasta Marx, partiendo de esas fuentes emergentes de la descomposición del marxismo segundointernacionalista que flotaba en el aire de la cultura italiana de izquierda en la década del 20, fue captado indirectamente por Mariátegui a través de la densa presencia que tuvo en sus reflexiones la obra de Piero Gobetti, ese "crociano de izquierda" en filosofía y teórico de la revolución liberal y mílite de *L'Ordine Nuovo* en política, según la definición que de él ofrece Mariátegui casi al final de sus días. Vale la pena citar al respecto un párrafo donde éste sintetiza a vuelo de pájaro las características de la biografía intelectual de "uno de los espíritus con los cuales sentía mayor afinidad":

"Gobetti llegó al entendimiento de Marx y de la economía por la vía de un agudo y severo análisis de las premisas históricas de los movimientos ideológicos, políticos y religiosos de la Europa moderna en general y de Italia en particular. [...] La enseñanza austera de Croce, que en su adhesión a lo concreto, a la historia, concede al estudio de la economía liberal y marxista y de las teorías del valor y del provecho, un interés no menor que al de los problemas de lógica, estética y política, influyó sin duda poderosamente en el gradual orientamiento de Gobetti hacia el examen del fondo económico de los hechos cuya explicación deseaba rehacer o iniciar. Mas decidió, sobre todo, este orientamiento, el contacto con el movimiento obrero turinés. En su estudio de los elementos históricos de la Reforma, Gobetti había podido ya evaluar la función de la economía en la creación de nuevos valores morales y en el surgimiento de un nuevo orden político. Su investigación se transportó, con su acercamiento a Gramsci y su colaboración en *L'Ordine Nuovo*, al terreno de la experiencia actual y directa. Gobetti comprendió, entonces, que una nueva clase dirigente no podía formarse sino en este campo social, donde su idealismo concreto se nutría moralmente de la disciplina y la dignidad del productor."[7]

La visión que tenía Gobetti de la clase obrera, de la significación de su autonomía, de su tendencia a transformarse en una nueva clase dirigente, capaz de reorganizar el mundo de la producción, de la cultura y de la sociedad toda, es de estricto origen soreliano. Su interpretación del Risorgimento como un proceso "incompleto o convencional" de formación de la unidad italiana, en virtud del carácter limitado de la "clase política" liberal que condujo dicho proceso, es la interpretación que Mariátegui intenta aplicar a la historia del Perú. Como señala Delogu, el núcleo central de las ideas que Mariátegui desarrolla en el período de realización de su programa de "peruanización" de la acción teórica y práctica revolucionaria "es indudablemente el que resulta de la exposición del pensamiento de Gobetti". Pero Mariátegui concluye de manera no gobettiana y sí leninista en la "necesidad del partido como instrumento de acción".[8]

De todas maneras, aunque la asimilación de la crítica histórica de Gobetti está en la base de la elaboración de los *7 Ensayos* y de sus escritos publicados bajo la rúbrica "Peruanicemos al Perú", lo realmente significativo es que la materia prima de sus reflexiones es una realidad distinta de la italiana, una realidad que él intenta explicar con el único instrumental conceptual que admite como válido: el de "la ciencia y el pensamiento europeo u occidental".[9] Es indudable que un esfuerzo semejante conlleva riesgos, y el propio Mariátegui tenía plena conciencia cuando presentaba sus ensayos aclarando que ninguno estaba acabado, ni lo estaría mientras viviera y pensara y tuviera algo que añadir. Pero lo que interesa rescatar es que él, a diferencia del resto de los marxistas latinoamericanos, se esforzó por "traducir" el marxismo aprendido en Europa en términos de "peruanización". Y es por eso sin duda que, con todos los errores o limitaciones que puedan contener, los *7 Ensayos de interpretación de la realidad peruana* siguen siendo, a cincuenta años de su publicación, la única obra teórica realmente significativa del marxismo latinoamericano.

Mariátegui tuvo con Gobetti una indudable afinidad intelectual y moral ("he hallado [en su obra] una originalidad de pensamiento, una fuerza de expresión, una riqueza de ideas que están muy lejos de alcanzar [...] los escritores de la misma generación..."), más que su discípulo fue su interlocutor, y a través de él y con su ayuda emprendió su labor de "crítica socialista de los problemas y la historia del Perú". Pero el intento de aplicar las lecciones gobettianas a la realidad peruana no lo apartó del marxismo, sino que, todo lo contrario, fue la forma concreta y original que adoptó el proceso de su apropiación. Pero en la medida en que Mariátegui se planteaba como objetivo esencial la formación de una fuerza revolucionaria capaz de transformar la sociedad peruana, la definición de los instrumentos teóricos autónomos y originales para la interpretación de la realidad presuponía necesariamente un reconocimiento crítico de las fuentes de su pensamiento. De ahí que sea precisamente en la última etapa de su vida, la etapa decisiva en términos de producción teórica y actividad práctica, cuando paradójicamente aparece con tal intensidad la presencia de Croce, de Sorel y de Lenin. Es como si estas grandes figuras que obsesionaron sus vigilias se rehusaran a entrar en el crisol de la recomposición creadora del marxismo.

II

No debe sorprendernos entonces, ni debe constituir un motivo de escandalosa polémica, reconocer que para un hombre formado en el ambiente cultural de la tradición idealista italiana, la introducción del pensamiento de Lenin (o mejor dicho, la canonización que de este pensamiento hizo la III Internacional) estuviera siempre acompañada y hasta el final de sus días con la presencia decisiva de filones ideológicos ajenos a la tradición del mundo obrero e intelectual comunista. El reconocimiento de este hecho indiscutible no cuestiona el "leninismo" de Mariátegui; por el contrario, lo delimita con mayor precisión y, al hacerlo, lo revaloriza otorgándole una importancia excepcional. Porque fue indudablemente la experiencia viva de la lucha política e ideológica en el Perú la que imprimió un viraje definitorio a sus reflexiones. Si la lectura de la doctrina de Marx *a través* de Croce, Sorel y Gobetti lo inclinó a percibir la realidad peruana con una mirada distinta de la que caracterizaba (y, ¿por qué no?, aún sigue cracterizando) a los marxistas latinoamericanos, fue el reconocimiento de la revolución de octubre, del bolchevismo y de la figura de Lenin lo que le permitió individualizar y seleccionar un complejo de principios de teoría política en base al cual constituir el movimiento histórico de transformación de aquella realidad. Mariátegui fue leninista en el doble sentido del reconocimiento de Lenin como el teórico de la política y el artífice de la revolución rusa, y de la adscripción al movimiento revolucionario mundial gestado a partir de esa experiencia y de sus enseñanzas. Pero su peculiaridad, lo que hace de Mariátegui una figura completamente extraña al estilo característico del teórico y del político de la III Internacional, consistía en que por su formación cultural tendía a mantener constante una concepción del marxismo que enfatizaba su capacidad de recrearse en el proceso mismo de desarrollo de la lucha de clases, su capacidad de superar los esquemas dogmáticos acumulados en el camino.[10] Todo lo cual presuponía necesariamente introducir el criterio de realidad en la consideración de problemas a los que el escolasticismo teórico y la rigidez política tienden a colocar fuera del campo de la historia. En la singularidad del pensamiento de Mariátegui, en la imposibilidad de identificarlo plenamente con el sistema de conceptualizaciones y con el estilo de pensamiento del marxismo de la III Internacional, reside la demostración más contundente de que el marxismo sólo podía ser creador a condición de mantener abiertos los vasos comunicantes con la cultura contemporánea. Porque si es verdad el principio de que "las ideas no nacen de otras ideas, de que las filosofías no engendran otras filosofías, sino que son expresión siempre renovada del desarrollo histórico real",[11] el hecho de que la verdad del marxismo se expresara en Mariátegui en el lenguaje de la situación concreta y particular del Perú, y lo hiciera utilizando una lengua "particular", no demostraba la presencia de "inconsecuencias" en su leninismo, ni reminiscencias de anarcosindicalismo, sino la forma particular y concreta en que tendía a formularse el marxismo peruano, y más en general latinoamericano. Mariátegui de hecho no pecaba de "eclecticismo" sino que se mantenía firmemente aferrado a la convicción de que la unidad de la historia no es un presupuesto, sino una continua realización progresiva, y que es solamente la igualdad de la realidad lo que puede determinar la identidad del pensamiento. El "sorelismo" de los escritos últimos de Mariátegui, cuando estaba empeñado en la construcción de la organización revolucionaria de las masas peruanas, ¿no es, en este sentido, equivalente al "bergsonismo" y al "sorelismo" del que los socialistas reformistas italianos acusaban al grupo turinés que, desde *L'Ordine Nuovo*, reformuló los términos de una teoría y de una política revolucionaria para Italia? No es necesario insistir aquí sobre cuán fundada es la comparación, pero sí vale la pena destacar una vez más que fue en ese clima de lucha contra el positivismo, contra el materialismo vulgar y contra las limitaciones de las filosofías idealistas de la historia, que se conformó el pensamiento de esta figura absolutamente inédita en el marxismo latinoamericano. Sólo a partir del reconocimiento y de la revalorización positiva de esta génesis cultural tan excéntrica y marginal del pensamiento de Mariátegui tiene sentido y validez la temática de la inserción en él del encuentro con Lenin, que sin duda representó, como ya dije, el elemento decisivo de catalización. Pero aún queda abierto el problema de con qué Lenin y hasta qué punto, puesto que las circunstancias concretas de los últimos años de la vida y de la lucha política e ideológica de Mariátegui demuestran que fue un "encuentro" siempre multifacético y conflictivo y nunca de aceptación y "aplicación".

Si las vertientes culturales y los filones ideológicos que confluyeron en la formación de su pensamiento aparecen en Mariátegui como fuertes nervaduras posibles de distinguir con relativa facilidad, es porque ese pensamiento aún estaba en maduración cuando su cerebro dejó de funcionar. Pero una remisión a las fuentes, una disección que pretenda separar lo bueno de lo malo, lo verdadero de lo falso, lo ortodoxo de lo heterodoxo, en el caso de que fuera posible, acabaría finalmente por destruir la trama elaborada en torno a los nuevos conceptos. Si no podemos afirmar que Mariátegui llegó a completar en un sistema de conceptos nuevos su reflexión sobre las características de la revolución peruana y latinoamericana, sobre el papel del proletariado, de las masas rurales y de los intelectuales en dicha revolución, es hoy indiscutible que estaba en el camino correcto, y que el mismo hecho de que planteara en términos de "peruanización" la reflexión crítica y la acción práctica lo colocaba en el campo lamentablemente restringido de los verdaderos marxistas. Es por esto por lo que hoy reconocemos en su pensamiento una de las grandes contribuciones americanas a la revolución mundial.

III

Apenas muerto Mariátegui se desata entre los intelectuales y militantes políticos peruanos una aguda polémica en torno a la definición ideológica y política de sus ideas. Esa discusión compromete fundamentalmente a los partidarios de las dos corrientes de opinión en que se había fragmentado el movimiento social peruano de izquierda hacia fines de la década del veinte: la corriente marxista, gestada al calor de las iniciativas culturales y políticas emprendidas por Mariátegui (*Amauta, Labor,* la Federación de Yanaconas del Perú, la Confederación de Trabajadores del Perú, el Partido Socialista peruano) y la corriente aprista, orientada por Víctor Raúl Haya de la Torre. El hecho mismo de que el grupo marxista hubiera madurado, en gran parte, en el interior del movimiento de ideas que condujo a la formación del APRA, y que el mismo Mariátegui hubiera expresado en diversas ocasiones su adhesión a dicho movimiento, constituyó lógicamente el terreno común sobre el que se instaló una acre polémica, que se continúa hasta el presente, acerca de las circunstancias históricas concretas y las razones que condujeron a la ruptura personal y política entre ambas figuras. Para los apristas, dichas razones derivaban de *dos actitudes distintas* frente a la realidad peruana y a las mediaciones que debían establecerse entre teoría y práctica, o, sintetizado en otros términos, entre cultura y política. Pero además, trataban de demostrar, y no sin cierta razón, que Mariátegui se había visto arrastrado a una ruptura que no deseaba por las presiones ejercidas por la III Internacional, y más particularmente por su Buró Sudamericano con sede en Buenos Aires. Vale la pena recordar que durante el período que va del V al VI Congreso de la Internacional Comunista, su Comité Ejecutivo y en especial A. Losovski, dirigente máximo de la Internacional Sindical Roja, mantenían relaciones, no podemos determinar hasta qué punto estrechas, con Haya de la Torre, relaciones que se irán transformando paulatinamente en mutuo distanciamiento y franca ruptura a partir del Congreso Antimperialista de Bruselas, en febrero de 1927.

La operación de apropiación de la figura de Mariátegui se inicia ya en el número de homenaje que le dedica la revista argentina *Claridad*, esa histórica tribuna del pensamiento de izquierda latinoamericano, dirigida por Antonio Zamora. Manuel A. Seoane ("Contraluces de Mariátegui") y Luis E. Heysen ("Mariátegui, bolchevique d'annunziano"),[12] militantes del movimiento aprista pero vinculados estrechamente al "compañero y amigo" que acababa de fallecer, intentan realizar un balance crítico de su pensamiento en el que el acento es puesto en la oposición no resuelta entre un andamiaje intelectual "europeizante" y una realidad singular a la que Mariátegui pugnó dolorosamente por aproximarse, sin haber podido lograrlo jamás. Ambos coinciden en la reconstrucción de una figura de la que rescatan sus valores intelectuales y morales, pero a la que descalifican políticamente: lacerado entre una formación romántica que lo arrastraba con fanatismo ciego a batallar por una revolución irrealizable, y una vocación por la acción política, a la que su sensibilidad de "artista" anteponía barreras imposibles de superar; habiendo pretendido escribir para el pueblo, Mariátegui sólo había logrado hacerlo para una élite. Aunque el momento histórico lo unía a las muchedumbres, su yo lo alejaba. Como dirá Cox años más tarde, Mariátegui, el hombre del verbo, no era el hombre de acción que necesitaban y ya tienen ahora las masas oprimidas del Perú. No es necesario aclarar que la persona a la que se estaba refiriendo Cox era Haya de la Torre.

Este juicio lapidario con que se despedía al compañero de lucha, aunque estuviera edulcorado por entusiastas adjetivaciones, no lograba velar una clara motivación política nacida pocos años antes. Tanto Heysen como Seoane no hacían sino reiterar los argumentos usados por su líder en el sinuoso debate que condujo a la ruptura. Recordemos en tal sentido la carta que Haya de la Torre escribe desde Berlín, el 22 de septiembre de 1929, a su correligionario César Mendoza:

"Yo siempre he simpatizado con Mariátegui. Me parece una figura interesante del romanticismo, de la fe y de la exaltación intelectual de un revolucionario. Pero Mariátegui nunca ha estado en la lucha misma. El 23 de mayo,[13] cuando lo invité a unirse a las filas de los que luchábamos con el proletariado de Lima, contra las balas de la tiranía, me dijo que ésa era una lucha liberalizante y sin sentido revolucionario. Varios años después, en carta que conservo me confiesa su error. Pero el líder que se equivoca en el momento mismo de la acción tiene que aprender a rectificarse a tiempo. Mariátegui piensa como un intelectual europeo del tiempo en que él estuvo en Europa. Pero la realidad de estos pueblos cambia y exige nuevas tácticas. Mis objeciones fraternales a Mariátegui fueron siempre contra su falta de sentido realista, contra su exceso de intelectualismo y su ausencia casi total de un sentido eficaz y eficiente de acción. Pero yo creo que no puede exigírsele más. Mariátegui está inmovilizado y su labor es meramente intelectual. A nosotros los que estamos en la acción nos corresponde la tarea de ver la realidad frente a frente y acometerla."[14]

Convertido en un pensador, en un brillante y culto proseguidor de la tarea de reforma intelectual y moral de la sociedad peruana emprendida desde fines de siglo por Manuel González Prada, Mariátegui resultaba así escindido del mundo concreto de la política, y convertido en uno más de los filones de pensamiento que contribuyeron a la formación del movimiento aprista. Basta leer en tal sentido la presentación de los documentos que sirvieron de base al proceso contra Haya de la Torre incoado por el gobierno dictatorial de Sánchez Cerro, y que fuera redactada por un grupo de exiliados apristas en 1933, para comprender cómo la conversión de Mariátegui en un antecedente próximo y directo del APRA implicaba necesariamente la descalificación o el silenciamiento de sus concepciones teóricas y prácticas en torno al proceso peruano y latinoamericano. Como "hombre de ideas", formaba parte de los forjadores del "nuevo Perú"; como político, debió cargar con el peso muerto de su sumisión al "europeísmo". Tanto Mariátegui como el APRA se reconocían socialistas, pero mientras que para los apristas "la salvación estaba en nosotros mismos, en nuestra tierra y riqueza nacionalizada, en nuestra independencia frente al yanqui voraz o al oso, es decir la Rusia soviética, despierto y sin cadenas, gigante y promisor que da lecciones para todos los pueblos y vende metros y kilos de teoría, difícil de aplicar en pueblos sin industrias, sin proletariado numeroso y con conciencia de clase" (Heysen), para Mariátegui en cambio su proyecto socialista "tenía las irrealidades y fantasías de las cosas creadas por la imaginación" (Cox). En última instancia, no había podido ser otra cosa que un "bolchevique d'annunziano", como lo definió con clara intención peyorativa Luis E. Heysen.

Esta interpretación de la figura de Mariátegui, que motivó ya en 1930 una agria disputa entre los apristas y el pequeño núcleo de seguidores del fundador de *Amauta*, se vio favorecida por la apreciación, en cierto sentido coincidente, que se abrió paso en el interior del Partido Comunista del Perú, constituido apenas un mes después de la muerte de Mariátegui y dirigido durante casi una década por un hombre que hizo de la lucha contra el pensamiento de Mariátegui un componente decisivo de la afirmación de su liderazgo. Nos referimos a Eudocio Ravines. El "mariateguismo", palabra acuñada para designar una desviación pequeñoburguesa, una suerte de "aprismo de izquierda" liquidacionista en la medida en que subestimaba la necesidad y

urgencia de la formación de la organización política del proletariado peruano, fue durante varios años considerado como la
limitación ideológica y política fundamental para la consolidación orgánica del partido comunista en el interior de la clase
obrera peruana. En definitiva, a través de una operación semejante a la aprista, aunque de signo contrario, Mariátegui fue
confinado por los comunistas en el campo reverenciado de los
precursores intelectuales de un movimiento histórico, al que
sus limitaciones filosóficas y su desconocimiento concreto de la
realidad peruana impidió dar toda la densidad y el estímulo
necesarios.

Es lógico entonces que la polémica sobre Mariátegui sufrie-
ra una permanente distorsión y que ni apristas ni comunistas
hicieran esfuerzo alguno por reconstruir la originalidad de su
pensamiento, su decidida vocación por pensar una realidad particular desde una perspectiva marxista y revolucionaria. Los
textos que incorporamos en la sección dedicada al tema constituyen una prueba demasiado elocuente de la incapacidad de
reflexión, de la pereza intelectual, del profundo sectarismo que-
impregnaron las discusiones sobre la herencia mariateguiana.
Nuevamente fue la revista *Claridad* la sede de la polémica suscitada entre el dirigente aprista Carlos Manuel Cox y el comunista Juan Vargas, presumiblemente el seudónimo de alguien que
no sabemos por qué razones prefirió conservar el anonimato. Si
tenemos presente la época en que se produjo el debate (1934-
1935), debemos recordar que son los años que corresponden a
un viraje radical en las formulaciones estratégicas y en la política de alianzas de los comunistas. Luego de la profunda crisis
provocada en el interior del movimiento comunista por el triunfo del nazismo y el aplastamiento físico del Partido Comunista
en Alemania, la Comintern abandona la línea política estableci-
da en el VI congreso mundial (1928) y que se caracterizaba por
una visión catastrófica del futuro inmediato de la sociedad capitalista. La consigna de "clase contra clase" allí impuesta, que
concluía en la determinación de las corrientes socialistas y socialdemócratas de la clase obrera y de los movimientos nacionalistas revolucionarios y reformistas de los países dependientes y
coloniales como los enemigos fundamentales del proletariado,
es sustituida por otra de signo contrario que alentaba la formación de amplios frentes de lucha contra el fascismo y el imperialismo (esto último por lo menos en el período que va de 1935 a

1939). Esta modificación de la línea política, que se gesta durante el año 1934 y queda impuesta como línea oficial en el VII Congreso de la Internacional Comunista, en julio de 1935, en el caso particular del Perú implicaba, como es lógico, una modificación también radical de la caracterización del APRA en cuanto movimiento expresivo de la pequeña burguesía y de vastos sectores populares peruanos. Si desde la fundación del Partido Comunista del Perú el aprismo había sido definido como una especie de fascismo criollo, o "aprofascismo", según la designación utilizada desde 1931, en adelante se iniciaba un período donde la unidad entre apristas y comunistas era concebida por estos últimos como el núcleo generador de una conjunción bastante más amplia de las fuerzas populares y democráticas peruanas. Y, en tal sentido, es la propia dirección comunista, y con la firma de su secretario general, Eudocio Ravines, la que da el paso inicial proponiendo en una Carta Abierta a Haya de la Torre la constitución de un frente nacional libertador con base en la unidad de acción de apristas y comunistas.

La polémica Cox-Vargas resulta por esto bastante ilustrativa por cuanto demuestra hasta qué punto la modificación estratégica intentada por la dirección de la Comintern había sido comprendida en todas sus implicancias por los comunistas peruanos. Si dejamos de lado el campo específico del debate sobre el significado real del pensamiento de Mariátegui y nos detenemos en el análisis del único texto de Vargas, publicado como folleto aparte por la Editorial Claridad y que reproducimos con algunos cortes en nuestra recopilación, resulta evidente que más allá de las modificaciones de los planteos políticos coyunturales, en el fondo los comunistas peruanos siguen manteniendo una concepción prácticamente inmodificada de la realidad de su país y de la naturaleza del movimiento aprista. Esta identidad visceral, por decirlo de alguna manera, se expresa no sólo en la argumentación utilizada en la disputa, sino también y fundamentalmente en un estilo de razonamiento, en una forma de pensar que concibe al discurso comunista como el único verdadero. En última instancia, Vargas no hace sino reafirmar la permanencia de una visión profundamente sectaria frente a los movimientos nacionalistas de origen pequeñoburgués o a movimientos aun más indefinibles desde el punto de vista de clase y dirigidos por la *intelligentzia* radicalizada del mundo dependiente y colonial. La actitud excluyente y competitiva que caracterizó la primera época de los comunistas peruanos no constituyó para Vargas un gravísimo error teórico y político, sino que fue una etapa necesaria para la afirmación del Partido Comunista como un organismo de clase del proletariado peruano. La nueva línea de unidad no es el resultado de un cuestionamiento interno, de un proceso autocrítico que ayudara al partido a salir de su infantilismo sectario inicial, sino la adecuación a un cambio operado en el mundo, en el continente y en el país. La continuidad de la concepción ideológica, política y estratégica del partido se mantiene como un dato; la percepción de la realidad, el estilo de razonamiento y la forma de hacer la política siguen siempre idénticos a sí mismos. En la trama estructural de la historia nada nuevo ha ocurrido. En última instancia, el VII congreso no es otra cosa que la prosecución casi lineal del VI, aunque, claro está, adaptado a las nuevas circunstancias. El complejo problema no sólo historiográfico, sino fundamentalmente político e ideológico, de la relación entre "continuidad" y "ruptura" en la acción teórica y práctica del movimiento obrero y socialista, que el marxismo ha concebido como un campo siempre problemático en virtud de la permanente necesidad de la teoría de dar cuentas de la confrontación del movimiento con la realidad, queda por completo ocluido en virtud de un razonamiento basado en la percepción de la teoría y del movimiento como siempre idénticos a sí mismos. Es por eso que la realidad queda siempre degradada a la condición de "anécdota", o de elemento de confirmación de la verdad de aquéllos. ¡Y pensar que una concepción tan verdaderamente "idealista" de la historia se autodefine pomposamente como la concepción "materialista" y "científica" de la historia y de la sociedad![15]

Las consecuencias en el plano del debate político de una posición semejante resultan previsibles y aparecen con nitidez en los textos de Vargas. Frente a las tentativas de Cox por demostrar la presencia en el razonamiento de Mariátegui de una flagrante contradicción entre su análisis de la realidad peruana hecho en los *7 Ensayos* y su propuesta de formación de un partido socialista y no comunista —lo cual remitía, como recordaba el propio Cox, al oscuro y controvertido problema de las relaciones de Mariátegui con la Internacional Comunista—, la respuesta de Vargas soslaya por completo el asunto. Cuando Cox recuerda, y con razón, los estrechos lazos que unían a Mariátegui con las figuras más destacadas del movimiento aprista, Vargas se encarga de demostrar, con profusión de citas, que ello ocurrió en una etapa anterior en la evolución intelectual y política y que su transformación en marxista debía apartarlo necesariamente de un movimiento "nacionalista reaccionario" como era el APRA. De tal modo, desde 1924 a 1929 se habría operado en Mariátegui una "evolución natural" que lo llevó del error del aprismo a la verdad del marxismo, lo cual contradice de hecho las propias afirmaciones de Mariátegui que indican que fue ya desde 1923 cuando inició su "trabajo de investigación de la realidad nacional, conforme al método marxista".

Separadas así las ideas en "malas" y "buenas", todo el complejo proceso dialéctico de interpenetración de las ideas marxistas con las tradiciones revolucionarias del radicalismo político del movimiento social peruano, que era el terreno común que homogeneizaba a la *intelligentzia* emergente del sacudimiento de la Reforma Universitaria, se desvanece y es sustituido por un estrecho canon interpretativo basado en ideas que se excluyen mutuamente. El análisis de las raíces sociales de una amalgama de filones ideológicos y culturales, tan singular como para unificar en una problemática única a fuerzas destinadas a enfrentarse violentamente pocos años después, el porqué de la constitución de un terreno ideológico común desaparece absorbido por la reconstrucción de una historia basada en un "antes" y un "después". El hecho de que el aprismo se pensara a sí mismo como una aplicación del método marxista al estudio de la realidad nacional, según una formulación semejante a la de Mariátegui, sólo debía ser interpretado como una demostración más de su perfidia, de su propósito de confundir a las masas populares que buscaban en el marxismo el instrumento teórico de su liberación.

De todas maneras, quedaba sin explicación el fenómeno histórico-social del aprismo, es decir el hecho singular de que lo que se consideraba en "etapa de liquidación total" en 1929 demostrara ser en 1935 un movimiento político de una envergadura tal como para ser capaz de movilizar a "cientos de miles de trabajadores manuales e intelectuales". Dicho de otro modo, el que una concepción errónea e inadecuada como el aprismo pudiera afirmarse tan consistentemente en la realidad peruana, y hasta latinoamericana, un hecho tan enigmático o difícil de explicar como éste no parecía quebrantar en modo alguno las certezas de Vargas. En tal sentido, bien hacía Cox en recordarle las palabras de su maestro cuando afirmaba que "nada importa, en la historia, el valor abstracto de una idea. Lo que importa es su valor concreto. Sobre todo para nuestra América, que tanto ha menester de ideales concretos".

La escisión provocada por Mariátegui en el interior del genérico e indistinto universo aprista (escisión a la que Haya de la Torre contribuyó decisivamente con su propuesta de transformación del movimiento en partido) fue, según Cox, esencialmente política antes que ideológica, y giró en torno al problema de la naturaleza de la organización política vertebradora y unificadora de la lucha de las masas populares peruanas. En nuestra opinión, es éste un señalamiento de fundamental importancia para abordar el nudo problemático de una controversia tan cargada de implícitos como fue la que enfrentó a apristas y comunistas desde fines de la década del 20. Recordemos nuevamente que el terreno común de definición era en un comienzo la profesión de fe marxista, y que si los apristas reivindicaban como suya la figura de Mariátegui, no obstante puntualizar las diferencias que los separaban, lo hacían desde una posición que calificaban de "marxista creadora". De allí que en la conclusión de su respuesta a Vargas, Cox destaque los "fundamentos marxistas del aprismo" y esboce la idea de un Mariátegui inconsecuente consigo mismo, con su profesión de fe de un marxismo siempre renovado y en condiciones de aplicarse creadoramente a "aquellas fases del proceso económico que Marx no previó".

Dichos "fundamentos" se podían percibir fácilmente por cuanto los apristas reconocían y aceptaban del marxismo "la interpretación económica de la historia (*sic*), la lucha de clases y el análisis del capital". "El aprismo —recalca Cox— niega la posibilidad de la dictadura del proletariado que no puede ser efectiva en países de industrialismo incipiente y en donde la clase obrera es rudimentaria y no ha llegado a la madurez para abolir de un golpe la explotación del hombre por el hombre, imponer la justicia social, el socialismo en una palabra. Y, en segunda instancia, aprovechar las lecciones del marxismo cuando enfoca la realidad latinoamericana desde el ángulo de la interpretación económica y propone la planificación de la economía y la formación de un Estado, nuevo en su estructura, que controlen e integren las masas productoras, quitándole su dominio a la casta feudal-latifundista." Pero son precisamente estas consideraciones, que objetivamente constituían un elemento poderoso de aproximación entre apristas y comunistas, la que se empeña en ocultar o soslayar la reflexión de Vargas. Años después, en 1943, otro dirigente comunista peruano, Moisés Arroyo Posadas, lo reconocerá explícitamente en un artículo sobre Mariátegui que reproducimos en la segunda sección de este volumen. Y dice Arroyo Posadas refiriéndose a una obra publicada por Haya de la Torre en 1927, que constituyó desde entonces el blanco preferido de los ataques comunistas:[16]

"El libro, que es recopilación de cartas y proclamas del señor Haya de la Torre y que se llama *Por la emancipación de América Latina*, contiene afirmaciones antifeudales y antimperialistas que, por más que hayan sido simples lucubraciones verbales del referido señor, *podrían servir en un futuro inmediato para los efectos de la política de alianzas y de frente único*" [el subrayado es nuestro].

Aquello que los comunistas estaban dispuestos a reconocer "positivamente" y hasta admitir como parte importante de la plataforma unitaria de lucha de la izquierda peruana en 1943, constituía precisamente el cuerpo de ideas que desde 1927 habían considerado y por tanto combatido como el enemigo fundamental de la revolución. La mayor flexibilidad en la consideración de las posiciones ideológicas y de las elaboraciones teóricas de fuerzas políticas distintas de las comunistas no derivaba, sin embargo, de una reflexión crítica de un pasado tan lleno de incomprensiones y sectarismo, de un reexamen de la responsabilidad fundamental que le cupo a la Internacional Comunista en la orientación impresa al Partido Comunista del Perú desde el mismo momento de su fundación. Es verdad que en la década del 40 la organización es propensa a reconocer la existencia de errores y de sectarismos, fundamentalmente en la política de alianzas, pero bien vale la pena recordar que en mayo de 1942 la Internacional Comunista ha expulsado de sus filas al ejecutor de su política en Perú.

La reflexión crítica de los comunistas peruanos no estaba expresando entonces un cuestionamiento radical de sus posiciones en la década del 30, ni tratando de indagar de qué manera éstas derivaban de la línea general de la Comintern; la quiebra del grupo dirigente les daba la posibilidad de reabsorber el viraje browderista dentro de la "continuidad" de una línea de la

Comintern desvirtuada en el Perú por el "radicalismo infantil"
de Eudocio Ravines, "de su irresponsabilidad de aventurero y de
la influencia que sobre él ejercía el traidor trotskista Sinani",[17]
según señala Jorge del Prado en su artículo.

Es interesante observar cómo no sólo en el trabajo de Del
Prado que acabamos de citar, sino fundamentalmente en los
artículos de los investigadores soviéticos que incluimos, preva-
lece una interpretación que, si bien reconoce los elementos nuevos incorporados por el VII Congreso de la Internacional Comunista, se esfuerza por establecer una relación de ininterrumpida
continuidad con la política precedente de la IC. Las limitaciones
de una interpretación semejante aplicada al "caso Mariátegui"
se ponen claramente de manifiesto en dichos artículos. De un
modo u otro, todos ellos rehúsan establecer una vinculación
forzosa entre las directivas del VI Congreso de la IC —basadas
en la teoría del "tercer período", del "socialfascismo" y de la
política de "clase contra clase"— y la campaña contra el "mariateguismo" lanzada por el Buró Sudamericano de la IC desde
1930 a 1934. La lucha contra el legado revolucionario de Mariátegui, según sus interpretaciones, habría sido iniciada por un
grupo al que designan genéricamente como los "dogmáticos" y
cuyo más ferviente representante habría sido Eudocio Ravines.
Protegido por la cobertura que le prestaba una línea política de
la Comintern, que nunca es sometida a crítica —ni tampoco a
análisis—, este grupo habría utilizado el poder que detentaba
para imponer sus concepciones sectarias y liquidadoras. ¿Quié-
nes componían este grupo, aparte de Ravines?, ¿cómo pudo
controlar la actividad de los partidos comunistas latinoamericanos en una etapa en que fue decisiva la centralización orgánica
y política de las secciones nacionales por el Comité Ejecutivo de
la Internacional Comunista?, ¿por qué razones y en virtud de qué
circunstancias un personaje de las características de Ravines
pudo tener semejante predicamento en el Buró Sudamericano y
en el Comité Ejecutivo?, ¿cuál es la explicación de la demora en
repudiar la acción de Ravines (1942), cuando, según Korionov,
las calumnias levantadas contra Mariátegui ya habían sido "re-
pudiadas en el período de la preparación y celebración del VII
Congreso de la Internacional Comunista"?, ¿por qué, si esto es
así, Miroshevski aun en 1941 seguía criticando a Mariátegui por
sus desviaciones "populistas"?, ¿hasta qué punto es correcto exi-
mir a la Comintern de la responsabilidad fundamental por un

juicio extremadamente crítico sobre Mariátegui si innumerables documentos oficiales demuestran lo contrario?[18] Es inútil buscar una respuesta coherente a esta multiplicidad de interrogantes que, de hecho, cuestionan una línea interpretativa aún predominante en la historiografía soviética de la III Internacional. A menos que seamos lo suficientemente ingenuos para aceptar la pueril explicación que ofrece Jorge del Prado, basada en la presunta ingenuidad teórica y política de la dirección de la Comintern. Veamos un ejemplo. Tratando de explicar a sus camaradas cómo pudo ocurrir que una historiografía basada en la aplicación de criterios científicos al estudio de la historia pudiera interpretar de manera tan errónea las ideas de Mariátegui, como fue el caso de Miroshevski, Del Prado anota lo siguiente:

"No es de extrañar, por eso, camaradas, que sobre la base del insuficiente conocimiento de su obra escrita y de la falsa información sobre su militancia política, recogida, seguramente, a través de Ravines cuando este renegado estuvo en la URSS, el escritor soviético Miroshevski, en un interesante estudio que tiene el mérito indudable de estudiar la historia social de nuestro país, cogiendo fragmentariamente (como él mismo lo advierte) algunos aspectos de la obra escrita por Mariátegui, señala en ellas una tendencia populista."

Es probable que Del Prado no supiera hasta qué punto la posición de Miroshevski expresaba no una visión particular, de un investigador determinado, sino toda una corriente interpretativa de la que Miroshevski fue solamente la figura más conocida. Como indican Semionov y Shulgovski, en la década del 30 la crítica a Mariátegui fue, no podemos afirmar hasta qué punto sistemática, pero sí frecuente en las publicaciones soviéticas. Dichas críticas versaban sobre su supuesto "populismo" y sobre toda una gama de desviaciones derivadas de aquél: opiniones liberales sobre el problema indígena, al que se negó a considerar como una "cuestión nacional", concesiones al aprismo, resistencia a la formación del partido del proletariado, etc. Hay que tener en cuenta, además, que en las décadas del 30 y del 40 la acusación de "populistas" no era pequeña cosa en el universo comunista. Después de "trotskista" era sin duda la acusación más infamante. En una época caracterizada por la colectivización forzada del campo, por la represión a sangre y fuego de la resistencia campesina, por la liquidación física de las corrientes intelectuales vinculadas al mundo rural, por el silenciamiento de la historia del movimiento populista ruso, por el privilegiamiento obrerista del proletariado, por la trasposición al terreno de la historiografía de las tesis que consideraban a los sectores intermedios, y en ellos incluidas hasta las masas rurales, como enemigos del comunismo y de la revolución; en una época de feroz autoritarismo como ésa, todo intento de indagar nuevos caminos de transición revolucionaria que apuntaran a la revalorización del potencial transformador de las masas rurales, estaba condenado de antemano como la peor de las herejías. Como señala Franco Venturi en su bellísimo libro sobre los populistas rusos,

"persuadido como estaba [Stalin] de que los populistas debían ser abandonados al silencio, tenía igualmente la firme convicción de que las únicas revoluciones campesinas aceptables eran las que se realizaban desde arriba. La situación en que se hallaba el campo ruso tras la colectivización de 1920 no invitaba a estudiar de cerca las rebeliones, las revueltas que acompañaron y siguieron a la reforma de 1861. Se acabó pronto llegando a una de esas típicas situaciones disociadas y contradictorias que abundan en la vida mental de la Unión Soviética. Por una parte, el motor de las reformas fueron los campesinos rebeldes, y por otra, era mejor no observar muy de cerca esos movimientos aldeanos. El mito revolucionario se cernía sobre la realidad sin iluminarla ni penetrar en ella."[19]

Si bien en los inicios de la década del 30, y con motivo de la colectivización de los campesinos entonces en curso, se suscita en la Unión Soviética el más interesante debate historiográfico, político e ideológico sobre el papel del populismo y su vinculación con la historia rusa, pocos años después, entre 1935 y 1936, había desaparecido todo rastro de la discusión. La causa principal, o al menos la más evidente y clara, según Venturi, fue la voluntad de Stalin de evitar por todos los medios posibles que volviera a hablarse

de revolucionarios capaces de servirse de bombas y pistolas, de realizar acciones de guerrilla y golpes de mano. Como explicó Stalin a Zhdanov, y como repitió éste el 25 de febrero de 1935 al comité urbano de Leningrado del Partido Comunista: "Si educamos a nuestros jóvenes como a los hombres de la Narodnaia Volia, criaremos terroristas."[20] Las medidas de seguridad adoptadas por Stalin afectaron tanto a los muertos como a los vivos, y se aplicaron con idéntica crueldad contra el recuerdo del populismo revolucionario y contra los historiadores y eruditos que se habían ocupado de él. [...] La teoría oficial fue expresada por E. Yaroslavski, que en 1937 se dirigía a las nuevas generaciones diciéndoles que "los jóvenes miembros del partido y del Konsomol no siempre saben, ni valoran suficientemente, el significado de la lucha que nuestro partido libró durante decenios, superando la influencia del populismo, contra éste, aniquilándolo como el peor enemigo del marxismo y de la causa entera del proletariado".[21]

Fueron entonces necesidades políticas inmediatas las que condujeron a efectuar, a mediados de los años 30, tan violento corte realizado en el tejido histórico de Rusia, que en virtud de la hegemonía cultural e ideológica del PCUS sobre la Internacional Comunista, y por ende sobre todos los partidos comunistas del mundo, inevitablemente debía convertirse en canon interpretativo de otras realidades nacionales, caracterizadas por un fuerte componente campesino y por densos movimientos intelectuales vinculados al mundo rural. Tal es lo que ocurrió, por ejemplo, con China y con el grupo dirigente maoísta, fuertemente criticado en la dirección de la Comintern por sus desviaciones campesinistas, y por tanto "populistas". Y fue solamente debido a circunstancias tan especiales como la derrota del movimiento revolucionario en las ciudades y la relativa "autonomía" frente a la Comintern del grupo maoísta, lo que permitió a Mao conquistar la dirección total del Partido a comienzos de 1935.[22]

La condena del populismo encubría en realidad la negación de toda posibilidad subversiva y revolucionaria de movimientos ideológicos y políticos de las masas populares que no fueran dirigidos directamente por los comunistas. De este modo gravitaba negativamente sobre una estrategia política derivada del III Congreso de la Internacional Comunista que, no obstante el tinte fuertemente sectario de sus elaboraciones, mantenía abierto el camino del entronque del movimiento comunista con el movimiento nacional (en los países dependientes y coloniales) y con el populismo rural de los países centro y sud europeos. Al establecer una relación de discontinuidad entre el movimiento comunista y los movimientos sociales que precedieron la constitución de aquella formación política, contribuyeron a romper los lazos ideológicos, políticos y culturales que los vinculaban con las realidades nacionales y que podían permitirles convertirse en una expresión originaria de ellas, antes que ser la expresión de una doctrina "externa" y por tanto "impuesta" a las formaciones nacionales siempre históricamente concretas.

Las consecuencias de un planteo que supone consciente o inconscientemente una concepción en términos de "discontinuidad" de las relaciones entre el movimiento revolucionario marxista y la historia "nacional"[23] son fácilmente deducibles, no sólo por razones de lógica del discurso sino también porque se encarnaron en la realidad determinando actitudes y comportamientos que contribuyeron poderosamente a aislar a los comunistas de las fuerzas sociales y políticas potencial o efectivamente comprometidas en las transformaciones revolucionarias. En primer lugar, condujeron a excluir por principio toda búsqueda original basada en el estado social del país y no a partir de doctrinas sectarias.[24] La revolución fue vista más en términos de *modelos* a aplicar que de "caminos nacionales" a recorrer, y fue característico de todo un período iniciado en el VI congreso (1928) concebir a las revoluciones como la aplicación del modelo de los soviets. Aunque el VII congreso (1935) abandonó de hecho esta consigna, en ningún momento fue sustituida por una reconsideración teórica y práctica que privilegiara el reconocimiento de las estructuras nacionales como punto de partida de toda elaboración estratégica (lo cual constituye, sin duda, el límite supremo de un viraje que tuvo no obstante tanta importancia para la superación del radicalismo infantil que caracterizaba en gran medida la acción militante de los comunistas). En segundo lugar, condujo a menospreciar la potencialidad revolucionaria del mundo rural, degradado a la condición de zonas de "atraso" cuyos movimientos sociales de características "prepolíticas" sólo podían ser utilizados para cuestionar la estabilidad del sistema o, mejor dicho, del gobierno. Sin capacidad de inserción autónoma en la lucha por la gestación de nuevas formaciones estatales revolucionarias, el mundo rural debía cumplir una mera función disruptiva, dentro de una concepción que mantenía sin modificar la idea de una *ciudad* siempre progresiva y de una campaña siempre atrasada. En tercer lugar, degradado el mundo rural a la condición de mundo atrasado y sin potencial histórico, los comunistas debían lógicamente luchar por la destrucción ideológica y política de todas aquellas formaciones intelectuales que pugnaban por homogeneizar y autonomizar los movimientos rurales (regionalistas, indigenistas o campesinistas) emergentes del proceso de descomposición de las sociedades provocado por el desarrollo capitalista.

Por todas estas razones, debemos descartar la intervención dada por Del Prado de la campaña iniciada por ciertos historiadores soviéticos y por la Internacional Comunista contra el "populismo" mariateguiano. Más aún si consideramos que V. M. Miroshevski no era simplemente un historiador reconocido en el mundo intelectual soviético, ni la figura más destacada de los investigadores aplicados al estudio de la historia latinoamericana, sino también, y quizás fundamentalmente, un asesor de primera línea en el Buró Latinoamericano de la Comintern,[25] todo lo cual no puede de ninguna manera sorprendernos si tenemos en cuenta la relación estrecha —diríamos prácticamente de supeditación— que establecía el Partido Comunista de la Unión Soviética entre las ciencias históricas y las elaboraciones políticas.

IV

La acusación de "populista" lanzada contra Mariátegui lleva una carga infamante y cumple una función política precisa: la de clausurar una temática subyacente en las elaboraciones estatégicas y tácticas de los partidos comunistas de los países no europeos en los años 20, temática que los vinculaba a las indagaciones marxianas de los años 80, cuando al reflexionar sobre el caso concreto de Rusia, Marx entrevió la posibilidad de que este país, en virtud precisamente de su atraso y de la presencia aún poderosa de una institución fenecida mucho tiempo antes en Europa occidental, la comuna rural, pudiera eludir el capitalismo y pasar directamente a formas socialistas de vida y de producción.[26] Este Marx, como es obvio, no pudo ser conocido por Mariátegui, puesto que los borradores, apuntes y cartas en los que abordaba el problema de la comuna rusa fueron publicados recién a partir de 1926 y en revistas científicas de circulación muy limitada, al alcance solamente de un restringido grupo de especialistas. El último escrito conjunto de los dos fundadores del socialismo científico referido precisamente a este problema, el prefacio a la edición rusa de 1882 del *Manifiesto comunista*, en la medida en que discrepa con la perspectiva en la que estaba colocado Marx por esa misma época, se supone con buenas razones que, aunque suscrito por Marx, fue redactado exclusivamente por Engels, quien tendía más bien a privilegiar el papel de la clase obrera europea en la tarea de asegurar la viabilidad de un camino no capitalista para Rusia. Es casi seguro que Mariátegui leyó este texto, así como lo leyeron generaciones íntegras de marxistas; sin embargo, no es de su lectura de donde Mariátegui podía derivar ciertas opiniones sobre la comunidad indígena peruana factibles de ser calificadas de "populistas" por la ortodoxia soviética. Es posible afirmar que Mariátegui no pudo tener del populismo otro conocimiento que el que pudiera extraerse de la literatura anarquista, y de la testimonial y folletinesca con que los editores españoles inundaron el mercado latinoamericano desde fines del siglo pasado. A lo cual habría que agregar, sin poder precisarlo demasiado, la eventual lectura de algunos de los escritos polémicos de Lenin sobre el tema.[27]

No creemos entonces que haya sido la lectura del Marx liberado de las mallas del eurocentrismo, ni las elaboraciones hasta cierto punto tercermundistas de la Comintern del período bujariniano, ni siquiera la experiencia italiana, de la que sólo asimiló curiosamente su costado capitalista moderno representado por el Norte industrial,[28] lo que impulsó a Mariátegui a buscar en las primitivas civilizaciones autóctonas las raíces de un socialismo primigenio que la clase obrera peruana debía tener por misión realizar en las nuevas condiciones del Perú capitalista. Todos estos elementos, que Mariátegui sintetizó quizás en su expresión de "la ciencia europea" y que tuvieron en la revolución rusa el núcleo político de homogeneización, pudieron ser refundidos en una visión de la singularidad nacional porque fueron filtrados por la fulgurante presencia en la realidad latinoamericana de los años 20 de dos grandes experiencias histórico-sociales que sacudieron a las masas populares del continente: las revoluciones china y mexicana. Precedidas por las repercusiones de la revolución de octubre y por ese verdadero movimiento de reforma intelectual y moral, en sentido gramsciano, que fue la Reforma Universitaria, las experiencias transformadoras de dos países rurales de las magnitudes de China y de México provocaron una revolución tal en las mentes de la *intelligentzia* latinoamericana que iniciaron una nueva época en la historia de nuestros pueblos. Sin tener de ello una conciencia totalmente lúcida, los intelectuales latinoamericanos iniciaban, varias décadas después de la experiencia populista rusa, una misma "marcha hacia el pueblo" que habría de convertirlos en la élite dirigente de los movimientos nacionales-populares y revolucionarios modernos. Mariátegui y el grupo que se constituyó en torno a la revista *Amauta* representaron indudablemetne la parte más lúcida de ese proceso, tan lúcida como para liberarse de la férrea envoltura de una función intelectual que por el hecho mismo de ejercerla los apartaba del pueblo, y virar sus miradas hacia ese mundo aún inmaduro, pero ya "escindido" y con perfiles propios, de las clases subalternas. Se puede hablar con propiedad de un verdadero "redescubrimiento de América", de un acuciante proceso de búsqueda de la identidad nacional y continental a partir del reconocimeinto, de la comprensión y de la adhesión a las luchas de las clases populares. Y éste era un hecho totalmente nuevo, por lo menos en la historia de los intelectuales peruanos.

V

Es indudable que en el Perú el universo indígena fue desde el principio de su historia la realidad dominante. Sin embargo, si hay algo que caracteriza a la intelectualidad peruana es haberse constituido a espaldas de esta realidad o, mejor aún, ignorando totalmente su presencia: tan grande era el temor que ésta le inspiraba. El recuerdo traumatizante de la rebelión indígena de Tupac Amaru en el Perú colonial, y la convicción implícita de la posibilidad siempre presente de su repetición, fueron factores determinantes del conservadorismo visceral de las clases dominantes y lo que explica el carácter efímero de toda tentativa de cambio basada de algún modo en el apoyo de las masas oprimidas. Como señalan acertadamente Bonilla y Spalding, "la reducida acción de los movimientos con participación indígena revela más que la vacilante respuesta de los grupos más bajos de la sociedad, el temor a una revuelta social y la repulsión de los miembros de la sociedad criolla".[29] El estado republicano se constituyó sobre bases políticas, ideológicas e institucionales que mantenían inmodificada la herencia colonial y que instauraban de hecho un sistema cuasi medieval de estamentos jerárquicamente organizados. La república política, basada formalmente en la igualdad universal, descansaba de hecho en la convicción de la desigualdad social. En ese vasto espacio profundamente desarticulado por la guerra de independencia primero, y por la penetración del capitalismo inglés luego, la delimitación del territorio nacional, la formación de la "nación" fue el resultado de la dirección de los sectores más moderados del país andino, animados de un pensamiento político y social que reflejaba la continuidad aun bajo nuevas formas de las estructuras coloniales. La República acabó por ser la sustantivación de un concepto de "nación" y de "patria" vinculado

"a la cultura y a la lengua españolas, que en el caso del Perú automáticamente excluía a los indios, es decir a la mayoría de los residentes de un territorio que la independencia convirtió en república del Perú. Por eso los indios, definidos durante la época colonial como una "república" aparte, con sus propias leyes, relaciones y características, ligados a los criollos solamente por el hecho de compartir con ellos la condición de súbditos de la corona española, pasaron a ser ignorados en la nueva república, levantada sobre el modelo de la sociedad criolla."[30]

El hecho de que los indios fueran ignorados por el espíritu público de una sociedad constituida sobre su exclusión, no significó, sin embargo, que su presencia dejara de hacerse sentir con peligrosa constancia en la realidad política y social peruana. La gran insurrección de Huaraz en 1885, dirigida por Atusparia y la de Rumimaqui, en la segunda década de este siglo, son únicamente las expresiones más resonantes de una situación endémica de rebeldía campesina indígena que en la sola región de Puno conoció entre los años 1890 y 1924 más de once sublevaciones. Y no es casual, como anota Robert Paris en su contribución al análisis de los 7 *Ensayos* que incluimos en este volumen, que, con la notable excepción de Castro Pozo, la mayoría de los intelectuales que se colocaron en un terreno favorable al mundo indígena provengan de las provincias meridionales del Perú, es decir "particularmente en el caso de la región de Puno, de las zonas en las que, a comienzos de los años veinte, las comunidades indígenas se mantienen todavía intactas". La larvada y permanente presión indígena sobre una sociedad desintegrada como la peruana operó durante muchos años como un factor de homogeneización conservadora de las clases dirigentes, contribuyendo al rechazo a la constitución de un bloque agrario absolutamente solidario en la función represiva del movimiento campesino indio. Cuando la derrota frente a Chile en la guerra del Pacífico provoque una crisis generalizada, crisis ideal y de conciencia que permitirá a los peruanos redescubrir la antes negada realidad de un país invertebrado, de una nación irrealizada, se abrirá en el interior de la intelectualidad peruana una profunda cisura que facilitará la formación de una corriente de opinión favorable al indígena.

La preocupación por ese submundo terrible de explotación, rebeldía y represión ya había aparecido en Manuel González Prada, cuando al regreso de un viaje por el interior del país escribe sus *Baladas peruanas*, en las que por primera vez el exotismo romántico, la utilización del indio como un mero elemento decorativo, cede el lugar a una tentativa de mostrar una realidad social conmovedora. La crisis moral que sacude a la sociedad peruana luego de la derrota y que obliga a preguntarse sobre las causas que la provocaron, permite nuevamente a González Prada proclamar ante la opinión pública peruana que la causa de la debilidad nacional residía precisamente en la negativa de las clases dirigentes a admitir como elemento decisivo de la nacionalidad a las masas indígenas. En su célebre discurso pronunciado en el Politeama, el 28 de julio de 1888, González Prada proclamará: "Con las muchedumbres libres aunque indisciplinadas de la Revolución, Francia marchó a la victoria; con los ejércitos de indios disciplinados y sin libertad, el Perú irá siempre a la derrota. Si del indio hicimos un siervo, ¿qué patria defenderá? Como el siervo de la Edad Media, sólo combatirá por el señor feudal." El Perú sólo puede constituir una nación a condición de asegurar la libertad para todos y principalmente para las masas indígenas: "No forman el verdadero Perú las agrupaciones de criollos y extranjeros que habitan la faja de tierra situada entre el Pacífico y los Andes; la nación está formada por las muchedumbres de indios diseminados en la banda oriental de la cordillera [...] Cuando tengamos pueblo sin espíritu de servidumbre, y políticos a la altura del siglo, recuperaremos Arica y Tacna, y entonces y sólo entonces marcharemos sobre Iquique y Tarapacá, daremos el golpe decisivo, primero y último."[31] En la prosa un tanto alambicada y retórica del discurso del Politeama la intelectualidad radicalizada peruana descubrió el "germen del nuevo espíritu nacional" que González

Prada intentó bosquejar con mayor precisión en su inconcluso estudio de 1904 sobre *Nuestros indios*. Partiendo del criterio de que la cuestión del indio no es un problema racial, que pueda ser resuelto en términos pedagógicos, sino que presupone una transformación económica y social, concluye con la sorprendente afirmación de que deben ser los propios indios los artífices de su libertación social: "Al indio no se le predique humildad y resignación sino orgullo y rebeldía. ¿Qué ha ganado con trescientos o cuatrocientos años de conformidad y paciencia? [...] el indio se redimirá merced a su esfuerzo propio, no por la humanización de sus opresores. Todo blanco es, más o menos, un Pizarro, un Valverde o un Areche."[32]

Este ensayo de González Prada determinó un cambio profundo en la orientación de aquellas capas intelectuales favorables o próximas al mundo indígena, especialmente de los que constituyeron pocos años después, en 1909, la Asociación Pro-Indígena. El hecho de que las posiciones de González Prada encerraran más una protesta que un programa concreto, y que el método de los "proindigenistas" tuviera un fondo humanitario y filantrópico antes que político, no invalidaba la significación y las implicaciones que tenía para la vida de la nación la constitución de un bloque orgánico de intelectuales favorables a una resolución liberal y reformista de la cuestión indígena. Cuando la penetración imperialista y el desarrollo capitalista agudizan las tensiones del mundo rural peruano y aceleran la irrupción de las masas indígenas en la vida nacional, surge desde el interior de aquella corriente el grupo más radical de intelectuales proclive a plantear el problema en términos de "cuestión nacional". Y es sin duda la vinculación estrecha con este grupo de "indigenistas" lo que permite a Mariátegui encarar el problema del indio desde el punto de vista original en el que se coloca. Al rehusarse a considerarlo como "cuestión nacional", Mariátegui rompe con una tradición fuertemente consolidada. Vinculando el problema indígena con el problema de la tierra, es decir con el problema de las relaciones de producción, Mariátegui encuentra en la estructura agraria peruana las raíces del atraso de la nación y las razones de la exclusión de la vida política y cultural de las masas indígenas. De ahí que indague en la superposición e identificación del problema del indio y de la tierra el nudo de una problemática que sólo una revolución socialista puede desatar. Sin embargo, lo que vincula a Mariáte-

gui con el movimiento "indigenista" y lo aparta de la falsa ortodoxia marxista es la concepción fundamentalmente política, antes que doctrinaria, del proceso de confluencia del movimiento
obrero "moderno" con las masas campesinas indígenas. Reme-
dando a Gramsci, aunque sin saberlo, Mariátegui entendió
como ningún otro que la "cuestión campesina" en Perú se expresaba como "cuestión indígena", o dicho de otra manera se
encarnaba en un movimiento social concreto y determinado, y
que de su capacidad de irrupción en la vida nacional como una
fuerza "autónoma" dependía la suerte del socialismo peruano.
Respondiendo a la acusación de falta de sinceridad lanzada por
Luis Alberto Sánchez contra los indigenistas, Mariátegui afirma
que

"de la confluencia o aleación de 'indigenismo' y socialismo, nadie que
mire al contenido y a la esencia de las cosas puede sorprenderse. El
socialismo ordena y define las reivindicaciones de las masas, de la
clase trabajadora. Y en el Perú las masas —la clase trabajadora— son
en sus cuatro quintas partes indígenas. Nuestro socialismo no sería,
pues, peruano —ni sería siquiera socialismo— si no se solidarizase,
primeramente, con las reivindicaciones indígenas. En esta actitud no
se esconde nada de oportunismo. Ni se descubre nada de artificio, si
se reflexiona dos minutos en lo que es socialismo. Esta actitud no es
postiza, ni fingida, ni astuta. No es más que socialista. Y en este
'indigenismo' vanguardista, que tantas aprensiones le produce a Luis
Alberto Sánchez, no existe absolutamente ningún calco de 'nacionalismo exótico'; no existe, en todo caso, sino la creación de un 'nacionalismo peruano'. Pero, para ahorrarse todo equívoco [...] no me llame Luis
Alberto Sánchez 'nacionalista', ni 'indigenista', ni 'pseudoindigenista',
pues para clasificarme no hacen falta estos términos. Toda la clave de
mis actitudes [...] está en esta sencilla y explícita palabra. Confieso
haber llegado a la comprensión, al entendimiento del valor y el sentido
de lo indígena en nuestro tiempo, no por el camino de la erudición
libresca ni de la intuición estética, ni siquiera de la especulación teórica, sino por el camino —a la vez intelectual, sentimental y práctico—
del socialismo."[33]

En esta confluencia o aleación de indigenismo y socialismo
está el nudo esencial, la problemática decisiva, el eje teórico y
político en torno al cual Mariátegui articuló toda su obra de
crítica socialista de los problemas y de la historia del Perú. Su
originalidad, su capacidad de reflexionar en los términos particulares, connotados social e históricamente, en que se presenta

en el Perú el problema teórico, político de la alianza obrero-campesina, nos muestra la presencia de un verdadero pensador marxista. El "leninismo" de Mariátegui está aquí, en su traducción a términos peruanos de una problemática que sólo puede evitar la recaída en las tendencias más economicistas y chatamente descriptivas de la sociología —que caracterizaron las elaboraciones de la III Internacional— si se pone en el centro de la reflexión, como hizo Mariátegui, el nudo de las relaciones entre las masas y la política.

La vinculación con el movimiento indigenista, el hecho de que fueran las obras de aquellos intelectuales más identificados con el mundo de las reivindicaciones indígenas las que constituyeran la fuente de información sobre un universo de problemas del que en su juventud estuvo tan alejado, significó un acontecimiento de decisiva importancia en su proyecto de reinterpretación de la realidad peruana. El indigenismo le permitió aproximarse a ese mundo para él vedado del Perú "real", de ese Perú cuyo "resurgimiento" constituye el presupuesto ineludible para la realización nacional: "el progreso del Perú será ficticio, o por lo menos no será peruano, mientras no constituya la obra y no represente el bienestar de la masa peruana, que en su cuatro quintas partes es indígena y campesina".[34] Fue a través de la lectura de las obras de Castro Pozo, Uriel García y fundamentalmente Luis E. Valcárcel que Mariátegui se adentró en el conocimiento del mundo rural peruano; y no sólo de la lectura, puesto que la publicación de *Amauta* permitió el establecimiento de un nexo orgánico entre la intelectualidad costeña, influida por el movimiento obrero urbano, el socialismo marxista y las nuevas corrientes de la cultura europea, y la intelectualidad cuzqueña, expresiva del movimiento indigenista. *Amauta*, que desde su propio título expresaba la definida voluntad mariateguiana de instalar la reflexión colectiva en el centro mismo de la problemática peruana,[35] se constituyó en una plataforma única de confluencia y confrontación de ambas vertientes del movimiento social, en una suerte de órgano teórico y cultural de la intelectualidad colocada en el terreno de las clases populares urbanas y rurales. En tal sentido, es bastante sugestivo que sea precisamente un artículo de Luis E. Valcárcel el que aparezca en primer lugar en el número inicial de *Amauta* ("Tempestad en los Andes", en *Amauta*, núm. 1, septiembre de 1926, pp. 2-4). Tampoco es casual que sea Dora Meyer de Zulen, la autora de

Aves sin nido, la militante, junto con su esposo Pedro Zulen y otros intelectuales de la primera organización de lucha en favor del indígena, la colaboradora entusiasta de "El proceso al gamonalismo", boletín de defensa indígena que, desde su número 5, *Amauta* inserta en sus páginas. Y es precisamente en dicho boletín donde Mariátegui hace pública su adhesión al Grupo Resurgimiento, creado en el Cuzco por un destacado núcleo de intelectuales, obreros y campesinos. En su nota pública de adhesión, Mariátegui señala que el proceso de gestación del grupo viene desde muy lejos y se confunde con el movimiento espiritual e ideológico suscitado por todos aquellos que desde fines del siglo pasado comprendieron que la realización de la nacionalidad peruana estaba condenada a ser un proyecto fallido sin la regeneración del indio. Al afirmar que la creación de este movimiento "anuncia y prepara una profunda transformación nacional", sostiene que aquellos que lo consideren como una corriente literaria artificial no perciben las profundas raíces nacionales de un fenómeno que

"no se diferencia ni se desconecta, en su espíritu, del fenómeno mundial. Por el contrario, de él recibe su fermento e impulso. La levadura de las nuevas reivindicaciones indigenistas es la idea socialista, no como la hemos heredado instintivamente del extinto inkario sino como la hemos aprendido de la civilización occidental, en cuya ciencia y en cuya técnica sólo el romanticismo utopista puede dejar de ver adquisiciones irrenunciables y magníficas del hombre moderno."[36]

De este modo las reivindicaciones indígenas entraban en una nueva fase, adquiriendo un alcance mucho más vasto. El antiguo método de la Asociación Pro-Indígena, de fondo humanitario y filantrópico, dejaba de ser válido frente a la acción de un nuevo grupo que, aunque no presentaba todavía "un cuerpo de proposiciones definitivas sobre el problema indígena", debía ser considerado como una iniciativa más adecuada a la nueva situación histórica. Y Mariátegui creía encontrar un símbolo de esta posibilidad en el hecho de que a diferencia de la Asociación Pro-Indígena, cuya sede lógica era Lima, la sede natural del grupo Resurgimiento era el Cuzco, es decir el centro mismo de la cuestión indígena.

La interpretación mariateguiana de la sociedad nacional, no por estar influida poderosamente por Gobetti y los indigenistas menos marxistas, lo llevó al reconocimiento del carácter peculiar del problema agrario peruano, derivado de la supervivencia de la comunidad y de los elementos del socialismo práctico en la agricultura y en la vida indígenas. La presencia de la comunidad, es decir del lazo económco, social e histórico que vinculaba a los indígenas presentes a un lejano pasado de civilización y de armonía y que determinaba la permanencia de hábitos de cooperación y de socialismo, se proyectaba en el mundo ideal de los indígenas bajo la forma mítica del retorno a ese pasado de grandeza. La obra de los indigenistas, y en particular la de Valcárcel, operaba sobre dichos mitos en su trabajo de organización e ideologización del mundo indígena. Mariátegui sabía que no era allí donde debían ser buscados "los principios de la revolución que restituirá a la raza indígena su sitio en la historia nacional", pero sabía y reconocía que era precisamente allí donde estaban los mitos de su reconstrucción, porque no importaba mucho que para algunos fueran los hechos los que crean la profecía y para otros la profecía la que crea los hechos. Frente a los mitos movilizadores de la resistencia indígena, Mariátegui recordaba a su maestro Sorel, cuando

"reaccionando contra el mediocre positivismo de que estaban contagiados los socialistas de su tiempo, descubrió el valor perenne del mito en la formación de los grandes movimientos populares, [y] sabemos bien que éste es un aspecto de la lucha que, dentro del más perfecto realismo, no debemos negligir ni subestimar."[37]

Y porque en el Perú se trataba de organizar precisamente un gran movimiento nacional y popular capaz de crear una nación integrada, moderna y socialista, la necesidad de operar en el interior de una fuerza social histórica e ideológicamente situada se convertía en un problema político de primer orden. La heterodoxia de las posiciones de Mariátegui con respecto al problema agrario no deriva entonces de sus inconsecuencias ideológicas, de su formación idealista, ni de su romanticismo social, sino de su firme pie en tierra marxista. Si el problema deja de ser considerado desde el punto de vista (idealista, claro está) de la adecuación de la realidad a un esquema prestablecido de propuestas rígidas para ser visto desde el punto de vista gramsciano del análisis de las condiciones para que pueda formarse y desarrollarse una voluntad colectiva nacional-popular, Mariátegui nunca aparece más marxista que cuando se afirma en el carácter peculiar de la sociedad peruana para establecer una acción teórica y política transformadora. En su actitud frente al movimiento indigenista, y más en general frente al proceso de confluencia de la intelectualidad radicalizada y las masas populares peruanas, Mariátegui tiende a considerarlos —y el recuerdo de Sorel no es por ello casual— como una ejemplificación histórica del "mito" soreliano, es decir "como una creación de fantasía concreta que opera sobre un pueblo disperso y pulverizado para suscitar y organizar su voluntad colectiva".[38]

La alianza de la clase obrera con el campesinado, que constituye el presupuesto de una acción revolucionaria socialista, en las condiciones concretas del Perú asumía la forma históricamente particular de la alianza del proletariado con las masas indígenas. Pero la confluencia de ambas fuerzas sólo resultaba posible si el bloque agrario gamonalista era destruido a través de la creación de organizaciones autónomas e independientes de las masas indígenas. La fracturación del bloque intelectual, la conformación de una tendencia de izquierda que, colocada en la perspectiva y en las reivindicaciones de las masas indígenas, mantenía una relación de comprensión con las luchas obreras urbanas, representaba un hecho de fundamental importancia para Mariátegui, y por eso afirmó que la creación del Grupo Resurgimiento anunciaba y preparaba una profunda transformación nacional. Como creía firmemente que este movimiento (u otros semejantes aparecidos en diversos lugares del Perú) recorría un camino que indefectiblemente habría de coincidir con el de la clase obrera, respondió con violencia a quienes atribuyeron al oportunismo su posición. Ocurre que Mariátegui, a miles de kilómetros de distancia de otro dirigente marxista al que sólo conoció por interpósita persona, arribaba en virtud de una experiencia teórica y política tan singular como la de él a la misma conclusión acerca del papel de los intelectuales, en cuanto representantes de toda la tradición cultural de un pueblo. Nos referimos a Antonio Gramsci y a su escrito *Algunos temas sobre la cuestión meridional*, redactado por la misma época de la batalla pro "indigenista" de Mariátegui.

En un testimonio grabado hace algunos años, Luis E. Valcárcel, el antropólogo indigenista cuzqueño que tanto contribuyó al conocimiento de la vida indígena por parte de Mariátegui, ofrece una visión bastante sugerente del pensamiento de éste,

que confirma la aproximación con las posiciones de Gramsci
que establecimos:

"Él [Mariátegui] creía realmente no sólo en la acción de los intelectuales, sino que este movimiento [es decir, el grupo Resurgimiento]
iba a prender en la masa misma indígena y que, tomando conciencia
de la responsabilidad que el propio indio tenía con su destino, iba a
producirse. De manera que nunca tuvo desconfianza, nunca creyó que
el indio iba a permanecer indefinidamente inconsciente de su destino,
inconsciente de su papel, de su porvenir. Esto alimentaba la esperanza
de José Carlos en que la acción ideológica, es decir el movimiento
ideológico que surgió entre los intelectuales y que se alimentó precisamente siempre dentro de un círculo relativamente reducido, iba a tener
impacto en la masa indígena. Y yo abrigaba la misma esperanza, ma-
nifestándole que ya llegaría el momento de ponernos en un contacto
más directo con el elemento indígena. Porque hasta la fundación que
hicimos en el Cuzco del grupo Resurgimiento no habíamos tenido en
realidad un contacto personal ni siquiera con los personeros, con los
jefes de comunidades; y toda nuestra actividad se reducía a conversaciones dentro de un grupo restringido de escritores, periodistas, artis-
tas, que se inquietaban por estos problemas. Había que esperar y,
claro, él no abrigaba la posibilidad de un repentino movimiento, de un
movimiento que pudiera producirse en breve tiempo, sino que consideraba que iría madurando."[39]

Es sin duda la acuciante necesidad de hacer emerger el
socialismo de la propia realidad, de convertir al marxismo en la
expresión propia y originaria de la acción teórica y práctica de
las clases subalternas por conquistar su autonomía histórica, lo
que explica el disgusto con que Mariátegui participó en el proceso de fractura del movimiento renovador del que *Amauta* era su
centro decisivo de agregación. Por su formación teórica y por el
exacto conocimiento que tenía del nivel aún primario de desarrollo de la experiencia histórica de las masas peruanas, com-
prendía como nadie que el momento del partido político de los
obreros y de los campesinos debía ser el *resultado* y no el *supuesto* de las luchas de las masas, que los puntos de condensación y de organización de la experiencia histórica de esas masas
constituyen la trama a partir de la cual, y como un producto
propio de la voluntad colectiva en formación, emerge un nuevo
organismo político, una nueva institución de clase donde se
sintetiza toda esa experiencia histórica de luchas y se despliega
en un programa concreto la irresistible tendencia de las masas

a convertirse en el soporte de un nuevo proyecto de sociedad. El partido político debía crecer, no como un todo completo, sino en sus elementos constitutivos, en el interior de la envoltura protectora que le daba el movimiento de masas en desarrollo. Y este partido en ciernes necesitaba esa protección no sólo, ni tanto, por las difíciles condiciones políticas en que se desarrollaba la lucha de clases, sino fundamentalmente para evitar el peligro siempre presente de su maduración precoz, de su tendencia a encontrar en sí mismo las razones de su propia existencia. Estas consideraciones constituyen la clave para explicarnos por qué mientras se resiste a la creación de un partido comunista propugnada por la célula comunista del Cuzco, establece relaciones con los organismos internacionales de la Comintern, impulsa la creación de organizaciones sindicales y de la Confederación General Obrera del Perú, crea además de *Amauta* un periódico de difusión cultural y política destinado a capas más amplias de trabajadores, se adhiere al grupo Resurgimiento, es decir promueve, desarrolla y crea todas esas instituciones constitutivas de la voluntad organizada de la clase y, por tanto, fundantes del movimiento del partido político.

La decisión de Haya de la Torre de transformar al movimiento de masa en un partido político, agudiza las tensiones internas del amplio frente de trabajadores e intelectuales que se expresaba en el APRA. La ruptura se vuelve inevitable, aunque Mariátegui apela a todos los recursos a su alcance para evitarla. Comprende que la fragmentación del movimiento en comunistas y nacionalistas, como dos corrientes separadas y en mutua competencia, puede ser fatal para la suerte del socialismo —como realmente lo fue—, pero de ninguna manera puede resignar el derecho de la clase obrera a organizar su propio partido de clase. Producida la ruptura, Mariátegui realiza un esfuerzo gigantesco por impedir que ella tenga efectos demasiado gravosos para el movimiento revolucionario peruano. Y aunque la división del movimiento lo obligue, aun en contra de sus deseos, a apresurar la formación del partido político del proletariado, y ponga en esta tarea toda su inteligencia y su capacidad de trabajo, nunca pierde de vista la necesidad de mantener la dimensión "popular" de la nueva organización. Por eso se niega a formar un partido comunista e insiste sobre su definición "socialista". No es que se niegue a mantener una relación estrecha y de colaboración ideológica y política con la Comintern, sino que, al apelar a la particularidad de las tareas políticas que debe cumplir la organización en una sociedad como la peruana,[40] Mariátegui defiende el valor de la "autonomía" como requisito obligatorio para su realización. Es evidente que en las condiciones del movimiento comunista de la época, una concepción como la que subyacía en el pensamiento de Mariátegui no tenía ninguna posibilidad de existencia. La incorporación a la III Internacional tenía el efecto contradictorio de abrir el movimiento comunista peruano a una perspectiva internacional, por más errónea que ésta fuera, a la vez que le hacía perder el pie en tierra del reconocimiento del terreno nacional. No podemos precisar hasta dónde, pero de las posiciones de Mariátegui se deduce que intuía este peligro. La definición socialista del partido no era un simple problema de nomenclatura, y estaba unida a 1) una concepción particular de las alianzas; 2) una determinación divergente de la Comintern sobre sus componentes de clase, en cuanto que quería ser el organismo político de los obreros, los campesinos y los intelectuales peruanos; 3) una visión bastante heterodoxa de su proceso de constitución, en la medida en que su núcleo dirigente, antes que originador, debía ser el resultado de la acción de los grupos de base en los distintos centros del país. Esto explica que hasta el fin de sus días Mariátegui haya insistido, frente a la opinión de algunos de sus colaboradores y la presión terrible de la Comintern, en el carácter socialista, popular y autónomo de la nueva organización, que sólo se convierte en comunista un mes después de su muerte y a costa de un fraccionamiento. Las dos direcciones en que insistía Mariátegui, la de la dimensión popular del partido en cuanto forma de organización política adherente a los caracteres propios de la sociedad neocolonial peruana, y la definición de los rasgos propios a través de los cuales debía expresarse la dirección política, y que ponía el acento fundamental en la permanencia y la extensión del movimiento de masa, fueron totalmente dejadas de lado por un nuevo núcleo dirigente que, apoyado en la fuerza irresistible de la Comintern, hizo de la lucha contra el aprismo la razón de su existencia política.

Los 7 *Ensayos de interpretación de la realidad peruana* fueron editados como obra independiente en el proceso de esta lucha por formar la nueva organización política de los trabajadores peruanos. Constituyen el mayor esfuerzo teórico realizado en América Latina por introducir una crítica socialista de los problemas y de la historia de una sociedad concreta y determinada. Mariátegui los consideró simplemente como resultados provisionales de la aplicación de un método de examen que no reconocía antecedentes en el movimeinto socialista en Latinoamérica. A partir de estos resultados, y como síntesis teórica del proceso político de construcción del movimiento de masas y del partido político de los trabajadores en el que estaba empeñado, Mariátegui trabajaba en un nuevo libro sobre la evolución política e ideológica del Perú, donde sin duda serían explicitados un conjunto de elementos que sólo aparecen en él como intuiciones.

"Este último libro —escribe Mariátegui a su compañero Arroyo Posadas— contendrá todo mi alegato doctrinal y político. A él remito a los que en *7 Ensayos* pretenden buscar algo que no tenía por qué formular en ninguno de sus capítulos: una teoría o un sistema político, como a los que, desde puntos de vista hayistas, me reprochan excesivo europeísmo o insuficiente americanismo. En el prólogo de *7 Ensayos* está declarado expresamente que daré desarrollo y autonomía en un libro aparte a mis conclusiones ideológicas y políticas. ¿Por qué, entonces, se quiere encontrar en sus capítulos un pensamiento político perfectamente explicado? Sobre la fácil acusación de teorizante y europeísta que puedan dirigirme quienes no han intentado seriamente hasta hoy una interpretación sistemática de nuestra realidad, y se han contentado al respecto con algunas generalizaciones de declamador y de editorialista, me hará justicia con cuanto tengo ya publicado, lo que muy pronto, en el libro y en la revista entregaré al público."[41]

Pero el destino, o el sectarismo ideológico y político, no quisieron que *Ideología y política* —que así fue titulado por Mariátegui— fuera un hecho. Los originales, enviados en sucesivas remesas a su amigo César Falcón, director en Madrid de la casa editorial que habría de publicarlos, parecen no haber llegado nunca a su destino. Y nadie puede decir con absoluta precisión si hubo o no copias, aunque algunos afirman haberlas visto, y otros sostienen que fueron destruidas, después de la muerte de su autor. Quizás, como otros hallazgos que, aunque tardíos, permitieron nuevas indagaciones sobre episodios oscuros de la lucha de los hombres, alguna vez aparezcan en los archivos de algún dirigente internacional y ¿por qué no? en los de la propia Comintern...

NOTAS

¹ De las publicaciones aparecidas en los últimos años, vale la pena mencionar las introducciones de Robert Paris a las ediciones francesas (Maspero, 1969) e italiana (Einaudi, 1972) de los *7 Ensayos*. En italiano, y con introducciones de G. Foresta (Editori Stampatori Associati, 1970) y de Ignazio Delogu (Editori Riuniti, 1973) se publicaron sendas antologías de las "cartas de Italia" y otros escritos. En cuanto a sus trabajos sobre temas culturales y literarios fueron antologizados recientemente por la editorial italiana Mazzotta, y prologados por Antonio Melis, estudioso de Mariátegui del que incorporamos en este volumen su contribución más importante. En español, las publicaciones son numerosísimas, por lo que sólo mencionaremos algunas de las más significativas: Diego Meseguer Illan, *José Carlos Mariátegui y su pensamiento revolucionario*, Lima, IEP, 1974; Yerco Moretic, *José Carlos Mariátegui*, Santiago de Chile, Ediciones de la Universidad Técnica del Estado, 1970; Harry E. Vanden, *Mariátegui. Influencias en su formación ideológica*, Lima, Amauta, 1975; Guillermo Rouillon, *La creación heroica de José Carlos Mariátegui* (t. I, *La edad de piedra*; t. II, *La edad revolucionaria*), Lima, Editorial Arica, 1975-1977. Deben mencionarse además los varios volúmenes de recopilaciones de ensayos sobre Mariátegui publicados por la Editorial Amauta en las series "Presencia y proyección de los *7 Ensayos*" y "Presencia y proyección de la obra de Mariátegui". A la misma Editorial Amauta, propiedad de la esposa y los hijos de Mariátegui, se debe la iniciativa invalorable de la publicación de sus *Obras completas* en 20 volúmenes, y en ediciones *reprint* de sus dos más grandes iniciativas culturales: el periódico *Labor* (Lima, 1974) y la revista *Amauta* (Lima, s.f.), 6 volúmenes que contienen los 32 números publicados más dos números del suplemento *Libros y Revistas* que precedieron su aparición. En los últimos años se han publicado además innumerables antologías y recopilaciones de los trabajos de Mariátegui, muchas de ellas en ediciones populares y de elevados tirajes. Es de esperar que en este año 1978, con motivo del cincuentenario de la aparición de los *7 Ensayos de interpretación de la realidad peruana*, se reavive aun más el interés por su figura, a la que la crisis política que sacude al Perú desde el golpe militar contra Velasco convierte en el punto central de referencia. Anotemos desde ya la muy reciente publicación del folleto de César Germaná: *La polémica Haya de la Torre-Mariátegui: Reforma o revolución en el Perú*, Cuadernos de Sociedad y Política, núm. 2, noviembre de 1977; el debate de varios intelectuales y dirigentes políticos *Frente al Perú oligárquico (1928-1968)*, Lima, La Mosca Azul, 1977; la exhumación de varias cartas

escritas por Mariátegui con motivo de la polémica con Haya de la Torre; etc. Esperemos que éste sea también el año de la prometida publicación de su correspondencia, fundamental para poder reconstruir con el máximo de objetividad posible el período final de la vida de Mariátegui, tan oscuro todavía en algunos aspectos referidos a su relación con la Internacional Comunista y a su polémica con los apristas. En tal sentido, lamentamos no haber podido consultar aún el segundo tomo de la obra de Rouillon.

[2] Éste es precisamente el tono que caracteriza el libro de Jorge del Prado, compañero de lucha de Mariátegui en el proceso de gestación del Partido Socialista del Perú y en la actualidad, desde hace varias décadas, secretario general del Partido Comunista peruano. En *Mariátegui y su obra* (Lima, Ediciones Nuevo Horizonte, 1946), Del Prado se empeña en demostrar la presencia en Mariátegui de una suerte de stalinismo *avant la lettre*, al mismo tiempo que lo convierte en un teórico del "frentismo" browderiano. Resultaría interesante analizar las diversas reelaboraciones que sufrió este texto al cabo de los años como piezas fundamentales para la reconstrucción del itinerario de los comunistas peruanos. Constituye una demostración bastante elocuente de las graves limitaciones de una historiografía de partido que hace de la unidad del grupo dirigente y de su identificación rígida y sectaria con un módulo ideológico y político determinado el eje interpretativo de una historia que presenta multiplicidad de articulaciones, de vacilaciones y de errores, de debates y fraccionamientos. El resultado de una historia concebida de esta manera es, como diría Togliatti, la "representación de una ininterrumpida procesión triunfal" que, como es obvio, no puede explicar el hecho de que una organización con historia semejante haya fracasado históricamente en su doble objetivo de conquista de las masas y de transformación revolucionaria de la sociedad. Aunque, claro está, siempre queda el recurso de la traición, que se convierte así en el canon interpretativo fundamental. Por ejemplo, el fracaso de los comunistas en su política de conquista de las masas apristas en la década del 30 se debió —según la Internacional Comunista— a las rémoras mariateguistas que repercutían en su trabajo práctico; varios años después, cuando la caracterización del aprismo se ha modificado, la exclusiva responsabilidad del sectarismo de la etapa inicial del Partido Comunista del Perú recae sobre la acción disociadora y de traición del renegado Ravines...

[3] Véase la nota introductoria de César Levano a *Figuras y aspectos de la vida mundial*, vol. 16 de las *Obras completas* de Mariátegui, Lima, Amauta, 1976, p. 17. Levano refuta a Robert Paris, afirmando sin, por supuesto, demostrarlo que entre la concepción soreliana del mito y la que sustentaba Mariátegui hay una diferencia radical, dado que éste no era "de ningún modo, proclive a concesiones a las ideologías del enemigo de clase" (¡*sic*!). ¡Qué distancia hay entre las palabras

de Levano y otro autor, al que sin duda respeta, sobre la personalidad de Sorel! Nos referimos a Antonio Gramsci y a la crónica que escribió en *L'Ordine Nuovo* comentando las declaraciones de Sorel en favor de la revolución de octubre y de la experiencia inédita de los obreros turineses. Y dice Gramsci: Sorel "no se ha encerrado en ninguna fórmula, y hoy, conservando cuanto hay de vital y nuevo en su doctrina, es decir la afirmada exigencia de que el movimiento proletario se exprese en formas propias, de que dé vida a sus propias instituciones, hoy él puede seguir no sólo con ojos plenos de inteligencia, sino con el ánimo pleno de comprensión, el movimiento realizador iniciado por los obreros y campesinos rusos, y puede llamar también 'compañeros' a los socialistas de Italia que quieren seguir aquel ejemplo. Nosotros sentimos que Georges Sorel ha permanecido siendo lo que había sido Proudhon, es decir un amigo desinteresado del proletariado. Por esto sus palabras no pueden dejar indiferentes a los oberos turineses, a esos obreros que tan bien han comprendido que las instituciones proletarias deben ser creadas 'en base a un esfuerzo permanente si se quiere que la próxima revolución sea otra cosa que un colosal engaño'." (*L'Ordine Nuovo*, año I, núm. 21, 11 de octubre de 1919, p. 1.) Pocos años después, Togliatti rendía un homenaje al "pensador revolucionario que permaneció hasta el fin siempre fiel a la parte mejor de sí", afirmando que Sorel había reconocido en el soviet "su" sindicato, "es decir la primera realización del sueño de Marx de la redención de los trabajadores por obra de sí mismos, a través de un trabajo orgánico de creación de un nuevo tipo de asociación humana". ("È morto Sorel", 1° de septiembre de 1922, incluido en *Obras*, citado en nota 4, vol. I, pp. 407-409.) Es por esto que Sorel debe ser reivindicado como propio por el movimiento obrero y socialista, rechazando el apresurado e injusto juicio de Lenin que lo llamó "el conocidísimo embrollón".

⁴ Véase *Introduzione* a Palmiro Togliatti, *Opere*, Roma, Editori Riuniti, 1974, pp. XLIX-L. Sobre el tema de las características ideológicas del grupo de jóvenes intelectuales turineses que animaron la experiencia ordinovista, la bibliografía es extensísima, pero siempre es útil volver a las agudas reflexiones de uno de sus más destacados participantes: Palmiro Togliatti, "Rileggendo *L'Ordine Nuovo*", *Rinascita*, 18 de enero de 1964, incluido ahora en la recopilación de sus escritos sobre Antonio Gramsci (*Gramsci*, Roma, Editori Riuniti, 1977). Véanse también la introducción "Espontaneidad y dirección consciente en el pensamiento de Gramsci" a la selección de artículos de Gramsci "Democracia obrera y socialismo", en *Pasado y Presente*, Buenos Aires-Córdoba, año IV, núm. 1, abril-junio de 1973, pp. 87-101; y el apartado II ("El tiempo de la ofensiva", pp. 22-36) del trabajo de Juan Carlos Portantiero, *Los usos de Gramsci*, en Cuadernos de Pasado y Presente, núm. 54, México, 1977.

⁵ "Rileggendo *L'Ordine Nuovo*", cit., en *Gramsci*, p. 209.

[6] Nicola Badaloni, *Il marxismo di Gramsci. Dal mito alla ricomposizione politica*, Turín, Einaudi, p. 174. Señalemos que para toda la temática del significado de la recomposición de las fuentes originarias del marxismo gramsciano, y la formulación de nuevos conceptos teóricos para interpretar la realidad de Occidente a partir de los ya elaborados por Gramsci, el libro de Badaloni tiene una importancia fundamental.

[7] J. C. Mariátegui, *El alma matinal y otras estaciones del hombre de hoy*, Lima, Amauta, 1950, pp. 151-152. En este libro se incluye la serie de tres artículos que Mariátegui dedicó a Gobetti: "I. Piero Gobetti", "II. La economía y Piero Gobetti" y "III. Piero Gobetti y el Risorgimento", pp. 146-159. Originariamente fueron publicados en la revista *Mundial* (12 y 26 de julio y 15 de agosto de 1929). Sobre la relación entre Mariátegui y Gobetti, véase de Robert Paris, "Mariátegui e Gobetti", en *Centro Studi Piero Gobetti. Quaderno 12*, Turín, marzo de 1967, y la *Introduzione* de Ignazio Delogu a *Lettere dall'Italia e altri scritti*, Roma, Editori Riuniti, 1973, pp. LIII-LXIII.

[8] Ignazio Delogu, *Lettere...* cit., p. XII.

[9] Sobre un periplo europeo como observatorio privilegiado para redescubrir la identidad propia de América, Mariátegui hace unas curiosas reflexiones autobiográficas sobre las cuales no se ha insistido lo suficiente. En una serie de notas dedicada a Waldo Frank, Mariátegui observa que lo que lo aproximó al autor de *Nuestra América* es "cierta semejanza de trayectoria y de experiencia". "Como él yo no me sentí americano sino en Europa. Por los caminos de Europa, encontré el país de América que yo había dejado y en el que había vivido casi extraño y ausente. Europa me rebeló hasta qué punto pertenecía yo a un mundo primitivo y caótico; y al mismo tiempo me impuso, me esclareció el deber de mi regreso, yo tenía una conciencia clara, una noción nítida. Sabía que Europa me había restituido, cuando parecía haberme conquistado enteramente, al Perú y a América [...] no es sólo un peligro de desnacionalización y de desarraigamiento; es también la mejor posibilidad de recuperación y descubrimiento del propio mundo y del propio destino. El emigrado no es siempre un posible *deraciné*. Por mucho tiempo, el descubrimiento del mundo nuevo es un viaje para el cual habrá que partir de un puerto del viejo continente." (*El alma matinal...*, cit., pp. 211-214.) *El deber de una tarea americana...* apareció ante el joven Mariátegui como un imperativo moral cuando en Europa se sintió extraño, diverso e inacabado, cuando comprendió que allí "no era necesario", y el hombre "ha menester de sentirse necesario" para poder emplear gozosamente sus energías, para poder alcanzar su plenitud.

[10] Debemos preguntarnos hasta qué punto es correcto y cuáles son las razones que impulsan a los historiadores de filiación comunista a identificar a Mariátegui con otros destacados dirigentes del comu-

nismo latinoamericano (véase al respecto el artículo de V. Korionov
incluido en la presente recopilación). Si lo que los aproxima es el
hecho de haber "levantado la bandera del internacionalismo proletario
en América Latina", los puntos de comparación son importantes pero
por completo insuficientes. Si, según lo que se desprende del párrafo
de Korionov, Mariátegui al igual que los demás habría sido "uno de los
más ardientes propagadores de las ideas del marxismo-leninismo", la
identificación corre el riesgo de hacer desaparecer lo que los distingue,
es decir todo aquello que caracteriza la "singularidad" del pensamiento
de Mariátegui. Aunque más no sea desde un punto de vista metodoló-
gico, lo relevante no es enfatizar la adscripción ideológica y política de
Mariátegui a la III Internacional, puesto que ésta es innegable; lo realmente importante, y el único camino válido para reconstruir "su" marxismo, es señalar lo que lo distinguía y hasta distanciaba de la Comintern. Sólo así podremos entender, por ejemplo, la diferencia de actitud
mental, de estilo de razonamiento, de concepción política y de visión
ideológica que caracteriza a la polémica que Mariátegui y Mella em-
prendieron con Haya de la Torre y el aprismo. Únicamente. El verdadero marxismo excluye el procedimiento del "pensar en abstracto", porque sólo puede medirse en forma fructífera con la realidad: 1) si es
capaz de no separar el juicio sobre un fenómeno histórico del proceso
de su formación; 2) si en el examen de dicho proceso no convierte a
una de sus características en un elemento tal que le permita suprimir
todas las otras. Siempre es útil recordar las observaciones que hace
Lenin contra ese estilo de pensamiento en abstracto en su polémica
contra Bujarin y Trotski acerca del papel de los sindicatos. Como
curiosidad anotemos que cuando Togliatti se vio obligado a luchar
contra la misma deformación del estilo de pensamiento marxista, tradujo y publicó en *Rinascita* un escrito de Hegel, titulado precisamente
Wer denkt abstrack? [¿Quién piensa en abstracto?]. Sobre el particular, véase la citada introducción de Ragionieri, p. LIII.

    [11] La cita es de Antonio Gramsci, "Contra el bizantinismo", en
Antología, México, Siglo XXI, 1970, pp. 354-355. Gramsci se pregunta
en dicha nota "si una verdad teórica descubierta en correspondencia
con una determinada práctica", es decir si el leninismo "puede genera-
lizarse y considerarse universal en una época histórica". La prueba de
su carácter universal consiste, para Gramsci, en la posibilidad de que
esta verdad se convierta: 1) en un estímulo para conocer mejor la
realidad efectiva en un ambiente distinto del que la vio surgir; 2) en
que una vez ocurrido esto dicha verdad se incorpore a la nueva realidad con la fuerza de una expresión propia y originaria. Y aclara: "En
esta incorporación estriba la universalidad concreta de aquella verdad,
y no meramente en su coherencia lógica y formal, o en el hecho de ser
un instrumento polémico útil para confundir al adversario." La universalidad del marxismo, o en nuestro caso del leninismo, no residiría

entonces en su "aplicabilidad", sino en su capacidad de emerger como expresión "propia" de la totalidad de la vida de una sociedad determinada. En este sentido, sólo sus múltiples encarnaduras "nacionales" permitirán lograr que la teoría de Marx y, aceptemos también, la de Lenin, en la medida en que pueda ser autonomizable de aquélla, se convierta de una verdad teórica en una universalidad concreta. Es por eso que Gramsci acota, con razón, que la unidad de la historia no es un presupuesto, sino un provisional punto de llegada.

[12] No encontramos en la *Bio-Bibliografía de José Carlos Mariátegui* de Guillermo Rouillon (Lima, Universidad Nacional Mayor de San Marcos, 1963) referencia alguna al número de homenaje que la revista *Claridad* de Buenos Aires dedicó a Mariátegui. No hemos tenido acceso a dicho número y conocemos la polémica sólo a través de la recopilación de trabajos sobre el pensador peruano preparada por Jorge Abelardo Ramos: *El marxismo latinoamericano de Mariátegui*, Buenos Aires, Crisis, 1973, algunos de los cuales forman parte también de nuestra edición. En el número de homenaje publicado en mayo de 1930 aparecieron los artículos de Manuel A. Seoane, "Contraluces de Mariátegui", y de Luis E. Heysen, "Mariátegui, bolchevique d'annunziano". Posteriormente, en septiembre del mismo año, Armando Bazán envía a la revista una carta abierta que se publica con el título de "La defensa de *Amauta*", y a la que responde el 18 de octubre Luis E. Heysen con su artículo "Un poroto en contra de mi bolchevique d'annunziano".

[13] Se refiere a la manifestación de obreros y de estudiantes que el 23 de mayo de 1923 se lanzaron a las calles de Lima para protestar contra el propósito del presidente Leguía de consagrar el país al Sagrado Corazón de Jesús. Varios miles de manifestantes, incluyendo una gama extremadamente variada de corrientes políticas (desde civilistas hasta anarquistas), luego de escuchar una encendida arenga de Haya de la Torre marcharon en masa hacia la sede del gobierno, que desató una brutal represión. Todo terminó con la muerte de dos manifestantes, muchos heridos y gran cantidad de detenidos. Haya de la Torre fue expulsado del país, iniciando así un periplo latinoamericano y europeo que lo pondría en contacto con la revolución mexicana, los países capitalistas de Europa y la Unión Soviética. El hecho tuvo una significación política de tal magnitud que Haya se convirtió súbitamente en un héroe nacional. Comentando la jornada del 23 de mayo, Mariátegui afirmó que ella "reveló el alcance social e ideológico del acercamiento de la vanguardia estudiantil a las clases trabajadoras. En esa fecha tuvo su bautizo histórico la nueva generación". Sobre este episodio de importancia decisiva en la historia de las masas populares peruanas, véase el relato puntual e ilustrativo de Luis Alberto Sánchez, *Haya de la Torre y el Apra*, Santiago de Chile, Pacífico, 1955, pp. 118-128.

[14] La carta de César Mendoza forma parte de un conjunto de documentos (el llamado "documento secreto" del Partido Aprista pe-

ruano y dos cartas particulares de Haya de la Torre a César Mendoza, fechadas en Berlín el 22 y el 29 de septiembre de 1929) que constituyeron las piezas fundamentales del proceso contra Haya incoado por la dictadura de Sánchez Cerro en 1932. Inicialmente publicada por el gobierno peruano (*Los documentos comprobatorios de la dirección comunista del Apra*, Edición Oficial, Lima, 1932), el grupo de apristas exiliados en Ecuador volvió a publicarla en un volumen especial que, además de los documentos difundidos por el gobierno, incluía las actas del proceso judicial y un extenso trabajo introductorio en el que explicitaba, luego de una reflexión sobre la historia del Perú de las décadas anteriores, el significado autónomo y no comunista del aprismo. *El proceso Haya de la Torre*, título con que se publicó la documentación, ha sido incluido en las *Obras completas* en 7 volúmenes de Haya publicadas por Editorial Juan Mejía Baca (Lima, 1976, vol. 5, pp. 161-325). El fragmento de la carta a César Mendoza que transcribimos está en las páginas 252-253.

[15] Una demostración bastante ilustrativa de las limitaciones de la actual historiografía soviética aplicada al estudio de la Internacional Comunista, es la ofrecida por el reciente volumen preparado por el Instituto de Marxismo-Leninismo anexo al Comité Central del Partido Comunista de la Unión Soviética, *La Internacional Comunista. Ensayo histórico sucinto*, Moscú, Editorial Progreso, s.f. (La edición original en ruso es de 1969.) Esta obra, que representa la primera tentativa de escribir una historia orgánica y documentada de la Comintern, tiene el grave defecto de superponer al movimiento real de la clase obrera un cuerpo de doctrinas fijo y cristalizado, el "marxismo-leninismo", de modo tal que los hechos y situaciones son interpretados en términos de aproximación o no a dicho esquema. Es así como las directivas de la Comintern son consideradas siempre correctas y los "errores" derivan exclusivamente de su mala interpretación o de su incorrecta aplicación. Hay que reconocer, sin embargo, que a diferencia de obras anteriores que seguían el lamentable criterio de no citar nunca el origen de la documentación utilizada, la presente contiene referencias puntuales y precisas al material de archivo empleado, lo cual tiene una importancia fundamental para el análisis de algunos períodos decisivos de la historia de la Comintern, como es el caso concreto de la etapa preparatoria del viraje del VII congreso, desde fines de 1933 a mediados de 1935.

[16] Fue precisamente la publicación de su libro *Por la emancipación de América Latina* lo que motivó el comienzo de la polémica pública entre el Buró Sudamericano de la Internacional Comunista y Haya de la Torre. Ya la carta dirigida por Haya a los estudiantes de La Plata (incluida en ese volumen) había merecido una crítica de *La Internacional*, órgano oficial del Partido Comunista de la Argentina. Apenas publicado el libro, el 15 de agosto de 1927, *La Correspondencia Sudame-*

ricana, revista quincenal del Secretariado Sudamericano de la Comintern, publica un extenso editorial titulado "¿Contra el Partido Comunista?" en el que critica duramente las posiciones defendidas por Haya de la Torre en su libro. El editorial concluye denunciando al APRA como "forma orgánica de una desviación de derecha, que comporta una concepción pequeño-burguesa y que constituye una concesión que se hace a los elementos antimperialistas no revolucionarios". (*La Correspondencia Sudamericana*, Buenos Aires, año II, núm. 29, 15 de agosto de 1927, p. 5.)

[17] Observamos aquí cómo Del Prado manipula los hechos para descargar a la Comintern de sus responsabilidades en la aplicación de la línea del "social-fascismo" en América Latina. El "radicalismo infantil" de Ravines, antes que constituir una nota distintiva de su personalidad intelectual y política, o ser el resultado de la influencia ejercida sobre él por el "traidor trotskista Sinani", es la expresión del tipo de mentalidad que caracterizaba a la militancia comunista en el período que va del VI al VII Congreso de la Comintern. Para convencerse de esto basta con leer las publicaciones de la época. La manipulación de los hechos resulta de convertir en un mero provocador a un hombre como Sinani, que en esta etapa era precisamente el dirigente del buró latinoamericano que desde Moscú orientaba, dirigía y controlaba las actividades de las secciones de la Internacional Comunista en nuestro continente. Acusado de trotskista, cayó víctima de las purgas efectuadas en la Unión Soviética luego del asesinato de Kirov, en 1934. De los pocos datos sobre su figura de que disponemos, deducimos que la acusación fue un simple pretexto para deshacerse de uno de los miembros de una vasta e informe corriente política que cuestionaba la dirección de Stalin, y que reconocía en Kirov su más enérgico representante. Es sugestiva al respecto la recuperación de su figura como historiador en el ensayo bibliográfico de M. S. Alperovich sobre "El estudio de la historia de los países de América Latina en la Unión Soviética" (véase *Historia y Sociedad*, 2ª época, México, núm. 10, 1976, p. 49). Un relato bastante puntual, aunque no podemos precisar hasta qué punto distorsionado, del proceso contra Sinani, puede verse en el capítulo "Catártica stalinista" del libro de Eudocio Ravines, *La gran estafa*, México, 1974, pp. 233-241. Sinani publicó diversos trabajos sobre temas históricos y políticos latinoamericanos tanto en *La Correspondencia Internacional*, como en *La Internacional Comunista*, que eran los órganos oficiales de la Comintern, y circuló profusamente por nuestros países un folleto suyo dedicado a *La rivalidad entre Estados Unidos e Inglaterra y los conflictos armados en la América del Sur*, Barcelona, Edeya, 1933.

[18] Veamos uno de esos documentos, de importancia excepcional porque forma parte nada menos que del informe del Comité Ejecutivo de la Comintern sobre la situación ideológica, política y organizativa de

cada una de sus secciones nacionales, con motivo de la próxima realización del VII congreso. En la parte dedicada a Perú anota lo siguiente: "El lado fuerte del Partido Comunista peruano reside en que la formación de sus cuadros se opera en lucha tenaz contra el APRA y contra los restos de mariateguismo. Mariátegui (fallecido en 1930), a quien le cabe un lugar sobresaliente en la historia del movimiento revolucionario peruano, no pudo librarse íntegramente de los restos de su pasado aprista. Vaciló en la cuestión de la creación del partido comunista como partido de clase del proletariado y no comprendió del todo su significación. Conservó su ilusión sobre el papel revolucionario de la burguesía peruana y subestimó la cuestión nacional indígena, a la que identificaba con la cuestión campesina. En el partido peruano, incluso hasta hoy se hace sentir la presencia de diversos restos de mariateguismo que repercuten en su trabajo práctico." (*Die Komintern von dem VII Weltkongress* [La Comintern antes del VII congreso], Moscú, 1935, p. 486.)

[19] Véase Franco Venturi, *El populismo ruso*, Madrid, Revista de Occidente, 1975, t. I, p. 52. Sobre el "redescubrimiento" por parte de la historiografía soviética actual, del movimiento populista como una corriente con una unidad propia y una continuidad que expresaba la experiencia más formidable de fusión de las masas populares con la *intelligentzia* revolucionaria rusa del siglo pasado, véase la "Introducción" de Venturi a la segunda edición italiana de su libro, incluida en la edición española que citamos (pp. 9-75). El autor señala con acierto que la manifiesta necesidad que sienten los historiadores soviéticos de volver sus miradas sobre la experiencia del populismo revolucionario, es porque de una manera u otra encuentran en ella una serie de puntos problemáticos aún no resueltos, tales como la relación entre democracia y socialismo, *intelligentzia* y pueblo, desarrollo retrasado o acelerado de la economía, Estado y participación popular, etc. Para Venturi, la meta obligada del renovado interés por el populismo es siempre la comparación histórica con el marxismo, y en tal sentido concluye su introducción con una afirmación que suscribimos totalmente. Si en su comparación histórica con el populismo el marxismo se ve obligado a llegar a la conclusión de que en dicho movimiento ya están planteados *in nuce* una cantidad de problemas aún irresueltos, en las sociedades en transición, debe comprender también "que el pensamiento y el movimiento socialistas, en toda Europa, de dos siglos a esta parte, son demasiado variados y ricos para poder ser monopolizados por una única corriente, aunque ésta sea el marxismo, y que todo intento de establecer en el ámbito del socialismo una corriente llamada científica y considerada como auténtica —contrapuesta a las otras, utópicas y falaces— no sólo es históricamente erróneo, sino que acaba llevando a una voluntaria mutilación y distorsión de la totalidad del pensamiento socialista" (*op. cit.*, p. 75). Sobre este tema, véanse

también el libro de la investigadora soviética V. A. Tvardovskaia, *El populismo ruso*, México, Siglo XXI, 1978, y en especial el prólogo, redactado por M. Ia. Gefter.

[20] Las afirmaciones de Zhdanov fueron extraídas de los archivos y citadas por M. G. Sedov en su artículo "Sovietskaia literatura o teoretikai narodnichestva" [La literatura soviética sobre los teóricos del populismo], en *Istoriia i istoriki. Sbornik statei* [La historia y los historiadores. Colección de artículos], Moscú, Nauka, 1965, p. 257. Esta cita está tomada del libro de Venturi, p. 76.

[21] Franco Venturi, *El populismo ruso*, cit., t. I, pp. 11-12.

[22] En enero de 1935 se reunió en Tsunyi, en las montañas de la provincia de Kueichow, el Buró Político Ampliado del PCCH que, luego de ásperas discusiones, resolvió elegir a Mao Tse-tung presidente del partido, a la cabeza de un nuevo grupo dirigente compuesto por sus más fieles compañeros de armas y de ideas. Desde entonces Mao se convierte en el jefe de los comunistas chinos y la Internacional Comunista queda de hecho marginada del proceso. Los hombres que defendían su política en la dirección del Partido Comunista chino vuelven a Moscú o son relegados a un segundo plano. Uno de los que regresan a Moscú es precisamente Van Min, informante en el VII congreso de la IC de los problemas del mundo colonial.

[23] Y decimos "inconscientemente" porque muchas veces la *continuidad* de un proceso es afirmada sólo de manera retórica y artificial, como aclara Venturi (p. 10) para el caso de los populistas rusos, de modo tal que existe a condición de estar vaciada de contenido. Movimientos que, no obstante sus articulaciones propias y sus diferencias de matices, conservaban una unidad interna son desagregados en sus elementos componentes separando a los malos de los buenos, "haciendo caer el silencio y la sombra sobre los primeros y confundiendo a los otros en la forzosa e indistinta claridad de los paraísos ideológicos" (p. 11).

[24] Siempre es bueno recordar lo que escribía Engels al italiano Giovanni Bovio el 15 de abril de 1872: "En el movimiento de la clase obrera, según mi opinión, las *verdaderas* ideas nacionales, es decir correspondientes a los hechos económicos, industriales y agrícolas, que rigen la respectiva nación, son siempre al mismo tiempo las verdaderas ideas *internacionales*. La emancipación del campesinado italiano no se cumplirá bajo la misma forma que la del obrero de fábrica inglés; pero cuanto más uno y otro comprendan la forma propia de sus condiciones, más la comprenderán en la sustancia".

[25] Es lo que se deduce de las memorias de Ravines: "[...] Manuilski convocó a una 'conferencia estrecha' a la que sólo asistimos cinco dirigentes latinoamericanos: Prestes, Rodolfo Ghioldi, Blas Roca, Da Silva y yo. Participaron en las reuniones secretas, además de Manuilski y de Dimitrov, Guralski, Kuusinen, Motilev, Miroshevski y el 'cama-

rada Grinkov', el profesor de arte militar, que dirigía los cursos en una academia especial sobre métodos de sabotaje, de ataque y defensa, de lucha callejera, de asalto a cuarteles, líneas férreas, depósitos de armas, víveres, etc." (Eudocio Ravines, *La gran estafa*, ed. cit., p. 244). Además, y es otro elemento en favor de nuestra hipótesis, Miroshevski escribía en el órgano teórico oficial, *La Internacional Comunista*.

[26] Véase al respecto la carta de la por ese entonces populista Vera Zasulich a Marx, del 16 de febrero de 1881, y la respuesta de éste del 8 de marzo del mismo año. Para responder a la pregunta de su corresponsal sobre el destino futuro del capitalismo en Rusia, Marx preparó un borrador más o menos extenso sobre el particular, que no llegó a completar ni enviar y que permaneció desconocido hasta que lo publicó el *Marx-Engels Archiv* (Zeitschrift des Marx-Engels Instituts in Moskau), Frankfurt a. M., I (1926), pp. 309-342. Diversos otros materiales sobre el tema de la evolución de la economía y de las estructuras agrarias rusas, que demuestran el gran interés que Marx tenía por esa problemática, hasta estos momentos sólo han sido publicados en revistas especializadas soviéticas, y en idioma ruso. La bibliografía sobre el asunto es ya bastante extensa, pero sigue siendo sugerente la respuesta intentada por Eric J. Hobsbawm a la pregunta de cuáles habrían sido las razones que impulsaron a Marx a indagar en la posibilidad de existencia de caminos que obviaron los sufrimientos generados por el capitalismo (Eric J. Hobsbawm, *Introducción* a las *Formaciones económicas precapitalistas de Marx*, en *Cuadernos de Pasado y Presente*, núm. 20, México, 1976, pp. 5-47).

[27] Según el registro de los libros de la biblioteca particular de Mariátegui laboriosamente elaborado por Harry E. Vanden (*Mariátegui, Influencias en su formación ideológica*, Lima, Biblioteca Amauta, 1975), la única recopilación de obras de Lenin que probablemente incluyera algunos de sus escritos contra el populismo es el tomo I de *Pages Choisies* (1895-1904), editado en París en 1930, es decir varios años después de que las posiciones de Mariátegui sobre la comunidad agraria peruana ya habían sido elaboradas. En su biblioteca figuraban también algunos tomos de *Oeuvres Completes*, que Editions Sociales Internationales de París comenzó a editar en 1928. Pero debemos recordar que esta edición nunca se completó y que sólo se publicaron pocos volúmenes, ninguno de ellos sobre los primeros escritos. Vanden indica que es probable que otros trabajos de Lenin pudieron haber sido extraídos de la biblioteca de Mariátegui, pero esto es sólo una presunción.

[28] Como señala Delogu (*Introduzione*, cit., p. LXX), Mariátegui conoció una Italia bien determinada geográficamente: aquel territorio que desde Roma hacia el norte "se desanuda, antes que distenderse, por Siena, Florencia, Génova, Turín, Milán, Venecia. Una Italia que más que cuerpo y sustancia parece tener articulaciones, puntos de conjun-

ción y de anudamiento, coincidencias y contradicciones". La Italia fuertemente tensionada entre centralismo y regionalismo, entre Norte y Sur, entre campo y ciudad, entre industria y agricultura, entre desarrollo y subdesarrollo, aparece en Mariátegui siempre mediada a nivel político y, dada también la naturaleza del mediador, todas estas contradicciones, son "esfumadas, atenuadas y de algún modo, aunque sólo sea a través del silencio, mistificadas". A ese provinciano en franca ruptura con su pasado de literato inficionado de decadentismo y de bizantinismo finiseculares que fue el joven Mariátegui, el deslumbramiento ante el sincretismo cultural greco-romano no le impidió advertir los signos indudables de consunción, arrastrado por la caída de la democracia liberal. Pero, impresionado por el mundo fabril y por la nueva clase social que en su interior maduraba (no por casualidad al escribir sobre el sentido ético del marxismo transcribe una extensa cita donde su admirado Gobetti relata la emoción que sintió al conocer por primera vez el interior de las usinas Fiat y encontrarse con una masa de trabajadores con "una actitud de dominio, una seguridad sin pose, un desprecio por todo tipo de diletantismo"), Mariátegui no vio esa Italia subyacente, esa Italia meridional e "indígena" con la que debería haber tenido un mayor sentido de afinidad. La temática del "atraso", que está en el centro de su reflexión de los años 1926-1928, no emerge en Mariátegui como traducción del "meridionalismo" gramsciano y ordinovista, sino como "descubrimiento" de un mundo ocluido hasta ese entonces de su pensamiento. Mariátegui se aproxima a Gramsci no por lo poco que pudo haber leído y aceptado de él, sino porque frente a una problemática afín tiende a mantener una actitud semejante. Verdad ésta que, de ser aceptada, ahorraría a los exégetas muchas elucubraciones gratuitas acerca de su relación con un dirigente político que sólo se reveló como un extraordinario teórico marxista más de veinte años después de cuando lo conoció Mariátegui. ¿No resultaría históricamente más plausible afirmar que el Gramsci conocido por Mariátegui es el que Gobetti perfila, con agudeza de ideas y emocionada afección, en *La Rivoluzione Liberale*? Véase el texto gobettiano en las páginas 103-107 de la edición de Einaudi (Turín, 1964).

[29] Heraclio Bonilla y Karen Spalding, *La independencia en el Perú; las palabras y los hechos*, en la recopilación, *La independencia en el Perú*, Lima, Instituto de Estudios Peruanos, 1972, p. 46.

[30] *Ibid.*, pp. 62-63.

[31] Manuel González Prada, *Páginas libres/Horas de lucha*, Caracas, Biblioteca Ayacucho, 1976, pp. 44 y 45-46.

[32] *Ibid.*, p. 343.

[33] José Carlos Mariátegui, "Intermezzo polémico", publicado en *Mundial* (núm. 350) el 25 de febrero de 1927. El texto de Mariátegui ha sido incluido en una útil recopilación de los textos y documentos principales de la discusión: *La polémica del indigenismo*, Lima, Mosca Azul

Editores, 1976, pp. 75-76. La idea de la resolución final del indigenismo en el socialismo deriva en Mariátegui de la convicción de la incapacidad de las burguesías locales de "cumplir las tareas de la liquidación de la feudalidad". "Descendiente próxima de los colonizadores españoles, le ha sido imposible [a la burguesía] apropiarse de las reivindicaciones de las masas campesinas. Toca al socialismo esta empresa. La doctrina socialista es la única que puede dar un sentido moderno, constructivo, a la causa indígena, que, situada en su verdadero terreno social y económico, y elevada al plano de una política creadora y realista, cuenta para la realización de esta empresa con la voluntad y la disciplina de una clase que hace hoy su aparición en nuestro proceso histórico: el proletariado." J. C. Mariátegui, *Prefacio a "El Amauta Atusparia"* (1930), en *Obras completas*, cit., t. 13, *Ideología y política*, p. 188.

[34] José Carlos Mariátegui, "La nueva cruzada Pro-Indígena", en *Amauta*, núm. 5, enero de 1927, en el boletín de defensa indígena "El proceso del gamonalismo", p. 1.

[35] Vale la pena recordar, como una prueba más del carácter emblemático asumido por el título de la nueva revista, que poco tiempo antes todavía se pensaba en "Vanguardia", es decir en un nombre vinculado más a otras experiencias ideológicas y culturales. No es difícil pensar que el hecho de que el grupo inicial de *Amauta* se integrara en sus comienzos con elementos provenientes del Cuzco y de Puno, y el que desde 1925 la relación entre Luis E. Valcárcel y Mariátegui fuera bastante estrecha determinó en gran medida la elección del título y la tendencia de la revista. Lo que hacía de *Amauta* una revista marxista única en su género era su singular capacidad de incorporar las corrientes más renovadoras de la cultura europea a las expresiones más vinculadas a la emergencia política y cultural de las clases populares latinoamericanas.

[36] J. C. Mariátegui, "La nueva cruzada Pro-Indígena", cit. p. 1.

[37] J. C. Mariátegui, *Prólogo a Tempestad en los Andes*, en *La polémica del indigenismo*, cit., pp. 139-140.

[38] Antonio Gramsci, *Note sul Machiavelli*, Roma, Editori Riuniti, 1975, p. 4.

[39] Conversaciones con Luis E. Valcárcel del 24 de febrero de 1970, recopiladas en cinta magnetofónica por Ana María Soldi. En dichas conversaciones, Valcárcel se remite a un artículo suyo aún inédito y titulado "Coloquios con José Carlos" en el que expone con mayor detalle las entrevistas e intercambios de ideas que sostuvo con Mariátegui. De todas maneras, y para completar el cuadro del interesante y decisivo episodio de las relaciones de estas dos figuras destacadas del pensamiento social peruano, vale la pena transcribir el relato de la otra faceta de la relación, la de la influencia poderosa que tuvo Mariátegui en el grupo indigenista para hacerlo avanzar en una defini-

ción más concreta de su problemática. Y dice Valcárcel: "Las reuniones en torno a Mariátegui, a quien ya veíamos en sus dos últimos años inmovilizado en su silla de ruedas, atraía a elementos no solamente de la capital, sino de las provincias; de manera que era frecuente encontrar en estas renuniones a gentes del norte, del centro, del sur del Perú, de la sierra y de la costa. En las discusiones que llegamos a tener con José Carlos, en realidad nunca llegamos a disentir; por el contrario, íbamos cada vez entendiendo más el planteamiento nuevo que él hizo del problema indígena, sacándolo de su ambiente puramente regional y aun nacional, para adherirlo al movimiento universal de las clases oprimidas. También en ese aspecto estábamos de acuerdo y no hay duda de que se produjo un verdadero vuelco en ese sentido, sacando el problema indígena de su ambiente restringido para denunciar la opresión indígena ya al lado de las demás opresiones que se realizan en el mundo."

[40] El hecho de que en la Primera Conferencia Comunista Latinoamericana de Buenos Aires (junio de 1929) los delegados peruanos aducieran razones de legalidad política para defender el carácter, la definición política y el rótulo del partido en el Perú no puede conducirnos a engaño acerca de la naturaleza real de la discusión. Y el hecho de que los dirigentes de la Internacional Comunista y de su Buró Sudamericano rechazaran por ingenuas tales razones y destacaran las implicaciones políticas de una posición a la que en cierto modo calificaban de neo-aprista, demuestra que la discusión era más profunda y versaba sobre posiciones absolutamente opuestas.

[41] Carta a Moisés Arroyo Posadas del 30 de julio de 1929, publicada recientemente por el periódico comunista peruano *Unidad* (núm. 559, del 14 de abril de 1977).

ÍNDICE

Esta edición de 3.000 ejemplares
se terminó de imprimir en
Indugraf S. A.,
Sánchez de Loria 2251, Bs. As.
en el mes de febrero de 1999.